MAN

David Wishart

CLUSTAN

W0272323

CLUSTAN

Benutzerhandbuch

(3. Ausgabe)

ABTEILUNG FÜR BIOPHYSIK
UNIVERSITÄT SALZBURG
Erzabt-Klotz-Strasse 11
A-5020 Salzburg (Austria)
BP55

Von David Wishart

Deutsche Ausgabe übersetzt
von J. B. Schäffer

SEMPER BONIS ARTIBUS

Gustav Fischer Verlag
Stuttgart • New York • 1984

SE

Erste deutsche Ausgabe nach einer Übersetzung der dritten englischen Originalausgabe von 1978 von Dr. J. B. Schäffer. Die Originalausgabe erschien unter dem Titel «CLUSTAN User Manual», Program Library Unit, University of Edinburgh, Edinburgh, Scotland, 1978.

Dr. J. B. Schäffer
MEDIS-Institut für Med. Informatik und Systemforschung
GSF München Neuherberg
Ingolstädter Landstraße 1
8042 Oberschleißheim

Weder irgendein Mitarbeiter der Program Library Unit, noch der Autor oder irgendeine andere Person, die im Namen des Autors handelt, übernimmt irgendwelche Verantwortung für Konsequenzen, die aus der Benutzung einer Information, einem Gerät oder einer Methode resultieren, die in dieser Veröffentlichung dargestellt werden.

Anfragen zur Anwendung von CLUSTAN 2.1 sollten gerichtet werden an:

Dr. J. T. Henderson
Computing Laboratory
University of St. Andrews
North Haugh
St. Andrews KY16 9SX
Schottland

Telefon: (03 34) 7 61 61 Nebenstelle 81 43

CIP-Kurztitelaufnahme der Deutschen Bibliothek

Wishart, David:
CLUSTAN-Benutzerhandbuch : (3. Ausg.) / von David Wishart. Dt. Ausg. übers. von J. B. Schäffer. – Stuttgart ; New York : Fischer, 1984.
ISBN 3-437-40150-5

UB Salzburg
+DF61009709
48.4.3-20(1)

AUSGESCHIEDEN
Datum: 15.6.2021
Unterschrift: HRT

© Copyright der engl. Originalausgabe (ISBN 0-906296-00-5) 1969, 1974, 1978, 1982 D. Wishart.
CLUSTAN ist eine eingetragene Handelsmarke.
Alle Rechte vorbehalten.
Program Library Unit
Edinburgh University, 18 Buccleuch Place
Edinburgh EH8 9LN, Schottland

Fakultätsbibliothek für Naturwissenschaften SALZBURG

© Gustav Fischer Verlag · Stuttgart · New York · 1984
Wollgrasweg 49, D-7000 Stuttgart 70 (Hohenheim)
Alle Rechte vorbehalten
Druck: Druckerei Karl Grammlich, Pliezhausen
Einband: Großbuchbinderei Clemens Maier, Leinfelden-Echterdingen
Printed in Germany

ISBN 3-437-40150-5

VORWORT

CLUSTAN wurde ursprünglich an der Universität von St Andrews in den Sechziger Jahren zum Zweck der kollektiven Studie von Methoden der Clusteranalyse und ihrer Anwendung auf Klassifikationsprobleme in der Ökologie und Taxonomie entwickelt. Eine erste Literatur kann man in den Proceedings eines Kolloquiums für numerische Taxonomie finden, die bei Academic Press 1969 veröffentlicht wurden (Herausgeber: A J Cole). Programmlisten und Spezifikationen für CLUSTAN 1 wurden von der Kansas University (Computer Contribution 38, 1969) veröffentlicht.

Als Antwort auf die häufige Nachfrage nach diesem Programm wurde 1969 das erste CLUSTAN-Benutzerhandbuch als Begleittext für die erweiterte Version CLUSTAN 1A geschrieben. Dieses Handbuch war überwiegend als Computerausdruck erhältlich, obwohl auch einige Kopien erstellt wurden.

Eine zweite Ausgabe dieses Handbuchs wurde 1974 am University College London erstellt. Es beschrieb CLUSTAN 1B, die erste Version, die als ein einzelnes Programm läuft, innerhalb dessen CLUSTAN-Prozeduren über eine gemeinsame Datei kommunizieren, die aus dem virtuellen Speicher stammt.

Die dritte Ausgabe wurde von der Program Library Unit der Edinburgh University publiziert. Sie wurde für die Version 2 von CLUSTAN 1C geschrieben, die 1978 am University College London produziert wurde. Abgesehen davon, daß sie im konventionellen Prestige Elite Text erstellt wurde, enthält die dritte Ausgabe Spezifikationen für 2 neue Analysen, eine Möglichkeit von SPSS-Systemdateien zu lesen, eine Prozedur für Zeilendruckergraphik, Definitionen der Ähnlichkeitskriterien, Testbeispiele, Fehlermeldungen und ein Sachverzeichnis. Ich hoffe, daß die CLUSTAN-Benutzer finden werden, daß es eine wesentliche Verbesserung gegenüber der vorherigen Dokumentation ist.

Ich möchte diese Gelegenheit dazu benutzen, meine Dankbarkeit den vielen Kollegen und Mitarbeitern auszudrücken, die in vielfältiger Weise zur Entwicklung und Dokumentation von CLUSTAN in den letzten 10 Jahren beigetragen haben. Ganz besonders danken möchte ich den Professoren A J Cole und P A Samet für ihre Unterstützung und für die Gelegenheit, diese Arbeit durchzuführen, Goeff Wright vom UCL für seine große Hilfe bei der Weiterentwicklung von CLUSTAN, und Roger Blashfield von der Florida University für seine konstruktive Kritik am vorhergehenden Benutzerhandbuch, was zu vielen Verbesserungen führte.

Ich möchte auch den folgenden Freunden und Mitarbeitern für ihre Hilfe bei der Herstellung und Verteilung der verschiedenen CLUSTAN-Umstellungen danken:

Terry Dixon und David Abel	James Cook University, Australien
Jim Everett	London United Computing Systems
Carol Cassidy	ZUMA, Universität Mannheim
Gunnar Petersson	Lund University
Franz Maier	Universität Salzburg

Dan Precht	Alberta University
Kaichiro Yamamoto	Kyoto University
Alison Kirby a. James McGoldrick	Edinburgh University
Sarah Tung	Delaware University
Helmut Koll	Universität Kaiserslautern

Schließlich möchte ich Christine Grandision von der Edinburgh University für ihre Arbeit bei der Erstellung des Textes zu dieser dritten Ausgabe ebenso wie meiner Frau Doreen für ihre Hilfe bei der Durchsicht und für ihre fortwährende Unterstützung danken.

Edinburgh
Januar 1978

D Wishart

Vorwort zur deutschen Ausgabe

Nachdem ich bereits die Handbücher der vorangegangenen Versionen CLUSTAN 1A und CLUSTAN 1B auszugsweise übersetzte, habe ich hiermit das Handbuch der neuen und um viele Verfahren erweiterten CLUSTAN-Version 2.1 samt ihrem 1982 erschienenen Supplement vollständig übersetzt.

Für das Schreiben des Manuskripts danke ich Frau S. Tetevie, Frau J. Ippisch und besonders Frau M. Molette de Morangier. Auch Frau K. Jürgen möchte ich für ihre freundliche Beratung an unserem Textverarbeitungssystem danken.

Diese Arbeit wurde am MEDIS-Institut der Gesellschaft für Strahlen- und Umweltforschung, Neuherberg bei München, durchgeführt.

Neuherberg, August 1983 J.B. Schäffer

INHALTSVERZEICHNIS

EINLEITUNG

Ähnliche Dinge in Kategorien einzuordnen ist eines der ursprünglichsten und allgemeinsten Bestrebungen des Menschen. Unsere Sprachen bestehen aus Wörtern, die uns helfen, verschiedene Typen von Ereignissen, Objekten und Menschen, denen wir begegnen, zu erkennen und darüber zu sprechen. Jedes Hauptwort ist ein Etikett, das dazu benutzt wird, eine Klasse von Dingen zu beschreiben, die gewisse auffallende Merkmale gemeinsam besitzen. Wir müssen unsere Tätigkeiten und unsere Umwelt einfach klassifizieren können, um das Leben überschaubar zu machen, da es unmöglich wäre, alles was uns begegnet, als einzigartig zu betrachten.

Die Aufgabe, Dinge zu klassifizieren, ist bei weitem noch nicht beendet. Im Zeitalter der intensiven Forschung und der auf allen Gebieten sich ausbreitenden Informationsflut ist das Bedürfnis zu klassifizieren und neue Erscheinungen zu benennen so wichtig wie eh und je. Außerdem sind Klassifikationsprobleme nicht nur auf bestimmte Disziplinen beschränkt. Sie tauchen in allen Gebieten der Literatur, der Verwaltung und der wissenschaftlichen Untersuchung auf, und ihre Lösung wird um so schwieriger, je mehr der Umfang an relevanten Daten zunimmt.

Die Clusteranalyse ist eine explorative Methode, um Klassifikationsprobleme lösen zu helfen. Sie ist dann angebracht, wenn wenig oder nichts über die Struktur des Datenkörpers bekannt ist. Das Ziel einer Clusteranalyse ist, die betrachteten Fälle einer Stichprobe (z.B. Leute oder Proben) derart in Gruppen einzuteilen, daß das Assoziationsmaß zwischen den Mitgliedern der gemeinsamen Gruppe hoch und zwischen den Mitgliedern aus verschiedenen Gruppen niedrig ist.

Die Clusteranalyse ist ein Instrument zum Entdecken. Es kann sinnvolle und nützliche Beziehungen und Strukturen in Daten enthüllen, die bisher noch nicht bekannt waren. Die Ergebnisse können Beiträge zur Entwicklung eines Klassifikationsschemas liefern oder allgemeine Modelle zur Beschreibung anderer Stichproben und letztlich der Grundgesamtheit nahelegen. Sie können auch Regeln für die Zuordnung neuer Fälle in Klassen anzeigen oder einfach Definitionen für Größe und Maße des Unterschieds liefern, was vorher nur begriffliche Kategorien darstellten.

CLUSTAN wurde ursprünglich in den Sechziger Jahren als kollektive Studie für verschiedene Methoden der Clusteranalyse und ihrer speziellen Anwendung entwickelt. Seither ist es in vielen Forschungszentren zum Hauptinstrumententarium bei der Lösung von Klassifikationsproblemen geworden. CLUSTAN-Ergebnisse sind in Büchern, Artikeln, Regierungsberichten, Diplom- und Doktorarbeiten erschienen. Tatsächlich haben Computing-Berater berichtet, daß CLUSTAN Benutzer so vieler verschiedener Disziplinen anzieht, daß es nun zu den am häufigsten benutzten statistischen Computer-Paketen der modernen Forschung gehört.

KAPITEL 1
ANWENDUNGSGEBIETE DER CLUSTERANALYSE

Die Clusteranalyse ist die moderne statistische Methode zur Aufteilung einer beobachteten Stichprobe in disjunkte oder überlappende homogene Klassen, um eine operationale Klassifikation zu erzeugen. Diese Klassifikation kann dazu dienen um:

a) Hypothesen zu formulieren, die die Herkunft der Grundgesamtheit betreffen (z.B. bei Evolutionsstudien)

b) die Stichprobe in Form einer Typologie zu beschreiben (z.B. für Marktanalysen oder Verwaltungszwecke)

c) das zukünftige Verhalten von Populationstypen vorherzusagen (z.B. beim Modellieren wirtschaftlicher Ausblicke für verschiedene Industriebereiche)

d) eine funktionelle Arbeitsweise zu optimieren (z.B. die Suchzeit für die Wiederbereitstellung von Information)

e) bei der Identifizierung zu helfen (z.B. beim Diagnostizieren von Krankheiten)

f) differentielle Behandlungseffekte bei Klassen innerhalb der Grundgesamtheit zu messen (z.B. mit der Varianzanalyse)

und so weiter.

EINIGE BEISPIELE ZU ANWENDUNGEN DER CLUSTERANALYSE

Es folgen einige Anwendungen zur Clusteranalyse, die die Verschiedenartigkeit des Gebietes zeigen. Es wurde bei jeder Studie entweder eine Gruppierung der Stichprobe in eine relativ kleine Anzahl von Clustern erzielt, oder die Ähnlichkeitsbeziehungen zwischen den Beobachtungen wurden graphisch durch ein Dendrogramm oder einen Minimalbaum dargestellt.

Pubertätsriten amerikanischer Indianerstämme
Verhaltensweisen von Weißen Gruppen gegenüber Schwarzen
Psychologische Typologie von chinesischen und japanischen Amerikanern
Stammesklassifikationen australischer Eingeborener

Ländliche Armutsformen in Stadtbezirken Ontarios
Asiatische Nationen nach friedlichen Beziehungen
Nationale Abstimmungsverhaltensweisen in der UNO
Städtische Regionen nach Zensus-, Industrie- und Infrastrukturdaten

Sturmzyklen und Stranderosion am Lake Michigan
Einschlagkrater und Vulkane auf der Erde, dem Mond und dem Mars
Geologische Daten von Erdsatelliten übermittelt
Automatische Abbildung geophysikalischer Daten

Wildpflanzenreservate und landwirtschaftliche Erträge
Bodenprofilverteilungen und regionale Verläufe
Chemische Verbindungen nach ihren reaktiven Eigenschaften
Broschen aus archäologischen Ausgrabungen

Evolutionsprozesse in der biologischen Taxonomie
Zellkernstruktur nach genomischen Komponenten
Muskel, Haare, Augenlinsen und Plasmaproteinunterschiede
Aminosäuresequenzen bei Proteinen

Syndrome der Leberzirrhose
Entwicklungsstadien infektiöser Krankheitsprozesse
Grippeviren nach Antigenbeziehungen
Kindersterblichkeit aus Abstammungs-, ethnischen und wirtschaftlichen Daten
Gehirndysfunktionen bei Kindern

Kardiovaskuläre und respiratorische Systeme bei Hunden
Känguruhratten nach Unterschieden in der Systematik und bei Proteinen
Eichhörnchenaffen nach sozialen Signalen
Hunde mit Stammbaum nach Verhaltensmerkmalen
Affen und Mensch nach Schädelmessungen

Feldstudienteilnehmer nach Daten der Persönlichkeit und der Einstellung
Typologische Modelle zur Vorhersage des erreichbaren Bildungsniveaus.
Politische Gruppen nach ihren Wahlverhalten
Sprachliche Unterschiede im Stadtgebiet aus einer linguistischen Feldstudie
Haustypen nach ihrer Möbeleinrichtung

Heroische, komische und liebevolle Ideale in der literarischen Phantasie
Auszüge aus Plato und Jane Austen
Veröffentlichungen aus einem Gebiet der modernen Physik

Verbrauchergüter nach Inhalt, Markentreue oder Ähnlichkeit
Typologie des Produktmarktes zum Entwerfen von Verkaufsstrategien
Einzelhandelsmerkmale und Verkaufsleistungen

Berufsklassen und persönliche Funktionen
Erfordernisse der Berufsausbildung und Lehrgangsaufbau
Vorhersage künftigen Bedarfs an Arbeitskräften nach Berufsklassen

Gemeinsame Entscheidungsstrategien unter Berücksichtigung sozialer Präferenzen
Steuerung, Kommunikation und Verbreitung von Organisationen
Industrieprozesse, Produkte und Materialien
Entwurf von Fließbandsteuerfunktionen

Automatisches Massen-Screening von Blutproben
Logik der Zeichenerkennung bei Beleglesern
Datenbankbeziehungen bei Informationssystemen in der Verwaltung

KAPITEL 2
HINWEIS ZUR BENUTZUNG DES HANDBUCHS

CLUSTAN ist ein integriertes FORTRAN IV Programmpaket zur Gesamtstudie und für die Benutzung verschiedener Clusteranalysen und anderer multivariater Methoden. Die Eingabedaten können kontinuierliche Meßwerte, Merkmale mit mehrstufigen Zuständen oder binäre Beobachtungen des Typs vorhanden/nicht-vorhanden einer Stichprobe aus n Objekten sein. Alternativ dazu kann irgendeine Ähnlichkeits- oder Abstandsmatrix geliefert werden, für die die zugrundeliegenden Variablen nicht beobachtet worden sein mußten.

Die Methoden wurden als getrennte Prozeduren zu einem einzigen Hauptprogramm zusammengefaßt und werden vom CLUSTAN-Driver aktiviert. Es wurde in diesem Handbuch durchwegs großer Wert darauf gelegt, die Programmspezifikationen einfach zu machen, so daß die Prozeduren leicht zu benutzen sind und zugleich viele Spezialfälle zulassen, die als Nicht-Standardoptionen eingebaut sind.

Vom Leser wird erwartet, daß er gewisse Kenntnisse von den Methoden der Clusteranalyse besitzt und wird im ganzen Handbuch auf die veröffentlichten Arbeiten hingewiesen, auf denen die Programme beruhen. Es ist jedoch möglich, nach den empfohlenen Analysen und den kurzen Methodenbeschreibungen vorzugehen, um schnelle Ergebnisse mit CLUSTAN zu erzeugen.

Nachdem sich der Leser entschieden hat, eine bestimmte Methode der Clusteranalyse zu verwenden, sollte er sich dem Kapitel der entsprechenden Prozedur in Verbindung mit den folgenden Hauptkapiteln zuwenden:

Grundkonzepte
Prozedur FILE
Prozedur SPSS (wenn eine SPSS-Systemdatei gelesen wird)
Prozedur CORREL
Prozedur DISTIN (wenn eine Ähnlichkeitsmatrix gelesen wird)
Prozedur RESULT

Jede Prozedurbeschreibung enthält einen Absatz für einen 'Kurzlauf', der als Beispiel für den einfachen Gebrauch der Parameter gedacht ist, um eine Standardanalyse zu erhalten. Für viele Parameter werden 'übliche Werte' angegeben, die einen Wegweiser für die Standardoptionen liefern. Wo es möglich ist, werden Leerzeichen - sogenannte Blanks - benutzt, um diese Standardoptionen anzusprechen.

Der Leser wird auch wegen Einzelheiten zu den lokalen Steuerkartenerfordernissen und irgendwelchen Änderungen bei Prozedurspezifikationen an seiner Rechenanlage auf die lokalen Job-Steuerspezifikationen verwiesen.

KAPITEL 3
GRUNDKONZEPTE BEI CLUSTAN

CLUSTAN ist ein einziges Overlay-Programm, bei dem die Prozeduren Unterprogramme sind, die vom CLUSTAN-Driver aufgerufen werden. Dieser Driver liest von Karten die Prozedur-Schlüsselwörter der CLUSTAN-Prozeduren, die in Spalte 1 beginnen (nur die ersten 4 Zeichen eines Schlüsselwortes sind signifikant). Jedes Schlüsselwort leitet einen CLUSTAN-Schritt ein, und ein einziger CLUSTAN-Job kann aus einer beliebigen Anzahl verschiedener Schritte bestehen.

Wenn die Prozedur FILE gestartet wird, werden die beobachteten Daten von Karten, einem Band oder einer Plattendatei eingelesen und auf einer internen Plattendatei gespeichert. Dieser Vorgang erzeugt das sogenannte Datafile, und danach bezieht sich jede CLUSTAN-Prozedur auf das Datafile, um ihre Analyse durchzuführen.

Ein spezielles Datafile wird nur für die Dauer eines CLUSTAN-Jobs auf Platte gehalten, und am Ende eines Jobs wird das Datafile gelöscht. Es ist jedoch möglich, eine private Datei als permanenten Speicher für ein bestimmtes Datafile einzurichten und dieses Datafile später mit der Prozedur RESTART wieder anzusprechen.

CLASSIFICATION ARRAYS

Alle cluster-erzeugenden Prozeduren bringen Ergebnisse in Form von 'classification arrays' - Klassifikationsmatrizen - mit folgendem Inhalt hervor:

Karte 1	TITELKARTE	FORMAT (20A4)
Karte 2,3, ..	(ICLA(I),I=1,N)	FORMAT (26I3)

Der Wert von ICLA(I) ist der Code des Clusters, dem das I-te Individuum angehört. Wenn ICLA(I) = 0, dann wird das I-te Individuum der Residuen-Untermenge zugeordnet.

CLUSDECK

Jeder cluster-erzeugende Schritt druckt Classification Arrays aus, und manchmal liefert dies ausreichend Information, um die Ergebnisse zu bewerten. Die Classification Arrays werden auch auf einer eigenen Datei namens CLUSDECK gespeichert, die auf Band oder Platte steht, wodurch die Ergebnisse einer weiteren Auswertung unterzogen werden können. Zu Beginn eines neuen CLUSTAN-Jobs wird CLUSDECK immer neu angelegt (d.h. durch die Prozeduren FILE und DISTIN), und jede clustererzeugende Prozedur fügt Classification Arrays an das Ende von CLUSDECK, wobei während einer Reihe von CLUSTAN-Schritten Ergebnisse angehäuft werden. Die Prozedur RESULT kann zur Ausgabe von diagnostischer Statistik wie etwa Clustermittelwerten, Standardabweichungen und Merkmalshäufigkeiten für alle auf CLUSDECK gespeicherten Classification Arrays verwendet werden, und mit der Prozedur DUMP kann man den Inhalt von CLUSDECK auflisten und bestimmte Classification Arrays auf Karten ausstanzen. CLUSDECK wird jedesmal dann neu eingerichtet (gelöscht), wenn die Prozedur RESULT aufgerufen wird, so daß der Inhalt von CLUSDECK vor der Verarbeitung bestimmt werden kann, indem man an geeigneten Stellen des CLUSTAN-Jobs RESULT-Schritte einbaut.

Wenn eine private sequentielle Datei für CLUSDECK angelegt wird, dann ist es möglich, die Classification Arrays von einem CLUSTAN-Job auf einen andern zu übertragen, indem man mit Hilfe der Prozedur RESTART das gesicherte CLUSTAN-Datafile zu Beginn eines jeden Jobs, mit Ausnahme des ersten, wieder aktiviert.

Ein CLUSTAN-Job beginnt üblicherweise mit einer der Prozeduren FILE, DISTIN, SPSS oder RESTART. Danach können sich CLUSTAN-Schritte in beliebiger Reihenfolge anschließen, vorausgesetzt daß die Prozeduren HIERARCHY, MODE, DENSITY, CENTROID, KDEND und DNDRITE einem CORREL-Prozedurlauf folgen. Sie müssen nicht unmittelbar nach CORREL folgen, sondern es genügt, CORREL nach FILE oder RESTART auszuführen und dann eine Serie von CLUSTAN-Schritten in beliebiger Reihenfolge anzuschließen. Die Ähnlichkeitsmatrix, die von CORREL berechnet wird, bleibt während der gesamten Prozedurschritte innerhalb eines CLUSTAN-Jobs auf dem Datafile und wird - falls spezifiziert - auf das Savefile für eventuell nachfolgende neue Starts kopiert. Die einzige Möglichkeit, die Ähnlichkeitsmatrix zu zerstören, besteht darin, CORREL mit anderen Optionen erneut auszuführen.

KAPITEL 4
WIE BENUTZT MAN CLUSTAN?

CLUSTAN ist in modularer Form geschrieben, so daß man große Flexibilität erreicht, wenn man die verschiedenen CLUSTAN-Prozeduren in unterschiedlichen Kombinationen aufruft. Jede Prozedur wird durch ein Prozedur-Schlüsselwort aktiviert, das vom CLUSTAN-Driver gelesen wird, der dann das entsprechende CLUSTAN-Unterprogramm lädt. Formatierte Parameterkarten und die Eingabedaten werden dann von diesen Unterprogrammen eingelesen. Nach erfolgreicher Beendigung des Auftrags, übernimmt der CLUSTAN-Driver wieder die Steuerung.

Wenn innerhalb des Unterprogramms ein Parameter fehlerhaft ist, gibt es eine dementsprechende Meldung, und die Steuerung geht an den Driver zurück. Geschieht dies, so werden sämtliche Parameterkarten oder Eingabedaten, die vom Unterprogramm noch nicht gelesen wurden, vom Driver überlesen, bis ein gültiges CLUSTAN-Schlüsselwort angetroffen wird. Das soll nicht heißen, daß der restliche Lauf wertlos ist, da einige der funktionalen Operationen, die am Ende einer Folge ausgeführt werden, unbeschadet auf das was folgt, übergangen werden können. Beispielsweise könnte ein Streudiagramm infolge eines Codierfehlers mißlingen, aber eine sich anschließende Clusteranalyse kann dennoch nützliche Information liefern. CLUSTAN versucht deshalb alle Schritte eines Jobs auszuführen, die eine richtige Eingabe besitzen, und die fehlerhaften zu überspringen.

Zur Benutzung von CLUSTAN muß der Benutzer liefern:

1. JCL-Karten, um das Programm aufzurufen und spezielle Dateien zu definieren, die verwendet werden sollen.

2. CLUSTAN-Prozedur-Schlüsselwörter, um die CLUSTAN-Prozedurschritte aufzurufen.

3. CLUSTAN-Prozedurparameter, um die Aufgaben festzulegen.

4. Die zu analysierenden Daten auf Karten, Band oder Platte.

CLUSTAN-PROZEDUR-SCHLÜSSELWÖRTER

Jede CLUSTAN-Prozedur wird durch ein Prozedur-Schlüsselwort gestartet, das in Spalte 1 beginnt. Lediglich die ersten 4 Zeichen eines jeden Schlüsselwortes sind signifikant. Der restliche Platz auf der Lochkarte wird ignoriert und kann deshalb für Kommentare genutzt werden.

Die bei CLUSTAN 1C verfügbaren Schlüsselwörter werden nachfolgend aufgeführt, wobei mit + Schlüsselwörter bezeichnet werden, die am Anfang eines CLUSTAN-Jobs stehen können. Die Leser werden darauf hingewiesen, daß von Zeit zu Zeit weitere Prozeduren in CLUSTAN eingeführt werden. Einzelheiten darüber sind von der für die CLUSTAN-Implementierung verantwortlichen Person jeder Benutzeranlage zu erfahren.

SCHLÜSSELWORT	PROZEDUR
FILE	+ Liest Daten und berechnet Hauptkomponenten
DISTIN	+ Liest eine Abstands- oder Ähnlichkeitsmatrix
SPSS	+ Liest eine SPSS-SAVE-Datei
RESTART	+ Startet erneut von einem vormals geretteten Datafile
CORREL	Berechnet Ähnlichkeits- und Abstandsmatrizen
HIERARCHY	Allgemeines hierarchisch agglomeratives Clustern
CENTROID	Hierarchisch agglomeratives Centroid Sorting
RELOCATE	Iterative Reallokation zu den Clustern (K-Means)
MODE	Hierarchische Mode Analysis
DENSITY	Mode-Schätzer in einer multivariaten Stichprobendichte
EUCLID	Algorithmus zur Minimierung der Euklidschen Summe der Quadrate
DIVIDE	Monothetische Division einer binären Datenmatrix
KDEND	Jardine-Sibson Methode (überlappende Cluster)
DNDRITE	Polythetische Division des Minimalbaums
RESULT	Analyse der Cluster (Mittel, Standardabweichung,....)
DUMP	Druckt und stanzt Klassifikationen
LABELS	Spezifiziert alphanumerische Kennungen für die graphische Ausgabe
PLINK	+ Zeichnet Dendrogramme und Division-Bäume
TREE	Zeilendruckerversion von PLINK
SCATTER	Streudiagramme und Clusterdiagramme
COMMENT	+ Wird zur Kommentierung des Ausdrucks benutzt
SIZE	+ Definiert die Größe des Datafiles für große Probleme
TRACE	+ Diagnostikspur der I/O Operationen
STOP	Beendigt den augenblicklich laufenden CLUSTAN-Job

BEISPIEL EINES CLUSTAN-JOBS

Das folgende Beispiel eines CLUSTAN-Eingabedecks zeigt die Anwendung der Prozeduren FILE, CORREL, HIERARCHY und RESULT, um die Ward's Methode ablaufen zu lassen und die gebildeten Cluster zu analysieren:

```
FILE
TITELKARTE FÜR DIE DATEN - IRGENDEIN ALPHANUMERISCHER TEXT
 125   4    X
     (4F4.0)
 358 421 578 772
  ..  ..  ..  ..
  ..  ..  ..  ..
 272  33 115 670
CORREL
 1
HIERARCHY
6  2  8
RESULT
                                  XX
STOP
```

Dieser Job liest eine Datenmatrix ein, die aus 125 Beobachtungen an 4 kontinuierlichen Variablen besteht, berechnet mit CORREL eine Abstandsmatrix, verwendet von der Prozedur HIERARCHY die Option 6 - Ward's Methode - und analysiert mit RESULT die Klassifikationen, die aus 8, 7, 6, 5, 4, 3, und 2 Cluster bestehen.

KAPITEL 5
VORSCHLÄGE FÜR ANALYSEN

Diese Anmerkungen werden als Leitfaden für die Methoden geliefert, die am ehesten vernünftige Ergebnisse liefern sollten. Die Analysen mit K-Means (RELOCATE) oder mit der Ward's Methode (HIERARCHY) werden zu dichten 'Minimum Varianz'-Clustern führen. Diejenigen die MODE, Single Linkage oder KDEND enthalten, werden 'natürliche' Cluster suchen, die nicht unbedingt dicht sein müssen. Eine wirklich robuste Klassifikation hat man dann gefunden, wenn diese Ergebnisse übereinstimmen.

(A) GROSSE POPULATIONEN

1. Man erzeuge das Datafile mit der Prozedur FILE und berechne die Hauptkomponenten. Man weise ein private Datei zum Speichern des Datafiles zu und wenn nötig, gebe man eine Steueranweisung zum Kartenstanzen.

2. Man benutze K-Means (Prozedur RELOCATE mit ICOEF=24 oder 25) und wähle eine Zufallsklassifikation (mit NCLA=K+4), wobei K die gewünschte Clusterzahl ist. Man iteriere bis hinunter zu 2 Cluster (MAXIT=15, MINC=2).

3. Man erzeuge mit DUMP Classification Arrays auf Karten und codiere die DUMP-Parameter 1 3 4 5 6 7 (diesen Schritt kann man sich ersparen, wenn die Classification Arrays im selben Job direkt an SCATTER weitergereicht werden; siehe Schritt 6).

4. Man gebe mit RESULT die Hauptkomponenten und die Clusterdiagnostik für die RELOCATE-Klassifikationen aus.

5. Man wiederhole nötigenfalls RELOCATE mit einer anderen zufälligen Ausgangsklassifikation und wähle jene, für die die Gesamtsumme der Fehlerquadrate eines jeden Niveaus am kleinsten ist.

6. In einem gesonderten CLUSTAN-Job zeichne man mit SCATTER Clusterdiagramme in den Hauptkomponenten 1 gegen 2 der Classification Arrays, die bei Schritt 3 erzeugt wurden. (Mit Hilfe des SCATTER-Parameters NCLA könnten nach Schritt 2 Klassifikationen direkt von CLUSDECK abgerufen werden).

ABWANDLUNG BEI SCHRITT 5

5. Man erzeuge mit den Size- und Shape-Koeffizienten orthogonale Klassifikationen als Anfangsklassifikationen für die Summe der Fehlerquadrate, indem man folgendermaßen codiert:

ICOEF=29	MINC=K+4	NCLA=1	MAXIT=5
ICOEF=30	MINC=K+4	NCLA=1	MAXIT=5
ICOEF=24	MINC=2	NCLA=K+4	MAXIT=15
ICOEF=24	MINC=2	NCLA=K+5	MAXIT=15

Stimmen die letzten Klassifikationen überein, die man mit der Summe der Fehlerquadrate erhielt, so ist das ein Anzeichen, daß man ein globales Minimum-Ergebnis gefunden hat.

(B) POPULATIONEN VOM UMFANG KLEINER ALS 150

1. Man erstelle das Datafile mit der Prozedur FILE und berechne die Hauptkomponenten, wenn kontinuierliche Daten vorliegen.

2. Man berechne eine Abstandsmatrix mit der Prozedur CORREL und wähle 5 K-Linkage-Listen.

3. Man rechne die Ward's Methode (HIERARCHY Option 6) aus der Abstandsmatrix und wähle eine Ausgabe von etwa 10 bis hinab zu 2 Cluster.

4. Man starte RELOCATE und spezifiziere NCLA=1, um die 10 Cluster-Gruppierung aus Schritt 3 als Anfangsklassifikation zu erhalten. Man nehme den Error Sum of Squares-Koeffizienten (ICOEF=24 oder 25) und setze MAXIT=10 und MINC=2. Dies wird die Fehlersummen-Lösung verbessern, wobei mit dem suboptimalen Ward's Ergebnis begonnen wird.

5. RELOCATE wird erneut mit NCLA=-10 gestartet, um eine aus 10 Cluster bestehende zufällige Anfangsklassifikation zu erzeugen. Man vergleiche sie mit der letzten bei Schritt 4 erhaltenen Konfiguration.

6. Man führe MODE aus, um mit einer leeren Parameterkarte eine Standard Mode Analysis zu erhalten. Alternativ dazu könnte man DENSITY laufen lassen, um Schätzer für die Modi in der Stichprobe zu erhalten.

7. Mit DUMP lasse man bestimmte Classification Arrays auf Karten ausstanzen. Man codiere 1 3 5 7 10 12 14 16 19 21 23 25 28 29 30, um 10, 8, 6 und 4 Cluster aus den Schritten 3-5 und die ersten 3 Klassifikationen aus Schritt 6 zu erhalten.

8. Von RESULT wird die Clusterdiagnostik und die bei Schritt 2 erhaltenen K-Linkage-Listen ausgedruckt.

GRAPHISCHE ERGEBNISSE

Man verwende die Prozedur LABELS, um alphanumerische Fallkennungen auf das Datafile zu bringen.

Mit der Prozedur PLINK zeichne man nach Schritt 3 ein Dendrogramm für die Ward's Methode.

Mit SCATTER zeichne man in den Hauptkomponenten 1 gegen 2 die Fallkennungen in ein Streudiagramm und die Clusterkennungen in ein Clusterdiagramm. Clusterkreise und/oder -umhüllende können zusätzlich bei den Clusterdiagrammen eingezeichnet werden.

Man zeichne signifikante Abstände für einen Schwellenwert des kleinsten Fusionskoeffizienten aus dem Mode Clustering. Dies wird den Grad der Verkettung bei Single Linkage anzeigen.

Will man einen bestimmten Cluster besonders hervorheben, so zeichne man für diesen Cluster ein Symbol und für alle übrigen Cluster ein + oder ein Leerzeichen. Man wähle die Achsen-Option, um zu zeigen, wie die x- und y-Dimensionen den Cluster diskriminieren.

(C) KLEINE POPULATIONEN (N KLEINER ALS 40)

Zusätzlich zu den obigen Analysen kann der Benutzer mit DNDRITE eine andere Optimierung der Summe der Fehlerquadrate bekommen, die dem bei Schritt 4 erhaltenen Ergebnis gegenübergestellt werden kann. Für sehr kleine Datenmengen kann die Prozedur KDEND eine nützliche Überprüfung der Clusterbeziehungen und der im Übergangsgebiet liegenden Fälle liefern.

Die Prozeduren PLINK und SCATTER können wie zuvor Plots erzeugen, und zusätzlich kann noch der Minimalbaum eingezeichnet werden.

(D) BERECHNUNG NEUER ÄHNLICHKEITSMASSE

Die Prozeduren CENTROID, RELOCATE und DIVIDE bilden eine nach Dreifachstrategie vorgehende verallgemeinerte Analysenmethode, mit der verschiedene Inter-Cluster-Ähnlichkeitskriterien ausgewertet werden können. Alle vorhandenen Ähnlichkeits-Optionen können von diesen Prozeduren verwendet werden. Die USER-Feature gibt zusätzlich die Möglichkeit, neue Maße zu berechnen.

Augenblicklich scheint es, als ob die Error Sum of Squares die beste Option sei, um dichte Cluster zu finden, und es kann leicht gezeigt werden, daß einige existierende Maße unter bestimmten Bedingungen unzuverlässig sind. Beispielsweise kann das beim Nonmetrischen Koeffizienten der Fall sein, wenn er mit normierten kontinuierlichen Daten verwendet wird.

Zusätzliche Dokumentation über die bei CLUSTAN verfügbaren Ähnlichkeitsfunktionen sind beim CLUSTAN-Koordinator jeder Rechenanlage vorhanden, auf der CLUSTAN unter einem laufenden Wartungsvertrag betrieben wird.

(E) VERBINDUNGEN ZU SPSS, MDSCAL UND BMD

Die folgenden Optionen können benutzt werden, um CLUSTAN an andere Analysepakete anzuschließen, indem Zwischendateien zum Speichern der Ergebnisse benutzt werden:

1. SPSS COMPUTE, RECODE und IF-Karten zur Datentransformation.
2. SPSS WRITE CASES mit dem FILE-Parameter JCH.
3. SPSS Korrelationsmatrix-Ausgabe mit DISTIN-Eingabe.
4. MDSCAL Konfigurations-Ausgabe mit DISTIN-Eingabe.
5. RELOCATE Clustermatrix-Ausgabe mit DISTIN-Eingabe.
6. RELOCATE Clustermatrix-Ausgabe mit MDSCAL-Eingabe.
7. BMDX72 Ausgabe von Faktorwerten mit FILE-Bandeingabe.
8. BMD07M-Ausgabe von kanonischen Variablen mit FILE-Eingabe.

Die SPSS-Prozedur kann auch verwendet werden, um eine Datenmatrix von einer SPSS-Systemdatei zu lesen, die durch die SAVE-FILE-Anweisung in SPSS erzeugt wurde.

KAPITEL 6

VERÖFFENTLICHTE METHODEN

Es folgt eine Liste von veröffentlichten Methoden, die exakt von den Optionen der CLUSTAN-Prozeduren repräsentiert werden oder für die das Clusterkriterium in einer verallgemeinerten Prozedur verwendet wird.

(A) HIERARCHISCHE FUSION

Single linkage (Sneath 38 42) Minimum Method (Johnson 63) - HIERARCHY
Average linkage (UPGMA Method of Sokal and Michener 41) - HIERARCHY
Complete linkage (from Sorensen 27 42) Maximum Method (Johnson 63) - HIERARCHY
Centroid sorting (UPGMC Method of Sokal and Michener 41) - CENTROID (correlation)
Ward's method (44) - HIERARCHY
Orloci's method (gleich wie Ward's 31) - HIERARCHY
Gower's median or WPGMC method (13) - HIERARCHY
Lance-Williams' flexible method (22) - HIERARCHY
McQuitty's similarity analysis (29) - HIERARCHY
McQuitty's differential weighting scheme (gleich wie average linkage 41) - HIERARCHY
Information analysis (Lance and Williams 19) - CENTROID
Nonmetric sorting (Lance and Williams 19) - CENTROID

(B) MONOTHETISCHE DIVISION (DIVIDE)

Association analysis (Williams and Lambert 18 45)
Group analysis (Crawford and Wishart 10 11)
Information analysis (MacNaughton-Smith 26 25)
Centroid optimisation (Gower 13)

(C) ITERATIVE RELOKATION (RELOCATE)

K-Means (MacQueen 28)
Scicon method (Beale 3)
Error sum optimisation (Forgey 12 24)
Jancey's centroid method (16)
Ball and Hall variance method (2)
Information analysis (Lance and Williams 24)

(D) ANDERE METHODEN

Mode analysis (Wishart 50 53 68) - MODE,DENSITY
Calinski-Harabasz dendrite method (7 8) - DENDRITE
Jardine-Sibson B(k) method (15 9 62) - KDEND
Minimums euclidean sum of squares (Gordon and Henderson 60) - EUCLID
Clustered correlation matrix (Tryon and Bailey 67
- DISTIN,HIERARCHY

KAPITEL 7
PROZEDUR FILE

ZWECK

Einlesen des Datendecks von Lochkarten oder einer sequentiellen Datei, das CLUSTAN-Datafile auf Platte erstellen und Berechnung der Hauptkomponentenanalyse und anderer Statistiken. Die gesamte Eingabe und die berechneten Ergebnisse werden auf dem Datafile gespeichert.

DATENAUFBEREITUNG

Die Daten müssen auf Lochkarten oder auf Band oder Platte in der Reihenfolge der Individuen vorliegen. Das Datenformat wird durch eine normale FORTRAN IV Formatspezifikation beschrieben, die auf der Parameterkarte C steht. Bei binären Daten muß die Eingabeform auch den binären Spezifikationen genügen, d.h. jeder Fall besteht entweder aus einem 'String' von MB 1 oder 0 Coden oder aus einer 'Liste' jener Merkmale, die vorhanden sind (jene die im String mit 1 codiert sind).

Die Daten können auch formatfrei eingelesen werden, wobei aufeinanderfolgende Merkmale durch ein Komma oder durch Leerzeichen getrennt sind.

Die Parameterkarte A ist ein Datentitel, der irgendeine alphanumerische Information zur Identifizierung der Population enthalten kann. Diese Karte wird zu Beginn aller CLUSTAN-Ergebnisse ausgedruckt.

POPULATIONSBESCHRÄNKUNGEN

(a) Allgemein

N(Populationsumfang)	999
MN(Anzahl der kontinuierlichen Variablen)	200
MB(Anzahl der binären Merkmale)	400

(b) Hauptkomponentenanalyse und Korrelationen

MN darf 80 nicht überschreiten

KONTINUIERLICHE DATEN

Kontinuierliche Daten werden in einer N x MN Tabelle dargestellt, wobei die Spalten den Variablen und die Zeilen den Individuen entsprechen. Jede Zeile muß ausschließlich auf eine oder mehrere Datenkarten gestanzt werden und nimmt entweder die Form einer normalen FORTRAN-Formatanweisung an oder wird formatfrei codiert, wobei aufeinanderfolgende Einheiten durch Leerzeichen und/oder Kommas getrennt werden.

Wenn ein FORTRAN-Format verwendet wird, sollte es innerhalb der Spalten 5-80 der Parameterkarte C zu stehen kommen oder nötigenfalls auf zusätzlichen Karten fortgesetzt werden (Parameter NFT).

Beispiel 1. Angenommen, die Daten eines Falles sind codiert:

5,18,72,0,23

(man beachte, daß Leerzeichen anstelle der Kommas stehen könnten). Hier muß formatfreie Eingabe spezifiziert werden (IFT = nonblank), und jeder Fall muß auf einer neuen Karte beginnen. Die Parameterkarte C sollte leer bleiben.

Beispiel 2. Für die folgenden Daten, die einen Fall repräsentieren:

5.342 4.129 21.03 3. 1067.

sollte auf der Karte C folgendes stehen:

(5F6.2)

Die Position des Dezimalpunkts und die Anzahl der Dezimalziffern sind nicht wichtig. Wenn ein Dezimalpunkt vorliegt, wird die dezimale Ziffernspezifikation '2' des Formats aufgehoben. Jeder Wert muß innerhalb der angegebenen Spaltenzahl liegen; deshalb müssen bei (5F6.2) die 5 Variablenwerte irgendwo zwischen den Spalten 1-6, 7-12, 13-18, 19-24 bzw. 25-30 liegen.

Beispiel 3. Angenommen, die Lochkarten enthalten noch andere als die benötigten Daten, dann kann die 'X' FORTRAN IV Formatspezifikation benutzt werden, um gewisse spezifizierte Spalten der Karte zu überspringen. Die folgende Datenkarte repräsentiert dieselbe Eingabe wie zuvor und zusätzlich noch eine Kartenkennung und andere fälschliche Information:

FALL1 5.342 4.129 21.03 SIMPEL 3. 1067. X59-3/4

Karte C sollte enthalten:

(5X, 3F6.2,7X,2F6.2)

so daß die Wörter 'FALL1', 'SIMPEL' und 'X59-3/4' übersprungen werden.

Beispiel 4. Dieser Datensatz enthält 15 Variablen, von denen jede 6 Spalten auf der Lochkarte einnimmt. Es ist unmöglich, alle diese Werte auf eine 80-spaltige Karte zu stanzen, so daß für jedes Individuum 2 Karten benötigt werden. Die erste Karte enthält die Variablen 1-13, deren Werte die Spalten 1-6, 7-12, ..., 73-78 besetzen. Die zweite Karte enthält die Werte der Variablen 14 und 15, die in die Spalten 1-6 und 7-12 gestanzt werden. Für diese Daten wird das Kartendeck aus 2N Karten bestehen, und die Parameterkarte C sollte enthalten:

(13F6.0/2F6.0)

Man beachte, daß die Dezimalpunkte gesetzt werden müssen, und damit wird die '0' Dezimalziffernspezifikation ausgeschaltet. Der '/' in der Formatspezifikation bewirkt, daß auch die zweite Datenkarte eingelesen wird.

NORMIERUNG KONTINUIERLICHER DATEN

Bei fast allen Problemen, die sich auf kontinuierliche Daten beziehen, sollten die Variablen zuerst normiert werden, bevor die Population klassifiziert wird. Sind die Daten nicht normiert, so werden die Ähnlichkeitskoeffizienten von den Variablen mit großer Streuung besonders stark beeinflußt. Es gibt manche Fälle, wo eine Normierung nicht nötig ist, z.B. wenn das Datendeck bereits aus normierten Werten besteht, oder wenn alle MN Variablen Prozentmessungen desselben Typs sind, wofür jene Variablen mit größerer Streuung die Hauptbeiträge für die zu berücksichtigende Gesamtvarianz der Grundgesamtheit liefern.

Die kontinuierlichen Daten werden normiert, wenn der Parameter ISTAND=nonblank. Wenn ISTAND=blank, werden die Rohdaten bei der Eingabe auf dem Datafile gespeichert. Man beachte, daß die Normierung weder die Berechnung der Mittelwerte, der Standardabweichungen, der Korrelationen oder der Hauptkomponentenanalyse bei FILE noch die der Clusterdiagnostik bei RESULT beeinflußt. Diese Statistiken werden ganz unabhängig vom Zustand des Parameters ISTAND immer aus den Rohdaten berechnet.

Wenn kontinuierliche Daten vorliegen, werden immer Mittelwerte und Standardabweichungen abgespeichert. Kreuzprodukt-Korrelationen werden für bis zu 80 Variablen berechnet, wenn JCOR=nonblank.

HAUPTKOMPONENTENANALYSE

Die Hauptkomponentenanalyse wird für maximal 80 Variablen berechnet, wenn NPCF eine ganze Zahl ungleich null ist. Der Wert von NPCF gibt die Anzahl der Faktorwerte (Factor Scores) an, die auf dem Datafile gespeichert werden sollen. Dabei ist darauf zu achten, daß NPCF den Wert von MN nicht übersteigt. Die Eigenvektoren, die aus der Hauptkomponentenanalyse resultieren, werden nur dann auf dem Datafile gespeichert, wenn JEIGV=nonblank.

BINÄRE DATEN

Ein Merkmal hat binäre Eigenschaft, wenn es an einem Individuum vorhanden oder nicht-vorhanden sein kann. Daten dieses Typs liegen gewöhnlich als eine N x MB Tabelle vor, wobei die Eintragungen entweder '1' für vorhanden oder '0' für fehlend sind. In diesem Fall werden die Daten eines jeden Individuums als ein String von genau MB 1/0 Coden dargestellt, und der Parameter IBT muß nonblank codiert werden. Der String kann entweder freiformatiert oder im I-Typ FORTRAN-Format auf der Parameterkarte C angegeben werden.

Die Erfahrung hat gezeigt, daß diese Art der Datendarstellung oft sehr umständlich und schwierig ist und zu fehlerhafter Codierung führt, wenn die Anzahl der Merkmale groß ist. Wahlweise können die binären Daten eines Individuums als Codeliste jener Merkmale dargestellt werden, die beim Individuum vorhanden sind. Man nimmt dabei an, daß die MB binären Merkmale von 1 bis MB sequentiell codiert sind, und daß die Eingabe für ein Individuum die Liste der Spaltennummern darstellt, die den '1'-Einträgen in der Zeile des Individuums der 1/0 Datenmatrix entspricht. Diese Merkmalscode müssen auf den Datenkarten als ganze Zahlen in der entsprechenden I-Typ FORTRAN IV Formatspezifikation gelocht sein. Es ist nicht möglich, formatfreie Eingabe für die Merkmalslisten zu verwenden. Die Längen der Listen werden normalerweise

für die verschiedenen Individuen variieren, und nötigenfalls muß mehr als eine Datenkarte verwendet werden, um die Information aufzunehmen. Es ist jedoch wichtig, daß die gleiche Anzahl von Datenkarten für jedes Individuum genommen wird, um der Formatspezifikation zu genügen, selbst wenn in das Deck Leerkarten eingefügt werden müssen.
Die Prozedur FILE bestimmt die Länge jeder Merkmalsliste, indem es LMAX ganze Zahlen einliest und diese Daten nach dem ersten Null- oder Blank-Eintrag absucht. Der Wert von LMAX wird in die Spalten 1-4 der Parameterkarte C als rechtsbündige vierstellige ganze Zahl gelocht, und die Formatanweisung zwischen den Spalten 5-80 der Parameterkarte C muß mindestens LMAX I-Typ Spezifikationen enthalten.

Wichtig - Jede Merkmalsliste muß mindestens einen Eintrag enthalten. Sollte das nicht ohnehin der Fall sein, so müßte bei jedem Individuum ein Dummy-Merkmal eingefügt werden, um der Bedingung zu genügen. Dieses Merkmal kann bei den cluster-erzeugenden Schritten durch die Maskierungsmöglichkeit ausgeschlossen werden.

Beispiel 1. Wenn 10 binäre Merkmale gegeben sind, dann könnten binäre Strings formatfrei wie folgt codiert sein:

0 1 1 0 0 1 0 1 1 0

und das Vorhandensein der Merkmale 2,3,6,8 und 9 für das Individuum anzeigen. In diesem Fall sollte die Parameterkarte C leer sein.

Beispiel 2. Dieselben Daten könnten schon codiert sein als:

0110010110

womit die Merkmals-Strings auch spezifiziert wären (IBT=nonblank), und die Parameterkarte C sollte die folgende Formatspezifikation enthalten:

(10I1)

Beispiel 3. Angenommen, es gibt 50 binäre Merkmale, und das Individuum 7 besitzt 10 Merkmale, was zufällig die maximale Anzahl darstellt, die irgendein Individuum besitzt. Wenn die 10 Merkmale, die Individuum 7 besitzt, mit 2 8 12 15 18 21 22 28 31 43 codiert sind, dann könnte die Datenkarte für das Individuum 7 sein:

2 8 12 15 18 21 22 28 31 43

und die Parameterkarte C könnte sein:

20 (20I3)

Obwohl man weiß, daß 10 die maximale Merkmalslistenlänge ist, wurde der Wert LMAX = 20 als Sicherheit für den Fall gewählt, daß irgendeine längere Merkmalsliste zufällig übersehen worden wäre.

Beispiel 4. Angenommen, es gibt 354 binäre Merkmale, das Individuum 14 hat mit 28 Merkmalen die längste Merkmalsliste, und das Individuum 31 besitzt die Merkmale 4, 95 und 241, dann könnten die folgenden 2 Karten das Individuum 31 repräsentieren:

31 1 4 95 241
31 2

Für solche Daten könnte die Parameterkarte C sein:

30 (5X,18I4)

Der Wert von LMAX ist 30 und somit um 2 größer als nötig, um gegen Fehler vorzubeugen oder um ein nachträgliches Anfügen an die Daten zu erlauben. Man braucht 2 Datenkarten für jedes Individuum, selbst für den Fall des Individuums 31, wo die zweite Karte tatsächlich leer ist. Für Prüfzwecke ist die Nummer des Individuums auf beide Datenkarten in die Spalten 1-3 und die Nummer der Datenkarte (1 oder 2) in die Spalte 5 gelocht worden. Diese Information wird auf den Datenkarten durch die '5X'-Angabe übersprungen. Folgende Alternativen der Parameterkarte C würden für diese Daten auch funktionieren, vorausgesetzt daß die maximale Merkmalslistenlänge 28 ist.

30 (5X,18I4/5X,18I4)
28 (5X,18I4/5X,10I4)
30 (2(5X,18I4/))
36 (5X,18I4/5X,18I4)

Wenn binäre Daten vorliegen, werden Merkmalshäufigkeiten und Merkmalslistenlängen auf dem Datafile gespeichert.

GEMISCHTE DATEN

Mit FILE ist es möglich, sowohl kontinuierliche als auch binäre Daten zu lesen und zu speichern. Es sollte jedoch bemerkt werden, daß gemischte Daten nicht für Klassifikationszwecke verwendet werden können. Die cluster-erzeugenden Prozeduren verlangen alle, daß einer der Datenmodi zur Berechnung der Ähnlichkeiten völlig maskiert wird. Sollte es erforderlich sein, gemischte Daten für die Klassifikation zu verwenden, dann müßten die Daten eines Modus in den andern transformiert werden.

Zusätzliche Daten können auf das Datafile gebracht werden, die zwar nicht für die Klassifikation benötigt werden, aber für die Clusterdiagnostik von der Prozedur RESULT erhalten werden kann. Ein typisches Beispiel würde die Klassifikation einer Vegetationsbestandsaufnahme in Form des Vorhandenseins/Nicht-Vorhandenseins von Pflanzenarten innerhalb stichprobenmäßig erhobener 'Quadrate' sein. Wenn die Zusatzinformation der 'Höhe' und des 'Aspekts' für jedes Quadrat bekannt wäre, dann könnten diese Daten als kontinuierliche Variablen codiert werden, die von der Klassifikation ausgeschlossen werden, aber für die von RESULT Clustermittelwerte und Standardabweichungen berechnet werden können. Solche Clusterdiagnostik ist sehr nützlich für die Lokalisierung und Erkennung der resultierenden Cluster.

Die Eingabe von gemischten Daten wird durch Verkettung der Regeln für kontinuierliche und binäre Daten erreicht. Sie unterliegt der zusätzlichen Bedingung, daß die kontinuierlichen Werte stets vor den binären Merkmalslisten auf den Datenkarten stehen müssen. Angenommen, die Daten der Beispiele 2 der beiden vorhergegangenen Paragraphen sollten durch wechselweises Ineinanderfügen der vorher gestanzten kontinuierlichen und binären Datenkarten zu einer Datei kombiniert werden, dann könnte die Parameterkarte C sein:

20(5F6.2/10I1)

Wenn die zuvor angegebenen formatfreien Beispiele zusammengefügt würden, müßte man lediglich IFT=nonblank codieren und eine leere Parameterkarte C liefern.

Es ist nicht möglich, formatfreie Daten eines Modus mit formatierten Daten eines andern zu kombinieren.

Der Leser sei sowohl auf das vollständige Beispiel in diesem Kapitel als auch auf das Kapitel verwiesen, in dem der Testdatenplan beschrieben ist.

AUSGABE DER ERGEBNISSE

Die Auflistung aller Daten und Ergebnisse, die von FILE erzeugt wurden, können von der Prozedur RESULT erhalten werden.

FILE-SPEZIFIKATIONEN

PARAMETERKARTE A

Spalten	Name	Format	Bedeutung
1-80	Text	20A4	Datentitel (beliebiger Text). Diese Karte wird zu Beginn aller CLUSTAN-Ergebnisse ausgedruckt.

PARAMETERKARTE B

Spalten	Name	Format	üblicher Wert	Bedeutung
1-4	N	I4	-	Anzahl der Individuen.
5-8	MN	I4	-	Anzahl der kontinuierlichen (numerischen) Variablen.
9-12	MB	I4	-	Anzahl der binären Merkmale.
13	ISTAND	A1	S	Wenn ISTAND=nonblank, werden kontinuierliche Daten zu normierten Werten transformiert. Wenn ISTAND=blank, werden kontinuierliche Rohdaten gespeichert.
14	* JCOR	A1	C	Wenn JCOR=nonblank, werden Kreuzprodukt-Korrelationen für kontinuierliche Daten berechnet.
15-16	* NPCF	I2	10	Wenn NPCF ungleich null, wird die Hauptkomponentenanalyse gerechnet. NPCF Faktorwerte werden gespeichert.
17	* JEIGV	A1	E	Wenn JEIGV=nonblank, werden die aus der Hauptkomponentenanalyse resultierenden Eigenvektoren gespeichert.

18-19	JCH	I2	blank	Logische Dateieinheit zur Speicherung der Datenmatrix. Wenn JCH=blank, werden die Daten auf Karten erwartet.
20	IBT	A1	blank	Wenn IBT=blank und binäre Daten vorliegen, dann werden die Daten als Merkmalslisten (nur die Code der vorhandenen Merkmale) dargestellt. Wenn IBT=nonblank, werden binäre Strings (1/0 Code für alle MB Merkmale) eingegeben.
21	+ IFT	A1	blank	IFT=blank, wenn FORTRAN-Formatangaben vorliegen. Wenn IFT=nonblank, wird die formatfreie Eingabe benutzt.
22	NFT	I1	blank	NFT=Anzahl der zusätzlichen FORTRAN-Formatkarten neben der Parameterkarte C. Wird für längere Formatangaben verwendet (nur wenn IFT=blank).

PARAMETERKARTE C (Wenn IFT=blank)

Spalten	Name	Format	Bedeutung
1-4	LMAX	I4	Maximale Anzahl binärer Merkmale, die irgendein Individuum besitzt. LMAX darf die Zahl der I-Typ-Anweisungen nicht überschreiten, die in der Formatanweisung FMT der Daten angegeben wird.
5-80	FMT	19A4	Formatanweisung für Eingabedaten, z.B. (8F10.4) oder (5F6.2,12I2). Wenn es gemischte Daten sind, müssen die kontinuierlichen Variablenwerte vor der binären Eingabe stehen. Deshalb muß die F-Typ-Anweisung der I-Typ-Anweisung vorangehen. Wenn die Spalten 5-80 nicht ausreichen, um die gesamten Formatangaben zu spezifizieren, dann können NFT zusätzliche Formatkarten geliefert werden.

ZUSÄTZLICHE FORMATKARTEN (Erübrigen sich, wenn NFT=blank)

1-80	FMT	20A4	NFT zusätzliche Formatkarten werden geliefert, um die FORTRAN-Formatangabe über die Parameterkarte C hinaus zu verlängern.

ANMERKUNGEN

* Bezeichnet Parameter, die sich nur auf kontinuierliche Daten beziehen und die der Beschränkung unterliegen, daß MN 80 nicht überschreitet.

\+ Bezeichnet Parameter, die noch nicht in die CLUSTAN 1C Version 2 eingebaut sind.

\- Bezeichnet Parameterwerte, die angegeben werden müssen und von der Dimensionierung des Problems abhängen.

DECKAUFBAU

Die Eingabe zu FILE ist wie folgt:

FILE
KARTE A - Titel
KARTE B - Parameter
KARTE C - Formatangaben (wenn IFT=blank)
Zusätzliche Formatkarten (soweit nötig)
Datendeck (wenn JCH=blank)

VOLLSTÄNDIGES BEISPIEL

Das folgende Deck ist die Eingabe zu FILE für die Testdaten, die mit CLUSTAN geliefert werden. Diese Daten repräsentieren 9 Individuen, für die je 9 binäre und 6 kontinuierliche Variablen vorhanden sind. Die kontinuierlichen Daten werden als normierte Werte gespeichert, Korrelationen werden berechnet und gespeichert, und eine Hauptkomponentenanalyse wird durchgeführt. Die Eigenvektoren und 6 Faktorwerte werden gespeichert. Die binären Daten sind in Merkmalslistenformat codiert.

```
FILE
CLUSTAN 1C MIXED-MODE DATA SET FOR FULL TEST SCHEDULE
   9   6    9SC 6E
  10  (6F5.2,10I3)
2.56  .57  .53  .69  .43  .46  2  3  4  5  6
2.70  .72  .54  .72  .41  .25  1  3  4  5  6
2.10  .50  .52  .68  .46  .30  1  2  3  5  6
2.11  .47  .71  .84  .56  .53  1  2  3  4  6
1.74  .38  .49  .53  .42  .42  5  7  8  9
1.38  .25  .38  .41  .33  .22  5  6  8  9
2.04  .45  .68  .80  .45  .40  5  6  7  9
1.92  .57  .70  .78  .55 1.24  5  6  7  8
2.37  .87  .82  .87  .51  .63  6  7  8  9
```

Zur Ausgabe von FILE gehört eine berichtsartig formulierte Erklärung der gewählten Optionen und der erfolgten Aktionen. Die Ergebnisse werden nicht von FILE ausgedruckt, sondern können ganz selektiv mit RESULT ausgegeben werden. Wenn man obige Daten als Eingabe nimmt, erhält man folgende berichtsartige Erklärung:

PROCEDURE FILE

CLUSTAN 1C MIXED-MODE DATA SET FOR FULL TEST SCHEDULE

```
NUMBER OF CASES =   9
NUMBER OF BINARY VARIABLES =   9
NUMBER OF NUMERIC VARIABLES =   6

FILE DATA MATRIX

READ BINARY ATTRIBUTE LISTS
READ AND FILE MIXED-MODE DATA
REPLACE NUMERIC DATA BY STANDARD SCORES
PRINCIPAL COMPONENTS SOLUTION SELECTED FOR NUMERIC DATA
CORRELATIONS TO BE FILED
MAX BINARY SAMPLE LIST LENGTH =  10
INPUT DATA FORMAT   (6F5.2,10I3)
RAW DATA FILED
BINARY SAMPLE LIST LENGTHS FILED
BINARY VARIABLE FREQUENCIES FILED
NUMERIC MEANS FILED
NUMERIC VARIANCES FILED
NUMERIC CORRELATIONS FILED
FILE EIGENVALUES
ALL EIGENVECTORS FILED
STANDARD SCORES FILED
  6 COMPONENT SCORES FILED
FILE COMPLETE
JOB ENDS
```

LITERATUR 32 49 52

KAPITEL 8
PROZEDUR CORREL

ZWECK

Berechnung der Ähnlichkeitsmatrix und der K-Linkage-Listen von allen oder einem Teil der beobachteten Daten. Diese auf dem Datafile gespeicherten Ergebnisse werden zur erfolgreichen Ausführung der Prozeduren MODE, DENSITY, HIERARCHY, CENTROID, DNDRITE und KDEND und für SCATTER zum Zeichnen eines Minimalbaums benötigt.

ÄHNLICHKEITSMATRIX

Die Ähnlichkeitsmatrix ist eine Dreiecksanordnung von N(N-1)/2 Koeffizienten derart, daß jedes Element die Ähnlichkeit zwischen zwei Individuen mißt. Durch den Parameter ICOEF wird das Ähnlichkeitskriterium festgelegt, das von CORREL benutzt werden soll. Die 40 Möglichkeiten für ICOEF sind in der Tabelle für Ähnlichkeitskoeffizienten aufgelistet. Es sei zu erwähnen, daß für einige Koeffizienten zwei Optionen angegeben sind, eine für binäre und die andere für numerische Daten. Das liegt darin begründet, daß es nicht möglich ist, jedes Maß für beide Datentypen zu definieren, da einige Maße per Definition auf binäre Daten beschränkt sind. Um die Regeln zur Benutzung von CORREL und der anderen CLUSTAN-Prozeduren zu vereinfachen, die eine ICOEF-Option besitzen (RELOC und DIVIDE), darf der Benutzer eine Ähnlichkeit nicht aus einem Gemisch von binären und numerischen Daten berechnen und auch keinen binären Koeffizienten für numerische Daten wählen oder umgekehrt. Sind die zu klassifizierenden Daten ein Gemisch aus binären und kontinuierlichen Daten mit möglicherweise auch noch einigen mehrstufigen Merkmalen, so muß der Benutzer diese Daten zuerst in einen der beiden grundlegenden Modi transformieren, bevor das Datafile erstellt wird.

Die Prozeduren MODE, DENSITY, HIERARCHY, CENTROID, DNDRITE und KDEND setzen alle voraus, daß vorher eine Ähnlichkeitsmatrix berechnet und auf dem Datafile gespeichert wurde. Die Prozedur SCATTER liest auch die Ähnlichkeitsmatrix, um den dazugehörigen Minimalbaum zu zeichnen. Es ist keineswegs zwingend, eine Ähnlichkeitsmatrix mit CORREL für die Anwendung dieser Prozeduren zu berechnen, da durch die Prozedur DISTIN eine extern erzeugte Ähnlichkeitsmatrix gespeichert werden kann.

Diese einmal gespeicherte Ähnlichkeitsmatrix bleibt dann während eines gesamten CLUSTAN-Jobs auf dem Datafile, wenn sie nicht durch einen weiteren CORREL-Schritt von einer neu berechneten Ähnlichkeitsmatrix ersetzt wird. Dies gilt auch, wenn über RESTART mit CLUSTAN-Programmen die Auswertung des auf einer privaten Datei gespeicherten Datafiles fortgesetzt wird (siehe Prozedur RESTART und JCL). Das Vorhandensein einer Ähnlichkeitsmatrix auf dem Datafile beeinflußt keineswegs den Ablauf jener Prozeduren, die keine Ähnlichkeitsmatrix benötigen (RESULT, EUCLID, RELOCATE, DIVIDE und PLINK). Wenn die Ähnlichkeitsmatrix nicht gespeichert ist, und eine sie benötigende Prozedur wird aufgerufen, dann erfolgt eine Fehlermeldung, und der CLUSTAN-Driver übernimmt wieder die Steuerung .

Die Prozedur RESULT druckt die Ähnlichkeitsmatrix aus.

ABSTANDSKOEFFIZIENTEN

Wenn ICOEF = blank oder null, setzt CORREL den entsprechenden Abstandskoeffizienten (ICOEF=1 oder 2) ein. Dies ist die Standard-Default-Option.
Werden die Koeffizienten von 'Average Distance', 'Error Sum of Squares', 'Variance' oder 'Information Gain' von CORREL verwendet, so wird die berechnete Unähnlichkeits-Koeffizienten-Matrix, abgesehen von einem skalaren Faktor, identisch mit der Abstandsmatrix sein. Das kommt daher, weil diese Koeffizienten alle zu Abständen entarten, wenn sie zur Messung der Ähnlichkeit zweier Individuen herangezogen werden. Wählt man solche Optionen in Verbindung mit den Prozeduren MODE, DENSITY, HIERARCHY, DNDRITE oder KDEND, so erhält man die gleichen Clusterergebnisse wie mit Abständen. Das liegt daran, daß diese Prozeduren alle auf die Ähnlichkeitsmatrix, die durch einen konstanten, skalaren Faktor nicht verändert wird, einen konsistenten Linkage- oder Transformationsprozeß ausführen. Diese Koeffizienten erzeugen nur dann unterschiedliche Klassifikationen, wenn sie als Inter-Cluster-Maße benutzt werden; d.h. mit den Prozeduren RELOCATE, CENTROID und DIVIDE. Man muß deshalb etwas vorsichtig sein, wenn man die mit diesen Maßen erzielten Ergebnisse präsentiert.

K-LINKAGE-LISTEN

Die K-Linkage-Listen sind die Listen der KMAX nächsten Nachbarn aller N Individuen. Der Parameter KMAX dient dazu, die Länge der K-Linkage-Listen zu spezifizieren, die von CORREL berechnet und auf dem Datafile gespeichert werden sollen. Wenn KMAX=blank, setzt das Programm den Wert KMAX=9. Bei der augenblicklichen CLUSTAN-Version unterliegt KMAX einer oberen Grenze von 5000/N. Wird ein zu großer Wert für KMAX angegeben, dann setzt das Programm KMAX auf den maximal erlaubten Wert und fährt mit der Analyse fort.

Die Prozeduren MODE und DENSITY verlangen, daß mindestens 2K Listen von CORREL auf dem Datafile gespeichert sind, wobei K der MODE- und der DENSITY-Parameter ist. Da der Wert dieses Parameters gewöhnlich 6 nicht überschreitet, ist es ratsam, wenn möglich 12 K-Linkage-Listen zu speichern (d.h. vorausgesetzt, die obere Grenze von KMAX wird nicht überschritten).

Mit der Prozedur RESULT können die K-Linkage-Listen ausgedruckt werden.

MASKIERUNGSMÖGLICHKEITEN UND REGELN

Ähnlichkeiten können lediglich aus einer der folgenden Datenquellen berechnet werden:

(1) Faktorwerte (Factor Scores)
(2) Binäre Daten
(3a) Kontinuierliche Rohdaten
(3b) Normierte Daten (Standard Scores)

Bei den Datentypen (1) und (3) dürfen für ICOEF nur kontinuierliche Koeffizienten-Optionen genommen werden. Binäre ICOEF-Optionen müssen für (2) benutzt werden.

Mit Ausnahme von (1) kann der Benutzer den operativen Datenmodus mit einer partiellen Maskierung belegen, wodurch gewisse spezifizierte Variablen von der Berechnung der Ähnlichkeiten ausgeschlossen sind. Eine partielle Maskierung erreicht man dadurch, daß man entweder MSKB oder MSKN gleich der zu maskierenden Variablenanzahl setzt und auf den partiellen Maskierungskarten die Code der maskierten Variablen angibt.

Das Datenmedium (3a) oder (3b) wird gewählt, je nachdem in welchem Zustand sich das numerische Datafile befindet - in 'roh' oder 'normiert' - , den der Parameter ISTAND der Prozedur FILE festlegt.

Liegen gemischte Daten vor, selektiert CORREL entweder (2) oder (3) durch eine totale Maskierung des jeweils anderen Datenmodus. Die binären bzw. die numerischen Datenmodi werden für MSKB = MB bzw. MSKN = MN total maskiert.

Die Maskierungseingabe bei CORREL kann nun wie folgt beschrieben werden:

NPC = Anzahl der Hauptfaktoren, die zur Berechnung der Ähnlichkeiten aus den Faktorwerten zu nehmen sind. NPC spezifiziert die Wahl der Faktoren 1,2,....NPC.

MSKB = Anzahl der binären Merkmale, die von der Berechnung der Ähnlichkeiten auszuschließen sind.

MSKN = Anzahl der kontinuierlichen Variablen, die von der Berechnung der Ähnlichkeiten auszuschließen sind.

Partielle Maskierungskarten = Liste der maskierten Variablencode, die jene Variablen bezeichnen, die vom operativen Datenmodus auszuschließen sind.

Das spezielle Datenmedium zur Berechnung der Ähnlichkeiten wird folgendermaßen angegeben:

(1) Faktorwerte. NPC = Anzahl der zu verwendenden Faktoren
MSKB = MSKN = blank
(2) Binäre Daten. NPC = blank. MSKN = MN. MSKB = Anzahl der zu maskierenden binären Merkmale.
(3) Kontinuierliche Daten. NPC = blank. MSKB = MB. MSKN = Anzahl der zu maskierenden kontinuierlichen Variablen. Kontinuierliche Rohdaten werden benutzt, wenn der FILE-Parameter ISTAND = blank; andernfalls werden normierte Variablen verwendet.

Partielle Maskierungskarten werden weder bei (1) gebraucht, noch bei (2) für MSKB = 0 und auch nicht bei (3) für MSKN = 0. Andernfalls werden sie benötigt und sollten die Code der Variablen enthalten, die vom operativen Datenmodus zu maskieren sind, indem sie als vierstellige, rechtsbündige ganze Zahlen angegeben werden (d.h. Format 20I4). Bis zu 20 solcher Code können auf jeder partiellen Maskierungskarte angegeben werden, und es sollten genau MSKB solcher Code bei (2) bzw. MSKN solcher Code bei (3) sein.

BEISPIELE ZUR MASKIERUNGSMÖGLICHKEIT

1. Im allgemeinen liegen nur Daten eines Typs vor, so daß keine Variablen maskiert werden müssen. In diesem Fall sollte der Benutzer die Parameter NPC, MSKB und MSKN blank setzen und partielle Maskierungskarten aus der CORREL-Eingabe weglassen.

2. Angenommen, es handelt sich um lauter kontinuierliche Daten, von denen jedoch die Variablen 1, 12, 13 und 15 zu maskieren sind, dann sollte der Benutzer MSKN = 4 (die Anzahl der maskierten Variablen) setzen und die folgende partielle Maskierungskarte codieren:

```
   1  12  13  15
```

In diesem Fall wird die CORREL-Ausgabe die maskierten Variablen und die erfolgten Aktionen so bestätigen:

```
THE FOLLOWING NUMERIC VARIABLES ARE MASKED
     1  12  13  15
STANDARD SCORES SELECTED
SELECT COEFFICIENT NUMBER  1
COEFFICIENT IS DISSIMILARITY TYPE
FILE   9 K-LINKAGE LISTS
DISK FILE USES   869 RECORDS

COEFFICIENTS AND K-LINKAGE LISTS CALCULATED AND FILED
```

Anschließende CLUSTAN-Prozedurschritte listen eine Zusammenfassung des Datafile-Zustandes einschließlich Details der zur Berechnung der Ähnlichkeiten verwendeten Variablen wie folgt auf:

```
NUMBER OF CASES =  92
NUMBER OF BINARY VARIABLES =   0
NUMBER OF NUMERIC VARIABLES =  19

STANDARD SCORES FILED
NUMERIC COEFFICIENT CALCULATED
THE FOLLOWING VARIABLES WERE USED TO COMPUTE COEFFICIENTS
  2  3  4  5  6  7  8  9  10  11  14  16  17  18  19
COEFFICIENT NUMBER  1 CALCULATED
  9 K-LINKAGE LISTS FILED
```

Sollte die gleiche Maskierung auf ausschließlich binäre Daten angewendet werden, dann müßte der Benutzer MSKB = 4 setzen und die gleiche partielle Maskierungskarte verwenden.

3. Angenommen, die beobachteten Daten bestehen aus 12 binären und 45 kontinuierlichen Variablen, und für alle kontinuierlichen Daten soll eine numerische Koeffizienten-Option genommen werden. Der Benutzer sollte MSKB = 12 setzen und die partiellen Maskierungskarten weglassen. Ob kontinuierliche Rohdaten oder normierte Daten benutzt werden, hängt davon ab, wie der Parameter ISTAND in der Prozedur FILE gesetzt wurde.

4. Mit den gleichen Daten wie im Beispiel 3 möchte der Benutzer eine Abstandsmatrix aus den ersten 10 Komponenten der Hauptkomponentenanalyse berechnen. Dazu müssen die Parameter NPC = 10, MSKB = MSKN = blank gesetzt und die partiellen Maskierungskarten weggelassen werden. (Es wird vorausgesetzt, daß vorher mit FILE die Hauptkomponentenanalyse mit einem Wert des Parameters NPCF von mindestens 10 gerechnet wurde).

5. Die beobachteten Daten umfassen 25 binäre Merkmale und 12 kontinuierliche Variablen, und es wird gewünscht, eine Ähnlichkeitsmatrix von Dot Product-Koeffizienten für die binären Daten mit Ausnahme der binären Merkmale 20-25 zu berechnen. Der Benutzer muß ICOEF = 13, MSKN = 12 und MSKB = 6 setzen und folgende partielle Maskierungskarte verwenden:

20 21 22 23 24 25

CORREL-SPEZIFIKATIONEN

KARTE A - CORREL-PARAMETER

Spalten	Name	Format	üblicher Wert	Bedeutung
1-2	ICOEF	I2	blank	Code der gewünschten Ähnlichkeitskoeffizienten-Option. Wenn blank, wird die geeignete Abstands-Option eingesetzt.
3-4	KMAX	I2	blank	Anzahl der zu berechnenden und zu speichernden K-Linkage-Listen. Wenn blank, wird KMAX=9 gesetzt.
5-6	NPC	I2	blank	Anzahl der Hauptfaktoren, die zur Berechnung der Ähnlichkeitskoeffizienten benutzt werden sollen. Wenn blank, sollen die Koeffizienten entweder aus den binären oder den kontinuierlichen Daten berechnet werden.
7-9	MSKB	I3	-	Anzahl der zu maskierenden binären Merkmale. Wenn blank, sollen keine Merkmale maskiert werden. Für MSKB=MB, werden alle binären Daten maskiert.
10-12	MSKN	I3	-	Anzahl der zu maskierenden kontinuierlichen Variablen. Wenn blank, werden keine kontinuierlichen Variablen maskiert. Für MSKN=MN, werden alle kontinuierlichen Daten maskiert.

Partielle Maskierungskarten; weglassen, falls nicht erforderlich

Spalten	Name	Format	Bedeutung
1-80	MASKB	20I4	Bis zu 20 Variablencode aus dem operativen binären oder kontinuierlichen Datenmodus, die von der Berechnung der Ähnlichkeiten zu maskieren sind. Von MSKB bzw. MSKN hängt es ab, wieviel Code und Karten benötigt werden (ausgenommen, wo MSKB=MB oder MSKN=MN, um die völlige Maskierung eines Modus zu spezifizieren).

DECKAUFBAU

CORREL setzt voraus, daß ein gültiges Datafile existiert, das von der Prozedur FILE erzeugt wurde, worauf sich eine beliebige Reihenfolge von CLUSTAN-Schritten anschließen kann. Falls bereits eine Ähnlichkeitsmatrix auf dem Datafile existiert, ersetzt ein zweiter CORREL-Lauf diese Matrix einfach durch eine neue. Die Eingabe zu CORREL ist wie folgt:

CORREL
Karte A - Parameter
Partielle Maskierungskarten (weglassen, falls nicht benötigt)

KURZLAUF

FILE
Titelkarte
Karte B Parameter
Karte C Formatangaben
Datendeck
CORREL
Leere Parameterkarte
.. .. ..
STOP

Der obige CLUSTAN-Job setzt voraus, daß die beobachteten Daten entweder alle kontinuierlich oder alle binär sind und daß keine Maskierungsangaben benötigt werden. Er liest die Datenmatrix ein, berechnet und speichert eine Abstandsmatrix und speichert die 9 nächsten Nachbarn jedes Falles auf dem Datafile. Nachfolgende CLUSTAN-Schritte können mit der von CORREL gespeicherten Abstandsmatrix Clusteranalysen ausführen, und die Prozedur RESULT kann die Werte des Datafiles ausgeben.

LITERATUR 49 52

KAPITEL 9
PROZEDUR DISTIN

ZWECK

Eine Abstands- oder Ähnlichkeitsmatrix wird in ein bestehendes CLUSTAN-Datafile eingelesen oder ein neues CLUSTAN-Datafile wird erzeugt.

BEOBACHTETE ÄHNLICHKEITEN

Manchmal wünscht man, Objekte aufgrund einer Matrix von Kreuzvergleichen zwischen den Objekten, die nicht berechnet sondern direkt beobachtet wurden, zu clustern. Beispielsweise könnte die Aufgabe von Teilnehmern an einer Marktumfrage sein, eine Reihe von Produkten miteinander zu vergleichen, anstatt jedes einzelne gegen eine lange Merkmalsliste abzuwägen. In diesem Fall lägen die wesentlichen Kriterien in den Inter-Produkt-Ähnlichkeiten, die von jeder Person wahrgenommen werden. Ein Ziel der Analyse könnte sein, erklärende Größen festzustellen, die für die Varianz in der Matrix der Kreuzvergleiche verantwortlich sind. (Eine derartige Analyse könnte mit multidimensionaler Skalierung ausgeführt werden, wobei man eine Ähnlichkeits- oder Unähnlichkeitsmatrix als Eingabe nähme.)

Ein anderes Ziel könnte sein, 'Typen' von Produkten oder Umfrageteilnehmern festzustellen, wobei es angebracht wäre, CLUSTAN direkt auf die aus Beobachtungswerten bestehende Ähnlichkeitsmatrix anzuwenden. Average Linkage (Prozedur HIERARCHY) könnte zur Verwendung von Ähnlichkeiten eine geeignete Clustermethode sein. Die Ward's Methode könnte man verwenden, wenn die Matrix aus beobachteten Abständen besteht. Ein Beispiel einer solchen Anwendung wird im Job F des CLUSTAN-Testdatenplans gegeben.

CLUSTERN EINER KORRELATIONSMATRIX

Wenn die Clusteranalyse auf eine Korrelationsmatrix angewendet wird, ist das Ergebnis eine spezielle Form der Faktorenanalyse (siehe Tryon und Bailey, 1970, S. 118). Die Prozedur DISTIN kann dazu benutzt werden, eine extern berechnete Korrelationsmatrix (z.B. von SPSS) einzulesen, so daß die Variablen, die von den Zeilen der Korrelationsmatrix repräsentiert werden, wie Fälle bei einer Clusteranalyse behandelt werden. Wird die Complete Linkage (HIERARCHY Option 2) benutzt, so werden die dadurch gebildeten Variablencluster alle auf einer minimalen Korrelationsstufe, die von der Clusteranalyse bestimmt wird, wechselseitig korreliert sein. Außerdem werden so definierte Faktoren diskret und disjunkt sein; d.h. jede Variable wird nur in einen Faktor eingehen, und die Frage der Interpretierung signifikanter Faktorladungen stellt sich nicht.

Die Prozedur RESULT kann dazu benutzt werden, eine von FILE berechnete Korrelationsmatrix auf eine externe sequentielle Datei zu schreiben. Mit DISTIN kann man diese Matrix im Format (8F10.0) als Ähnlichkeitsmatrix wieder einlesen, um Variablen zu clustern, wie es Tryon und Bailey befürworten.

EXTERN BERECHNETE ÄHNLICHKEITEN

Wenn ein Satz von Abständen publiziert wurde, aber die Originaldaten jedoch nicht verfügbar sind, muß man die Analyse beginnen, indem man die Abstandsmatrix über die Prozedur DISTIN einliest. Andererseits kann es auch vorkommen, daß die CLUSTAN-Ähnlichkeitskriterien nicht genau das sind, was für die Verwendung der Prozedur HIERARCHY benötigt wird. In diesem Fall möchte der Benutzer seine eigene Ähnlichkeitsmatrix berechnen, um sie mit Hilfe der Prozedur DISTIN direkt in CLUSTAN einzugeben. Das kann man sehr einfach bewerkstelligen, indem man ein vorverarbeitendes FORTRAN-Programm als ersten Job-Schritt verwendet, um die spezielle Ähnlichkeitsmatrix zu berechnen und sie auf einer temporären sequentiellen Datei zu speichern. Alsdann wird im nächsten Schritt desselben Jobs CLUSTAN aufgerufen, um mit der Prozedur DISTIN die Ähnlichkeitsmatrix von der temporären Benutzerdatei zurückzulesen.

INTER-CLUSTER-ÄHNLICHKEITEN

Wenn die Studienobjekte keine Punkte sondern Cluster sind, kann es auch nötig sein, mit einer Unähnlichkeitsmatrix zu beginnen. Man stelle sich beispielsweise vor, die Spezien einer Gattung sollten analysiert werden, wobei jeweils mehrere Exemplare einer Spezie vorhanden sind. Wenn jede Spezie multivariat normalverteilt ist, dann kann die Inter-Spezies-Variation mit einer Matrix von Mahalanobis-Abständen gemessen werden, die die Intra-Spezies-Variation berücksichtigen.

Die Prozedur RELOCATE kann mit einem spezifizierten Classification Array und ohne Relokation (MAXIT=0) dazu verwendet werden, die Inter-Cluster-Ähnlichkeit für diese Klassifikation zu berechnen, die auf eine externe sequentielle Datei (Parameter IUNIT) geschrieben werden kann. Diese Matrix kann dann wieder im Format 8F10.0 von DISTIN gelesen werden, um die für RELOCATE spezifizierten a priori Cluster zu klassifizieren.

GROSSE STICHPROBEN

Eine Möglichkeit des Vorgehens bei einer sehr großen Stichproben ist, eine Anzahl von Nukleus-Cluster durch iterative Relokation zu erzeugen und dann diese Cluster so zu clustern, als handelte es sich um einzelne Objekte. Dies kann man innerhalb eines einzigen CLUSTAN-Jobs bewerkstelligen, indem man die IUNIT-Option der Prozedur RELOCATE benutzt, um die Inter-Cluster-Unähnlichkeiten auszugeben, und anschließend mit der Prozedur DISTIN diese Matrix als einen Satz von Inter-Objekt-Vergleichen im Format (8F10.0) zurückliest. In diesem Fall könnte die Summe der Fehlerquadrate das Optimierungskriterium sein, das mit RELOCATE benutzt wird, so daß die von DISTIN eingelesenen Unähnlichkeiten eher Euklidschen-Inter-Cluster-Quadratsummen als einfachen Euklidschen Abständen entsprechen würden.

IN VERWENDUNG MIT PROZEDUR HIERARCHY

Ein gewisses Maß an Sorgfalt ist angebracht, wenn man eine Matrix aus Kreuzvergleichen auf die Prozedur HIERARCHY überträgt. Erstens muß der Koeffiziententyp festgestellt werden (d.h. ob es ein Ähnlichkeits - oder ein Unähnlichkeitsmaß ist). Zweitens sollte für die Ward's Methode, das Centroid Sorting oder die Median Methode der Koeffizient einem Euklidschen Abstandsmaß entsprechen, da HIERARCHY die Koeffizienten der Matrix durch eine kombinatorische Transformation modifiziert, die nur für den Euklidschen Abstand gilt. Natürlich können diese Transformationen verallgemeinert werden, so daß sie auf alle Ähnlichkeitskriterien anwendbar sind, und als solche können sie auch vernünftige Klassifikationen erzeugen. Es ist jedoch wichtig, daß der Benutzer die Ergebnisse nicht zitiert, als ob er sie mit den Methoden erhalten hätte, so wie sie veröffentlicht wurden, wenn die mit DISTIN eingelesene Matrix, nicht aus echten Abständen besteht.

Die hierarchischen Linkage-Methoden sind alle für jedes beliebige Ähnlichkeitskriterium gültig und können sicher in HIERARCHY mit jeder von der Prozedur DISTIN eingelesenen Matrix verwendet werden. Besonders die Group Average-Methode wird normalerweise eine vernünftig strukturierte Klassifikation liefern, und die Single Linkage-Methode kann für kleine Populationen verwendet werden.

HINZUFÜGEN ODER ERSETZEN EINER ÄHNLICHKEITSMATRIX

Mit DISTIN kann man eine Abstands- oder Ähnlichkeitsmatrix zu einem bestehenden CLUSTAN-Datafile hinzufügen oder eine solche Matrix durch eine neue ersetzen. Es sollte darauf geachtet werden, daß die Reihenfolge der Matrixzeilen mit der Fallordnung irgendwelcher kontinuierlicher oder binärer Daten, die zuvor auf dem Datafile gespeichert wurden, übereinstimmt. Diese Möglichkeit wird normalerweise in Verbindung mit der Prozedur FILE benutzt, um Ähnlichkeiten neben zusätzlichen Falldaten zu speichern, oder um beobachtete Ähnlichkeiten zu den Größen hinzuzufügen, die man aus einer Smallest Space Analysis (z.B. bei externer Benutzung von MDSCAL, KYST, usw.) erhielt.

DISTIN-SPEZIFIKATIONEN

PARAMETERKARTE A

Spalten	Name	Format	Bedeutung
1-80	TEXT	20A4	Datentitel (freier Text). Diese Karte wird zu Beginn aller CLUSTAN-Ergebnisse ausgedruckt.

PARAMETERKARTE B

Spalten	Name	Format	üblicher Wert	Bedeutung
1-4	N	I4	-	Anzahl der Objekte
5-6	ICOEF	I2	blank	Code des Ähnlichkeitskoeffizienten. Wenn blank, werden kontinuierliche Euklidsche Abstände erwartet.
7-9	KMAX	I3	blank	Anzahl der zu berechnenden K-Linkage-Listen. Wenn blank, wird KMAX=9 verwendet.
10-11	IUNIT	I2	blank	Logische Dateinummer für die Eingabe von einer sequentiellen Datei. Wenn blank, wird die Matrix von Karten eingelesen.

12-80	FMT	(17A4,A1)	(8F10.0)	Die FORTRAN-Formatspezifikation in Klammern gibt das Eingabeformat der Abstands- oder Ähnlichkeitsmatrix an. Es dürfen nur F-Typ Formate verwendet werden. Eine Inter-Cluster-Ähnlichkeitsmatrix von RELOCATE oder eine Korrelationsmatrix von RESULT wird im Format 8F10.0 wieder zurückgelesen.

DECKAUFBAU

Die Eingabe zu DISTIN ist wie folgt:

```
     DISTIN
     Karte A - Datentitel
     Karte B - Parameter
          C21
          C31 C32
          C41 C42 C43
           ..  ..  ..
           ..  ..  ..
          CN1 CN2 CN3 CN4 ... ...
```

Man beachte, daß die Prozedur DISTIN als erste Prozedur eines CLUSTAN-Jobs verwendet werden kann, wobei eine Abstands- oder Ähnlichkeitsmatrix gespeichert wird, die geeignet ist, um von solchen Prozeduren wie MODE, DENSITY, KDEND, HIERARCHY, DNDRITE oder SCATTER analysiert zu werden.

Durch DISTIN kann auch während eines CLUSTAN-Jobs eine Abstands- oder Ähnlichkeitsmatrix auf ein CLUSTAN-Datafile gebracht werden.

Wenn eine Koeffizientenzeile zu lang ist, um auf eine einzige Karte oder einen einzigen Record entsprechend dem Format FMT codiert zu werden, sollte auf einer zweiten oder weiteren Karte fortgesetzt werden.

KURZLAUF

```
DISTIN
DISTANCE MATRIX FOR 25 OBJECTS
  25        (20F4.0)
 356
 145 534
 745 102 248
 542 754 624 532
 204 754 624 532
 204 221 310 201 314
 421 342 561 302 176 810
 353 642 741 201 502 450 324
  ..  ..  ..  ..  ..  ..  ..  ..
 121 552 441 321 574 520 414 515 424 321 616 505 .. .. 241 502 441 431
```

```
HIERARCHY
3  2  8
RESULT
                                  5         XXX
STOP
```

Der obige CLUSTAN-Job liest eine Abstandsmatrix von 24 Zeilen (für 25 Objekte) ein, erstellt durch die Prozedur DISTIN ein CLUSTAN-Datafile und speichert 9 K-Linkage-Listen (nächste Nachbarn). Anschließend wird die Prozedur HIERARCHY gestartet, um mit der Average Linkage-Methode zu clustern. Die Prozedur RESULT gibt die Clusterdiagnostik für die 8,7,6,5,4,3 und 2-Cluster-Gruppierungen und die 9 K-Linkage-Listen aus.

LITERATUR 64 67

KAPITEL 10
PROZEDUR HIERARCHY

ZWECK

Hierarchische Fusion durch 8 'kombinatorische' Transformationen der Ähnlichkeitsmatrix.

METHODE

HIERARCHY beginnt mit N Cluster, von denen jeder zunächst aus einem einzigen Individuum besteht, die entsprechend der Eingabereihenfolge der Individuen numeriert sind. Bei jedem der N-1 Fusionszyklen werden jene zwei Cluster vereinigt, die am ähnlichsten sind, und dem neu entstandenen Cluster wird der kleinere der beiden Code zugeteilt. Man hat vorgeschlagen, daß man den Prozeß abbrechen kann, wenn ein signifikanter Abfall oder eine Diskontinuität im Wert des Fusionskoeffizienten beobachtet wird. Bei dieser Prozedur wird eine derartige Entscheidung dem Benutzer überlassen, da HIERARCHY alle (N-1) Fusionen ausführt und es ermöglicht, die Ergebnisse in einem 'Dendrogramm' zusammenzustellen, das über die Prozedur TREE ausgedruckt oder über die Prozedur PLINK gezeichnet werden kann.

RECHENMETHODE

HIERARCHY setzt voraus, daß eine Ähnlichkeitsmatrix mit der Prozedur CORREL berechnet wurde und erzeugt die Fusionshierarchie mittels variabler kombinatorischer Transformation der Ähnlichkeitskoeffizienten. Diese Transformation ist Gegenstand mehrerer Veröffentlichungen (Lit. 51 22 29 36) und wird folgendermaßen zum Ausdruck gebracht:

Es seien die Cluster P und Q zu vereinigen, dann erhält man die Ähnlichkeit S(R,P+Q) zwischen irgendeinem Cluster R und dem neuen Cluster (P+Q) aus der Transformation

S(R,P+Q)=AP*S(R,P) + AQ*S(R,Q) + B*S(P,Q) + G|S(R,P)-S(R,Q)|

wobei AP,AQ,B und G folgende Werte zugeteilt werden:

(1) Single linkage (nearest neighbour, minimum method)
AP=AQ=0.5 B=0 G=0.5(similarity) oder G=-0.5(dissimilarity)

(2) Complete linkage (furthest neighbour, maximum method)
AP=AQ=0.5 B=0 G=-0.5(similarity) oder G=-0.5(dissimilarity)

(3) Average linkage (unweighted pair-group UPGMA method)
AP=NP/(NP+NQ), AQ=NQ/(NP+NQ), B=G=0

*(4) Centroid (unweighted pair-group centroid UPGMC method)
AP=NP/(NP+NQ), AQ=NQ/(NP+NQ) B=-AP*AQ G=0

*(5) Median (weighted pair-group centroid WPGMC method)
AP=AQ=0.5 B=-0.25 G=0

*(6) Ward's method (error sum of squares)
AP=(NR+NP)/(NR+NP+NQ) AQ=(NR+NQ)/(NR+NP+NQ) B=-NR/(NR+NP+NQ) G=0

Fakultätsbibliothek für Naturwissenschaften SALZBURG

*(7) Lance-Williams flexible BETA method AP=AQ=(1-BETA)/2 B=BETA G=0

(8) McQuitty's similarity analysis
AP=AQ=0.5 B=G=0

(NR,NP,NQ sind Clusterumfänge und BETA ist ein variabler Eingabeparameter, der vom Benutzer nur für die Option 7 spezifiziert wird).

Die Transformation ist vom theoretischen Standpunkt her interessant, da es leicht zu zeigen ist, daß die Ergebnisse aller HIERARCHY-Methoden unverändert bleiben, wenn jede Ähnlichkeit mit einem skalaren Faktor multipliziert wird. Außerdem verändert die Addition einer skalaren Konstante zu jeder Ähnlichkeit die Ergebnisse nicht, wenn gilt: AP+AQ+B=1. Mit Ausnahme von Centroid und Median gilt dies für andere HIERARCHY-Optionen mit dem Erfolg, daß viele Ähnlichkeitskoeffizienten die gleichen Klassifikationen liefern, wie es diese Methoden mit Abstandsmaßen täten.

*Wichtig - Die Optionen für Median, die Ward's Methode und für Flexible BETA sind nur von Bedeutung oder definiert, wenn Abstandskoeffizienten (ICOEF=1 oder 2) mit CORREL berechnet wurden. Die Centroid-Option ist nur sinnvoll, wenn sie mit Abstands-, Size Difference- oder Shape Difference-Koeffizienten benutzt wird. Diese vier Optionen können jedoch mit jedem anderen Ähnlichkeitskoeffizienten benutzt werden, vorausgesetzt man ist sich im klaren, daß die ursprünglich publizierte Methode nicht angesprochen wird. Wenn z.B. 'Centroid' mit Korrelationskoeffizienten benutzt wird, erhält man kein 'Centroid Sorting', das das Korrelationskriterium benutzt, sondern eine willkürliche Transformation der Ähnlicheitsmatrix (s. Lit. 22). Um ein Centroid Sorting mit dem Korrelationskriterium zu erhalten, braucht man die Prozedur CENTROID.

HIERARCHY-OPTIONEN UND MÖGLICHE ÄHNLICHKEITSKOEFFIZIENTEN

Die folgende Tabelle stellt alle möglichen Kombinationen von Ähnlichkeitskoeffizienten mit HIERARCHY-Optionen zusammen, die mit den Originalmethoden konsistent sind:

Code	Methode	übliche Koeffizienten
1	Nearest neighbour (single linkage)	alle
2	Furthest neighbour (complete linkage)	alle
3	Group average (average linkage)	alle
4	Centroid	Distance Size diff Shape diff
5	Median (Gower's method)	Distance
6	Ward's method (error sum of squares)	Distance
7	Lance-Williams flexible BETA	Distance
8	McQuitty's similarity analysis	alle

Für ungültige Kombinationen von Methode und Ähnlichkeitskoeffizient druckt HIERARCHY eine Fehlermeldung aus und fährt jedoch dann mit der geeigneten Koeffizienten-Transformation fort, indem es die gespeicherte Ähnlichkeitsmatrix benutzt. Dieser Gebrauch von HIERARCHY ist als ein wissenschaftliches Instrumentarium für jene gedacht, die genaue Kenntnisse des kombinatorischen Transformationsalgorithmus besitzen.

ÄHNLICHKEITSMATRIX

Die kombinatorischen Transformationen der Ähnlichkeitskoeffizienten werden in einer Kopie der Ähnlichkeitsmatrix durchgeführt. Die Prozedur HIERARCHY erzeugt keine permanente Veränderung der Ähnlichkeitsmatrix.

LINKAGE-METHODEN. OPTIONEN 1-3

Die drei Linkage-Methoden können mit jedem Ähnlichkeitskoeffizienten benutzt werden. Man beachte, daß einige der Inter-Clusterkriterien (z.B. Information Statistic) zu Abständen entarten, wenn sie als Unähnlichkeitskoeffizienten benutzt werden, die von CORREL berechnet wurden. Folglich entarten mit diesen Inter-Clusterkriterien die Linkage-Optionen zu einem Clustern mit Abständen; s. Tabelle für Ähnlichkeitskoeffizienten.

(1) Single Linkage (Einfachbingung) - Die Ähnlichkeit zwischen den Clustern P und Q wird als die des höchsten einfachen Ähnlichkeitskoeffizient zwischen zwei Individuen definiert, wobei jedes aus einem anderen Cluster stammt. Die Single Linkage-Methode findet sehr verzweigte Cluster und versagt oft bei der Teilung großer Populationen wegen Kettenbildung.

(2) Complete Linkage (vollständige Bindung) - S(P,Q) ist der kleinste einfache Ähnlichkeitskoeffizient zwischen zwei Individuen, wobei jedes aus einem anderen Cluster stammt. Diese Methode findet kugelförmige Cluster und neigt jedoch dazu, unbrauchbare Ergebnisse zu liefern, weil das Ähnlichkeitskriterium nur für zwei Individuen bestimmt wird und die Gruppenstruktur nicht berücksichtigt.

(3) Average Linkage (mittlere Bindung) - S(P,Q) ist der Mittelwert aller Ähnlichkeitskoeffizienten für Paare von Individuen, wobei jedes aus einem anderen Cluster stammt. Diese Option ist gleichbedeutend mit der Unweighted Pair-Group (UPGMA)-Methode von Sokal und Michener (Lit. 41) und stellt einen der ersten Versuche dar, die Gruppenstruktur zu berücksichtigen. Average Linkage tendiert dazu, kugelförmige Cluster zu finden (diese Transformation wird unabhängig davon auch von McQuitty vorgeschlagen, Lit. 29).

CENTROID SORTING (Sortieren nach dem Schwerpunkt). OPTION 4

Diese Option erzeugt eine normale Centroid Sorting Analysis (gleichbedeutend mit der Unweighted Pair-Group Centroid (UPGMC)-Methode von Sokal und Michener; Lit. 41), wenn sie mit Abstands-, Size Difference-, und Shape Difference-Koeffizienten benutzt wird. S(P,Q) ist der Wert des Ähnlichkeitskoeffizienten, den man mit den Schwerpunkts- oder Mittelpunktsvektoren der Cluster P und Q erhält. Die Transformation ist nicht sinnvoll, wenn sie mit anderen Koeffizienten benutzt wird. (Die Prozedur CENTROID bietet Centroid Sorting mit diesen anderen Koeffizienten). Die Resultate, die man mit Centroid Sorting erhält, zeigen oft den Ketteneffekt in etwas geringerem Maße als bei Single Linkage, und die Fusionskoeffizienten sind nicht monoton.

OPTIONEN 5-8

(5) Median - Obwohl Gower diese Transformation offensichtlich für alle Ähnlichkeitskoeffizienten vorschlägt, (Lit. 13), kann die Methode nur für Abstandskoeffizienten geometrisch interpretiert werden. Sie wird von Sneath and Sokal (Lit. 66) als die Weighted Pair-Group Centroid (WPGMC)-Methode beschrieben. Der Abstand S(R,P+Q) zwischen irgendeinem Cluster R und dem Cluster, der aus der Fusion von P und Q resultiert, wird definiert als der Abstand vom Schwerpunkt von R zum Mittelpunkt der Strecke, die die Schwerpunkte von P und Q verbindet. Benutzer, die Gower's Vorschlag folgen wollen, können für Median auch andere Ähnlichkeitskoeffizienten wählen und die Inkompatibilitäts-Fehlermeldung ignorieren. Median tendiert mit Abstandskoeffizienten bei großen Populationen zur Kettenbildung, und die Fusionskoeffizienten sind nicht monoton.

(6) Ward's Methode - Sie ist wahrscheinlich die beste der HIERARCHY-Optionen. Diese Transformation ist nur für Abstandskoeffizienten analytisch gültig. Die Summe der Fehlerquadrate ist als die Summe der quadrierten Abstände jedes Individuums zum Schwerpunkt seines zugehörigen Clusters definiert. Ward (Lit. 44) schlug die hierarchische Methode vor, die jene zwei Cluster P und Q vereinigt, deren Fusion die kleinste Zunahme in der Summe der Fehlerquadrate liefert (die gleiche Methode wird unabhängig von Orloci vorgeschlagen; Lit. 31). Wishart (Lit.51) fand die kombinatorische Transformation, die die Ward's Methode aus der Abstandsmatrix ableitet. Der ausgedruckte Koeffizientenwert S(P,Q) ist gleich der doppelten Zunahme in der Fehlersumme, die durch die Fusion verursacht wird. Die Gesamtsumme der Fehlerquadrate für irgendeine Gruppierung erhält man, wenn man die kumulative Summe der Werte, die im Ausdruck vor dieser Gruppierung stehen, durch zwei dividiert. Diese Methode findet kugelförmige Minimum-Varianz-Cluster.

(7) Lance-Williams Flexible BETA - Die Ähnlichkeit S(R,P+Q) zwischen irgendeinem Cluster R und dem Cluster (P+Q) wird aus der Variablentransformation berechnet:

```
S(R,P+Q)=( S(R,P)+S(R,Q) )*(1-BETA)/2 + S(P,Q)*BETA
```

wobei BETA ein Parameter ist, dessen Wert kleiner als 1 ist, den der Benutzer selbst bestimmt (siehe Lit. 22). Lance und Williams empfehlen, den Wert BETA=-0.25 zu nehmen, um verläßliche Ergebnisse zu erhalten. Mit diesem Wert verhält sich Flexible ähnlich wie die Ward's Methode.

(8) McQuitty's Similarity Analysis - Hierfür wird folgende Transformation (Lit. 29) benutzt:

```
S(R,P+Q)=( S(R,P)+S(R+Q) )/2
```

die mit jedem Ähnlichkeitskoeffizienten funktioniert. Similarity Analysis kann man auch mit Flexible für BETA=0 erhalten, wobei sie jedoch bei großen Grundgesamtheiten zur Kettenbildung tendiert.

ZEICHEN VON DENDROGRAMMEN

Wird die Prozedur TREE nach HIERARCHY aufgerufen, so wird das Dendrogramm gedruckt, das dem letzten hierarchischen Fusionsbaum entspricht.

Es folgt ein Beispiel für ein Dendrogramm, das von TREE nach einer HIERARCHY-Clusteranalyse gedruckt werden kann.

	ITEMS GROUPED		
CYCLE	I	J	COEFF
1	1	2	0.230
2	3	7	0.369
3	5	6	0.752
4	3	4	0.780
5	8	9	1.540
6	1	3	1.756
7	1	8	3.236
8	1	5	7.342

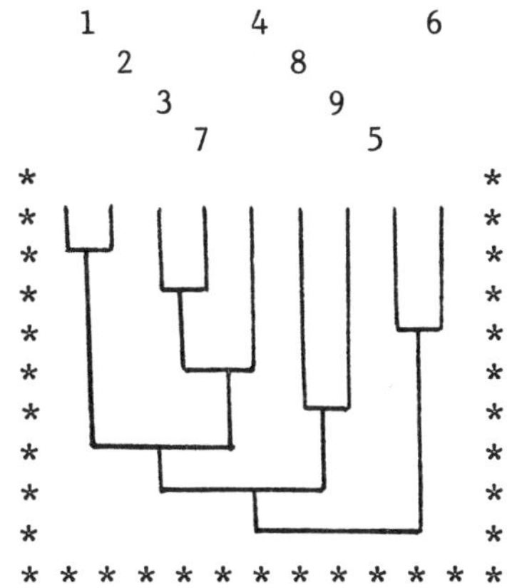

Ähnlich kann die Prozedur PLINK aufgerufen werden, um das Dendrogramm auf dem Plotter zu zeichnen (Beispiele werden in den Abbildungen 31.7 und 31.10 des Testbeispiels gegeben). Über die Prozedur TREE können auch Dendrogrammdaten, die von HIERARCHY erzeugt wurden, auf Karten ausgestanzt werden. Diese Karten können bei einem späteren Job für TREE oder PLINK eingelesen werden.

HIERARCHY-SPEZIFIKATIONEN

Spalten	Name	Format	üblicher Wert	Bedeutung
1	ITRAN	I1	-	Methodencode 1-8.
2-4	KA	I3	2	Minimale Anzahl der interessierenden Cluster.
5-7	KB	I3	8	Maximale Anzahl der interessierenden Cluster.
8-12	BETA	F5.3	-0.25	BETA-Wert (nur für Methode 7). Muß kleiner als 1 sein.

DECKAUFBAU

HIERARCHY setzt voraus, daß eine gültige Ähnlichkeitsmatrix durch CORREL berechnet oder über DISTIN gespeichert wurde und benötigt eine Datenkarte für die Parameter ITRAN, KA, KB und BETA. Bei jenen Fusionszyklen, bei denen KB bis KA Cluster ausgegeben werden, druckt HIERARCHY den Classification Array aus und speichert ihn auf der Datei CLUSDECK.

Die Eingabe zu HIERARCHY ist wie folgt:

HIERARCHY
Parameterkarte

Als allgemeine Sicherheitsregel gilt: Man berechne immer eine Abstandsmatrix mit CORREL, da dann jede HIERARCHY-Methode benutzt werden kann.

ANALYSE DER KLASSIFIKATIONEN

Die von HIERARCHY erzeugten Classification Arrays für KB bis einschließlich KA Cluster werden auf CLUSDECK für die weitere Analyse durch die Prozeduren RESULT, SCATTER oder DUMP gespeichert. Diese Klassifikationen können auch der Prozedur RELOCATE als Startlösung für die iterative Optimierung einer objektiven Funktion durch Neugruppierung ineffizienter Cluster-Zuweisungen weitergeleitet werden.

Es folgt ein Beispiel 3-er Classification Arrays, die von HIERARCHY mit den Parametern ITRAN=6, KA=2, KB=4 für 9 Fälle erzeugt wurden:

```
WARDS METHOD GROUP  5 FUSE POINTS  8  9 AT COEF  1.540  4 CLUSTERS
   1    1    3    3  5    5    3   8  8
WARDS METHOD GROUP  6 FUSE POINTS  1  3 AT COEF  1.756  3 CLUSTERS
   1    1    1    1  5    5    1   8  8
WARDS METHOD GROUP  7 FUSE POINTS  1  8 AT COEF  3.236  2 CLUSTERS
   1    1    1    1  5    5    1   1  1
```

In der letzten Klassifikation bilden die Fälle 5 und 6 den Cluster 5; die Fälle 8 und 9 bilden den Cluster 8 in der vorhergehenden Klassifikation, und die 4-Cluster-Gruppierung unterscheidet die Fälle 1 und 2 von 3, 4 und 7.

KURZLAUF

FILE
Titelkarte
Karte B Parameter
Karte C Formatangaben
Datendeck
CORREL
Leere Parameterkarte
HIERARCHY
6 2 8
TREE
Leere Parameterkarte
.. .. ..
STOP

Diese Kombination von CLUSTAN-Prozedurschritten liest die Datenmatrix, berechnet die Abstandsmatrix und optimiert mit der Ward's Methode die Summe der Fehlerquadrate durch hierarchische Fusion. Das Dendrogramm für die Ward's Methode wird von TREE gedruckt. Classification Arrays werden auf CLUSDECK für alle Gruppierungen von 8 bis zu 2 Clustern gespeichert, die für weitere Analysen durch die Prozeduren RESULT und SCATTER bei einem späteren CLUSTAN-Job leicht zugänglich wären.

Auch die Prozedur PLINK könnte bei einem späteren Job zum Zeichnen des Dendrogramms für die Ward's Methode aufgerufen werden.

LITERATUR 20 22 36 51 52

LITERATUR ZU DEN METHODEN

(1) 19 21 36 38 39 42 48 53
(2) 27 36 39 42
(3) 1 13 36 39 41 42
(4) 19 21 36 48
(5) 13
(6) 4 31 44 51
(7) 22
(8) 29

KAPITEL 11
PROZEDUR TREE

ZWECK

Diese Prozedur gibt auf dem Drucker ein vollständiges oder partielles Dendrogramm für jede beliebige HIERARCHY-, CENTROID-, DIVIDE- oder DENSITY-Clusteranalyse aus.

Siehe auch Prozedur PLINK, die zum Zeichnen von Dendrogrammen verwendet werden kann.

DENDROGRAMMDATEN

Jede hierarchische Clusterprozedur erzeugt Dendrogrammdaten, die im System gespeichert werden, und auf die während eines CLUSTAN-Jobs zugegriffen werden kann. Die Prozedur TREE liest diese Daten, zeichnet davon ein Dendrogramm und kann die Daten auf eine permanente Datei kopieren (Parameter JUNIT) oder auf Lochkarten stanzen.

Wenn bei einem CLUSTAN-Job mehrere hierarchische Analysen durchgeführt werden, wird nur der zuletzt von einer Clusterprozedur produzierte Dendrogrammdatensatz im System zurückbehalten. Wenn also für jedes Ergebnis ein Dendrogramm gezeichnet werden soll, muß die Prozedur TREE nach jedem Schritt einer Clusteranalyse aufgerufen werden.

Dendrogrammdaten, die auf einer permanenten Datei oder auf Lochkarten stehen, können von der Prozedur TREE (Parameter IUNIT) gelesen werden, um Dendrogramme in verschiedenen Formaten zu drucken. Dendrogrammdaten können auch von Hand für Clusteranalysen erstellt werden, die irgendwo erzeugt wurden - wegen Details, siehe Prozedur PLINK.

Die vom Benutzer spezifizierten Dateien IUNIT und JUNIT werden nie zurückgesetzt. Deshalb können durch wiederholte Benutzung von TREE mehrere Sätze von Dendrogrammdaten auf JUNIT akkumuliert werden, und mehrere Dendrogramme können sequentiell von IUNIT gelesen werden.

AUSGABESTILARTEN

Dendrogramme können von TREE in drei Stilarten gedruckt werden.

<u>Stil 1:</u> Horizontal. Die Fallkennungen werden auf der linken Seite des Blattes abwärts gedruckt (1 Zeile pro Fall). Fusionen quer zur Seite werden entsprechend dem Wert des Clusterkriteriums (d.h. maßstabsgetreu) gezeichnet. Das bedeutet, daß bei großem N viele frühe Fusionen in dieselbe Spalte der Seite fallen werden, wohingegen spätere Fusionen zunehmend mehr Spalten der Seite belegen werden (im Fall eines monotonen Kriteriums, wie beispielsweise bei der Ward's Methode). Das Dendrogramm ist eine Papierseite breit und erspannt sich über N Zeilen, d.h. ungefähr 1+N/60 Seiten.

Es folgt ein Beispiel des Formats, das für Stil 1 verwendet wurde:

```
  0.0        0.734      1.468      2.203      2.937      3.671        7.342
   +----------+----------+----------+----------+----------+------...---+

1 ---┬-----------------------┬--------------------┬-------------...--┐
2 ---┘                       |                    |                  |
3 ------┬-----┬--------------┘                    |                  |
7 ------┘     |                                   |                  |
4 ------------┘                                   |                  |
8 -------------------------┬----------------------┘                  |
9 -------------------------┘                                         |
5 ----------┬---------------------------------------------------...--┘
6 ----------┘
```

Stil 2: Vertikal. Die Fallkennungen werden oben quer über die Seite (2 Spalten pro Fall) gedruckt. Die Fusionen werden abwärts in einer Rate von einer Fusion pro Zeile gedruckt (d.h. das Dendrogramm wird abwärts nicht maßstabsgetreu gezeichnet). Zykluszahl, Gruppencode und Koeffizientenwerte werden linksseitig aufgelistet. Ein ganzes Dendrogramm belegt ungefähr 1+N/60 Streifen von 1+N/60 Druckerseiten. Dieser Stil wird bei Anwendung von DENSITY oder bei anderen Dendrogrammen empfohlen, die wie bei Median und Centroid Koeffizientenumkehrungen unterliegen.

Es folgten ein Beispiel für das Format in der Stilart 2, in dem DENSITY 2 Cluster findet:

```
            ITEMS GROUPED
                                       5     9     4
   CYCLE     I   J     COEFF             8     2
                                           6     3
                                             7     1
                                  *  |  |  |  |  |  |  |  |  *
     1       5   8     3.050      *  └┬-┘  |  |  |  |  |  |  *
     2       5   6     3.050      *   └-┬--┘  |  |  |  |  |  *
     3       5   7     3.050      *     └-┬---┘  |  |  |  |  *
     4       5   9     3.604      *       └-┬----┘  |  |  |  *
     5       2   3     3.882      *         |    └┬-┘  |  |  *
     6       2   1     3.882      *         |     └-┬--┘  |  *
     7       2   4     4.991      *         |       └-┬---┘  *
     8       5   2     3.466      *         └---------┘      *
                                  *                          *
                                  * * * * * * * * * * * * *  *
```

Stil 3: Horizontale Tabelle. Die Fallkennungen werden linksseitig in Abwärtsrichtung gedruckt. Der Dendrogrammbaum wird jedoch nicht gezeichnet. Die Gruppencode und die Koeffizientenwerte werden auf die rechte Seite geschrieben. Die vollständige Tabelle belegt ungefähr 1+N/60 Seiten. Dieser Stil entspricht der Ausgabe der früheren CLUSTAN-Version, bevor die Prozedur TREE eingeführt wurde.

Es folgt ein Beispiel für das Format im Stil 3 mit einer Illustration, wie das Dendrogramm per Hand skizziert werden kann:

DENDROGRAM TABLE

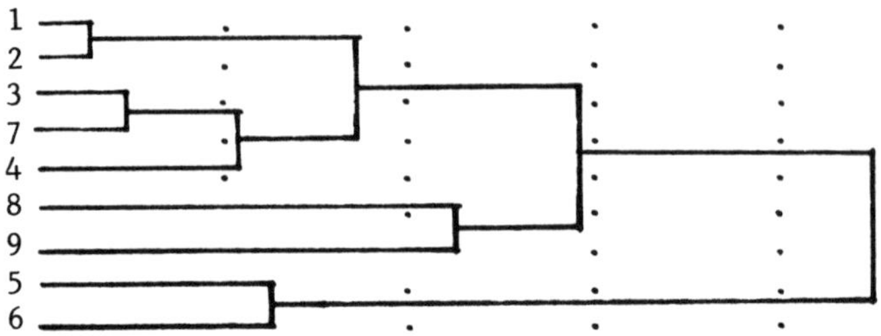

FUSION SUMMARY

1	2	0.258
3	7	0.415
3	4	0.761
5	6	0.846
1	3	1.103
8	9	1.732
1	8	2.060
1	5	3.502

FALLKENNUNGEN

Die Fälle werden entweder durch ihre Laufzahlen oder durch 8-Zeichen-lange Kennungen etikettiert. (Alphanumerische Kennungen werden gegenwärtig nur bei Stil 1 und 3 gedruckt.) Die alphanumerischen Kennungen werden automatisch benutzt, wenn sie vorher über die Prozedur SPSS oder LABELS auf das CLUSTAN-Datafile eingelesen wurden.

TREE-SPEZIFIKATIONEN

Spalten	Name	Format	üblicher Wert	Bedeutung
1	LAYOUT	I1	blank	Code des Ausgabestils. Bei blank, wird Stil 1 als Default gewählt.
2-3	KTRAN	I2	blank	Transformationscode. 1=natürlicher Logarithmus der absoluten Koeffizientenwerte.
4-6	K	I3	blank	Wenn K=blank, wird das ganze Dendrogramm gezeichnet. Ansonsten wird der Teilbaum gedruckt, der der Fusion der letzten K Cluster entspricht.
7-8	IUNIT	I2	blank	Code einer bestimmten sequentiellen Datei von der die Dendrogrammdaten gelesen werden; bei JUNIT=5, werden die Dendrogrammdaten von Karten gelesen und bei blank, werden die Dendrogrammdaten des letzten Clusterschritts genommen.

9-10	JUNIT	I2	blank	Code einer sequentiellen Datei, auf die die Dendrogrammdaten zu kopieren sind. Bei blank, kopiert TREE die Dendrogrammdaten nicht; wenn JUNIT=7, werden die Dendrogrammdaten auf Karten gestanzt; ansonsten sollte JUNIT größer als 8 sein.

DECKAUFBAU

Normalerweise folgt TREE im Anschluß an einen CLUSTAN-Schritt, der eine hierarchische Clusteranalyse durchführte. Die Eingabe zu TREE ist wie folgt:

TREE
Parameterkarte

Für den speziellen Fall, daß die Dendrogrammdaten auf Karten stehen, ist der Parameter IUNIT=5 und der Deckaufbau ist:

TREE
Parameterkarte
Dendrogrammdeck

KURZLAUF

```
FILE
Titelkarte
Karte B Parameter
Karte C Formatangabe
Datendeck
CORREL
Leere Parameterkarte
HIERARCHY
6  2  8
TREE
Leere Parameterkarte
.. ..  ..
STOP
```

Dieser Job liest die beobachteten Daten ein, berechnet die Abstandsmatrix mit CORREL und startet die Ward's Methode mit HIERARCHY. Die Prozedur TREE druckt dann das Dendrogramm für die Ward's Methode im Ausgabestil 1. Der Job könnte mit einer Analyse der entstandenen Cluster durch RESULT fortgeführt werden.

ANERKENNUNG

Diese Prozedur wurde von Geoff Wright des University College, London beigesteuert.

LITERATUR 54

KAPITEL 12
PROZEDUR CENTROID

ZWECK

Die Prozedur CENTROID optimiert 13 Inter-Cluster-Ähnlichkeitsmaße durch hierarchische Fusion. Bei jeden Schritt wird der resultierende Clusterschwerpunkt gebildet.

METHODE

Diese Prozedur arbeitet genauso wie die Centroid-Option von HIERARCHY. Die Methode beginnt mit N Cluster, von denen jeder aus einem einzigen Fall besteht, und führt (N-1) Fusionsschritte aus, wobei jeweils die beiden 'ähnlichsten' Cluster vereinigt werden. Für die Product-Moment Correlation, Similarity Ratio, Cosine- und Nonmetric-Koeffizienten wird die 'Ähnlichkeit' zweier Cluster berechnet, indem die beiden die Cluster repräsentierenden Schwerpunktsvektoren benutzt werden. Dies gilt auch für die Koeffizienten von Distance, Size Difference, Shape Difference, Dot Product und Dispersion. Es sollte jedoch bemerkt werden, daß 'Centroid Sorting' mit diesen Kriterien auch bei HIERARCHY erzielt werden kann, z.B. Group Average (Option 3) für Dot Product und Dispersion und Centroid (Option 4) für die übrigen.

'Average Distance' berechnet das Mittel aller Inter-Cluster-Abstände und ist somit das gleiche wie bei HIERARCHY die Group Average-Methode (Option 3) mit Distance.

'Error Sum' ist die Zunahme in der Summe der Fehlerquadrate, die durch die Fusion zweier Cluster verursacht wird, was ebenfalls bei HIERARCHY mit Option 6 (Ward's Method) bei Verwendung von Distance erreicht werden kann. Das 'Variance'-Kriterium minimiert die resultierende Varianz des entstehenden Clusters, und 'Information' optimiert den Zuwachs in der Information Statistic I(P+Q)-I(P)-I(Q). Ein neues Ähnlichkeitskriterium kann in der Function USER für Centroid Sorting in der Prozedur CENTROID programmiert werden.

RECHENMETHODE

Das geeignete Ähnlichkeitskriterium wird für die Prozedur CORREL ausgewählt, die die Ähnlichkeitsmatrix auf dem Datafile speichert. CENTROID liest zuerst von der Datei den Datentyp und die Maskierung und kopiert die Koordinaten der Fälle (die anfänglichen Clusterschwerpunkte) an das Ende des Datafiles. Als nächstes werden die ähnlichsten Objekte herausgesucht, der Schwerpunkt des resultierenden Clusters wird berechnet und gespeichert, und anschließend werden die Ähnlichkeiten zwischen dem neuen Cluster und den übrigen (N-2) Cluster berechnet. Dann wird das nächstähnlichste Clusterpaar gesucht, und der Prozeß wird so lange wiederholt, bis die Population in 1 Cluster zusammengefaßt ist.

Classification Arrays werden ausgedruckt und auf CLUSDECK für alle Gruppierungen von KB bis hinunter zu KA Cluster gespeichert. Dendrogrammdaten werden für die Eingabe zu TREE oder PLINK gespeichert, um bei einem späteren Schritt das Centroid-Dendrogramm zu zeichnen. Diese Daten können mit der Prozedur TREE auch auf Karten gestanzt werden.

CENTROID-SPEZIFIKATIONEN

Spalten	Name	Format	üblicher Wert	Bedeutung
1-3	KA	I3	2	Minimale Anzahl der interessierenden Cluster.
4-6	KB	I3	8	Maximale Anzahl der interessierenden Cluster.

DECKAUFBAU

CENTROID erwartet, daß von FILE ein Datafile erstellt und von CORREL eine Ähnlichkeitsmatrix berechnet wurde. Die Eingabe zu CENTROID ist wie folgt:

```
CENTROID
Parameterkarte
```

KURZLAUF

```
FILE
Titelkarte
Karte B Parameter
Karte C Formatangaben
Datendeck
CORREL
 3
CENTROID
  2  8
TREE
2
.. .. ..
STOP
```

Dieser CLUSTAN-Job liest die Daten, berechnet eine Matrix aus Korrelationskoeffizienten (zwischen Fällen) und optimiert den Korrelationskoeffizienten durch Centroid Sorting (nach Sokal und Michener). Das Dendrogramm wird von TREE im Ausgabestil 2 gezeichnet.

LITERATUR 6 13 19 21 31 33 35 36 42 44 48 53

KAPITEL 13
PROZEDUR RELOCATE

ZWECK

Iterative Relokationsprozedur um ein lokales Optimum für K Cluster in Bezug auf eines von 13 Inter-Cluster-Ähnlichkeitskriterien zu finden (K-Means, ISODATA und Euklidische Clustermethoden werden bei Verwendung der Error Sum of Squares aufgerufen).

PRINZIP DES PROZESSES

Ausgehend von einer Klassifikation der Population aus N Objekten in K Cluster wird während eines Scans zur Neuanordnung jedes Objekt der Reihe nach betrachtet, wobei seine Ähnlichkeiten mit allen K Clustern berechnet werden. Angenommen, die Ähnlichkeit zwischen dem Objekt X und seinem zugehörigen Cluster P sei S(P,X), und die Ähnlichkeit zwischen X und irgendeinem anderen Cluster Q sei S(Q,X), dann ordnet die Methode das Objekt X des Clusters P dem Cluster Q zu, wenn S(Q,X) größer als S(P,X) ist. Die Schwerpunkte der Cluster P und Q werden neu berechnet, um diese Änderung in dem Moment zu berücksichtigen, wo der Wechsel erfolgt (d.h. beim Zyklus X des Relocation Scans und nicht am Ende des Scans). Die Population wird so lange durchsucht, bis keine Objekte mehr während eines vollständigen Scans umgruppiert werden, weil dann die Lösung für ein lokales Optimum für K Cluster in Form der Ähnlichkeitsfunktion S gefunden zu sein scheint.

Ob diese Klassifikation ein globales Optimum darstellt, kann nicht mit Sicherheit gesagt werden. Wenn man jedoch die gleiche Klassifikation aus verschiedenen anderen Anfangsgruppierungen erhält, dann ist die Wahrscheinlichkeit groß, daß die Globallösung gefunden wurde.

Als nächstes werden die Ähnlichkeiten zwischen allen Clusterpaaren berechnet, und jene zwei Cluster, die am ähnlichsten sind, werden vereinigt, wodurch die Klassifikation auf (K-1) Cluster verringert wird. Die Relokationsphase wird wiederholt, um ein lokales Optimum für (K-1) Cluster zu erhalten. Daran schließt sich wieder die Fusionsphase an, die dann (K-2) Cluster liefert. Auf diese Weise werden lokale Optimums-Lösungen für alle K bis MINC Clusterniveaus erhalten, wobei MINC die vom Benutzer spezifizierte endgültige Clusteranzahl ist. Wenn MINC nicht kleiner als K ist, erfolgt keine Fusion, und die Relokationsprozedur optimiert nur die erste Klassifikation.

SPEZIFIZIERUNG DER ERSTEN KLASSIFIKATION - ICLA

Der Benutzer muß angeben, ob die Anfangsklassifikation von K Clustern aus den Ergebnissen eines vorangegangenen Schrittes des laufenden CLUSTAN-Jobs zu nehmen ist, oder ob eine zufällige Zuordnung der Population aufgestellt werden soll. Die andere Möglichkeit wäre, einen Classification Array ICLA auf Karten einzufügen.

Mit ICLA kann der Benutzer K zufällig ausgewählte Individuen als anfängliche Clusterzentren hernehmen, oder eine suboptimale Klassifikation verwenden, die er über irgendeine andere Methode erhielt. Wenn dasselbe Ähnlichkeitskriterium sowohl für die suboptimale Methode als auch für RELOCATE gewählt wird, kann man Rechenzeit einsparen.

Der Parameter NCLA gibt die Lage des zu benutzenden Classification Arrays an, der auf CLUSDECK gespeichert ist. Wenn vorher mehrere Clusterschritte spezifiziert wurden, muß sich der Benutzer die Reihenfolge der Ausgabe auf CLUSDECK vorher überlegen (NB: Eine Liste von CLUSDECK kann man über die Prozedur DUMP erhalten).

Ein negativ codiertes NCLA bedeutet eine sequentielle Klassifikation der Population in NCLA Cluster. Das folgende Beispiel stellt eine Anfangsklassifikation von 9 Fällen in 4 Cluster dar, die mit NCLA=-4 erhalten wird:

```
SEQUENTIAL ALLOCATION OF CLUSTERS BY RELOC
   1  2  3  4  1  2  3  4  1
```

DIE REMOVAL-OPTION IREMOV

Als Beispiel einer Methode, die durch RELOCATE verfügbar ist, sei die K-Means Methode angeführt. Das Objekt X wechselt vom Cluster P zum Cluster Q, wenn sich herausstellt, daß es näher am Schwerpunkt von Q als bei jenem von P liegt. In diesem Fall ist die 'Ähnlichkeit' S(Q,X) der quadrierte Abstand, und da es sich um einen Unähnlichkeitskoeffizienten handelt, wird der Relokationstest umgekehrt; d.h. X wechselt vom Cluster P zum Cluster Q, wenn DSQ(P,X) größer als DSQ(Q,X) ist.

Einige Ähnlichkeitskriterien erfordern eine präzisere Definition dessen, was mit S(P,X) gemeint ist. Die Summe der Fehlerquadrate (wie sie in der Euklidschen Clustermethode von Beale verwendet wird) ist als die Gesamtsumme der quadrierten Abstände eines jeden Objekts zum Schwerpunkt seines zugehörigen Clusters definiert. Man kann zeigen, daß sie kleiner wird, wenn X vom Cluster P zum Cluster Q wechselt, falls (NP-1/NP)DSQ(P-X,X) größer als (NQ/NQ+1)DSQ(Q,X) ist, wobei NP und NQ die Clusterumfänge sind. Das bedeutet, daß X probeweise von seinem zugehörigen Cluster P entfernt werden sollte, bevor die K Ähnlichkeiten (NQ/NQ+1)DSQ(Q,X) berechnet werden. Dann sollte X dem Cluster zugeordnet werden, für den dieser Wert ein Minimum ist (es kann gut sein, daß X zum Cluster P zurückkehrt, wobei dann keine Umordnung stattgefunden hat). Ein ähnliches Ergebnis erhält man für die Information Statistic, für die eine Relokation angezeigt ist, wenn I(P)-I(P-X) größer als I(Q+X)-I(Q) ist .

Eine Removal-Option (Parameter IREMOV) wurde in der Prozedur RELOCATE eingeführt, die es ermöglicht, die Error Sum of Squares und die Information Statistic im selben Algorithmus richtig zu optimieren, der Jancey's und MacQueen's Non-Removal-Methoden enthält. Wenn IREMOV= blank, wird das Objekt X vom Cluster P entfernt, so daß die Ähnlichkeit S(P-X,X) berechnet wird. Wenn IREMOV=nonblank, wird X nicht von P entfernt, und man erhält die Ähnlichkeit S(P,X). Es wird empfohlen, normalerweise mit der Removal-Option IREMOV=blank zu arbeiten.

Man beachte: Wenn der Cluster P lediglich aus dem Objekt X besteht, wird die Ähnlichkeit S(X,X) für beide Optionen berechnet.

SUCHE NACH DER LÖSUNG EINES GLOBALEN OPTIMUMS

Es ist oft schwierig, bei einer großen Population eine Lösung für ein globales Optimum zu finden. Wenn jedoch die gleiche Lösung aus gänzlich unterschiedlichen Anfangsklassifikationen gefunden wird, ist das ein guter Hinweis dafür, daß eine optimale Globallösung gefunden wurde.

Die Size- und Shape Difference-Koeffizienten besitzen zusätzliche Komponenten des Euklidschen Abstands und erzeugen orthogonale Klassifikationen. Wenn deshalb die gleiche stabile Error Sum of Squares-Lösung mit RELOCATE sowohl für zufällige Startwerte, für eine Shape Difference-Klassifikation als auch für eine Size Difference-Klassifikation erzielt wird, dann ist es wahrscheinlich, daß eine globale und optimale Error Sum of Squares-Lösung gefunden wurde. Dies kann wie folgt mit 5 Läufen innerhalb eines RELOCATE-Schritts gemacht werden, indem Clusterergebnisse von einem Schritt zum andern über CLUSDECK weitergereicht werden:

1	ICOEF=29	NCLA=-10	MINC=10	MAXIT=5	(Size Difference)
2	ICOEF=30	NCLA=-10	MINC=10	MAXIT=5	(Shape Difference)
3	ICOEF=24	NCLA=1	MINC=2	MAXIT=10	(Error Sum of Squares)
4	ICOEF=24	NCLA=2	MINC=2	MAXIT=10	(Error Sum of Squares)
5	ICOEF=24	NCLA=-10	MINC=2	MAXIT=15	(Error Sum of Squares)

SCHWELLENWERT FÜR MINIMALE CLUSTERGRÖSSE - MINSIZ

Einige Autoren vertreten die Auffassung, jeden Cluster zu eliminieren, dessen Größe durch die Relokation kleiner als ein Schwellenwert MINSIZ wird. Sie argumentieren, daß kleine Cluster dort uninteressant sind, wo die Population in Form von K 'allgemeinen' Typen dargestellt werden soll. Bei RELOCATE wird jeder Cluster eliminiert, dessen Größe am Ende eines Relokation-Scans kleiner als MINSIZ ist, und seine Objekte werden dem Residuum zugeteilt.

ERSTELLEN EINES RESIDUUMS MIT DER ÄHNLICHKEITSSCHWELLE - THRESH

Oft wünscht man, einen Hinweis zu bekommen, welche Objekte der Cluster 'unpassend' sind. Das können entweder periphere oder intermediäre Objekte sein, die überhaupt nicht klassifiziert werden sollten. Um ein Residuum zu schaffen, wird die Schwellenwert-Ähnlichkeit THRESH für die Relokation eingeführt, und jeder Fall, dessen größte Ähnlichkeit S(Q,X) kleiner als THRESH ist, wird in das Residuum gesetzt (d.h. RELOCATE setzt ICLA(X)=0). Es ist auch möglich, daß X bei einem späteren Relokationszyklus erneut dem Cluster Q zugeordnet wird, wenn sich die Eigenschaften des Clusters Q so ändern, daß S(Q,X) nicht mehr kleiner als THRESH ist.

Um anzuzeigen, daß ein Schwellenwert gewählt wird, muß der Benutzer den Parameter ITHRSH=nonblank setzen.

MAXIMALE ANZAHL DER RELOKATIONSZYKLEN - MAXIT

Es ist möglich, daß bei einigen Ähnlichkeitskriterien der Relokationsprozeß nicht gegen ein lokales Optimum konvergieren wird, sondern oszilliert. Um dagegen vorzubeugen, muß der Benutzer mit dem Parameter MAXIT die maximale Anzahl der auszuführenden Relokationszyklen spezifizieren. Gewöhnlich genügt der Wert MAXIT=10.

HIERARCHISCHE FUSION OHNE RELOKATION

Wenn MAXIT=0, werden keine Relokationszyklen ausgeführt, und die Prozedur entartet zum hierarchischen Fusionsprozeß der Prozeduren HIERARCHY und CENTROID, bei denen die anfänglichen K Cluster nach und nach in (K-MINC) Zyklen verschmelzen, bis MINC endgültige Cluster erreicht sind.

Dies kann benutzt werden, um eine partielle hierarchisch agglomerative Clusteranalyse für den Fall einer großen Population zu vollenden. Wenn beispielsweise RELOCATE, sagen wir, mit 30 zufälligen Anfangsclustern gestartet wird, die dann nach und nach entsprechend dem Error Sum of Squares-Kriterium fusioniert werden, erhält man ein partielles Dendrogramm, das vergleichbar ist mit dem aus der Ward's Methode für diese 30 Anfangscluster. Ein solcher Ansatz ist nützlich, wenn die Population zu groß für einen vollständigen HIERARCHY-Lauf ist (für den die ersten Fusionen die aufwendigsten und unwichtigsten sind); jedoch ist es wesentlich, die hierarchische Struktur der Klassifikation beizubehalten.

Das Dendrogramm für eine partielle hierarchisch agglomerative Clusteranalyse kann mit TREE gedruckt oder mit PLINK gezeichnet werden, vorausgesetzt daß das Dendrogrammdeck des RELOCATE-Listings auf Karten vorliegt. Einzelheiten darüber wie diese Karten auszusehen haben, werden im Kapitel über PLINK gegeben.

Diese Möglichkeit kann auch dazu verwendet werden, ein neues Ähnlichkeitsmaß auszuprobieren, das in der Function USER programmiert wird, oder um zusammenfassende Statistik nach jedem Fusionszyklus zu erhalten, wenn sie für irgendeine spezielle Untersuchung benötigt wird. Man beachte, daß für MAXIT=0 und MINC=K RELOCATE nichts weiter macht, als die zusammenfassende Statistik für die Anfangsklassifikation auszugeben.

AUSWAHL DER DATEN

Die von RELOCATE zu verwendenden Daten werden durch die Parameter NPC, MSKB und MSKN und die partiellen Maskierungskarten bestimmt. Diese Maskierungsangaben sind genau die gleichen wie für die Prozedur CORREL.

AUSGABE DER ÄHNLICHKEITEN

Der Ähnlichkeitskoeffizient, der zwischen einem Individuum X und seinem zugehörigen Cluster P gemessen wird, hängt vom Status IREMOV ab. Diese Werte erscheinen in den 'Switch'-Meldungen, die jedesmal ausgegeben werden, wenn ein Fall umgeordnet wird, und der 'Average Coefficient'-Vektor kommt in der zusammenfassenden Statistik. Wenn IREMOV= blank, wird S(P-X,X) berechnet, und andernfalls wird S(P,X) genommen.

Switch-Meldungen werden ausgegeben, wenn ISWOP=nonblank. Die Default-Option zur Unterdrückung dieser Meldungen wurde aus ökonomischen Gesichtspunkten eingeführt, da bei einer großen Population eine ganze Menge an Switch-Meldungen von RELOCATE erzeugt werden kann. Ein Beispiel für die Switch-Meldungen, die bei 3 Iterationen erzeugt werden, ist folgendes:

```
ITERATION NO. 1
SWITCH  1 FROM  1 TO  3. COEFFICIENTS ARE  0.6059 ( 1)  0.5178 ( 3)
SWITCH  2 FROM  2 TO  3. COEFFICIENTS ARE  3.9962 ( 2)  0.7990 ( 3)
SWITCH  4 FROM  4 TO  1. COEFFICIENTS ARE  0.9968 ( 4)  0.7715 ( 1)
SWITCH  5 FROM  1 TO  2. COEFFICIENTS ARE  3.4410 ( 1)  0.7515 ( 2)
    4 RELOCATIONS OCCURRED DURING ITERATION 1

ITERATION NO. 2
SWITCH  4 FROM  1 TO  4. COEFFICIENTS ARE  1.0763 ( 1)  0.9968 ( 4)
    1 RELOCATION OCCURRED DURING ITERATION 2
```

ITERATION NO. 3
CLUSTERS ARE STABLE AT ITERATION 3

Oft ist es nützlich, die Ähnlichkeiten zwischen jedem einzelnen Objekt und allen MINC endgültigen Clustern zu berechnen. Diese Werte können 'gut', 'mittelmäßig' oder 'schlecht' passende Objekte anzeigen und können auch extern zum Testen von Identifikationsmodellen oder in der Faktorenanalyse verwendet werden.

Wenn IPRNT=nonblank, wird ganz am Ende der Prozedur RELOCATE die NxMINC Matrix der Ähnlichkeitskoeffizienten ausgedruckt; d.h. wenn es MINC endgültige Cluster gibt. Ähnlich bestimmt der Status des Parameters IPNCH, ob diese Ähnlichkeitswerte auf Karten gestanzt werden sollen, um als Eingabe für irgendein anderes Statistikprogramm zu dienen. Ein Beispiel einer 9x2 Matrix aus Ähnlichkeitskoeffizienten ist folgendes:

OBJ	PARENT	SIMILARITY WITH CLUSTERS	
		1	2
1	1	0.8109	2.5303
2	1	1.6308	3.6453
3	1	0.8800	1.4441
4	1	0.8599	4.3421
5	2	2.2213	0.7515
6	2	6.6956	0.7516
7	1	0.5509	2.4638
8	1	2.6559	5.6316
9	1	1.8359	7.2387

Der Benutzer kann die Matrix der Inter-Cluster-Ähnlichkeiten für MINC endgütige Cluster auf der Datei IUNIT im Format 8F10.4 als eine untere Dreiecksmatrix ohne die Diagonale speichern. Diese Matrix kann mit der Prozedur DISTIN ins CLUSTAN für weitere Analysen oder zum Plot-Zeichnen zurückgeholt werden. Sie kann auch ins MDSCAL gebracht werden, um einen Satz von Koordinaten zu erzeugen, die die Inter-Cluster-Beziehungen kurz zusammenfassen, wobei die Cluster als Punkte repräsentiert werden.

Ein Beispiel für die Zusammenfassung von Ähnlichkeiten zwischen Clustern, die von RELOCATE erzeugt wird, ist folgendes:

SUMMARY AFTER CYCLE 1
NUMBER OF CLUSTERS = 4

SIMILARITIES BETWEEN CLUSTERS

1 2 7.2387 1 3 2.4012 2 3 4.4800 1 4 1.4114 2 4 6.9819
3 4 3.3887

CLUSTER	SIZE	AVERAGE COEFFICIENT	MOST SIMILAR TO	AT COEFFICIENT
1	1	0.0	4	1.4114
2	2	0.7516	3	4.4800
3	4	0.5617	1	2.4012
4	2	0.9968	1	1.4114
RES	0			

```
TOTAL SUM OF SIMILARITIES BETWEEN CASES AND CLUSTERS =      5.7436
(NB THIS EQUALS THE ERROR SUM OF SQUARES WHEN ICOEF= 1,2,24 OR 25)

RELOC CYC  1 COEF 24.  4 CLUSTERS MAXIT= 10 MINSIZ= 0 IREMOV=
   3   3   3   4   2   2   3   4   1
```

Im nächsten Schritt werden die Cluster 1 und 4 mit dem resultierenden kleinsten Zuwachs von 1.4114 in der Summe der Fehlerquadrate fusioniert, um 3 Cluster zu liefern.

RELOCATE-SPEZIFIKATIONEN

DECK A - KARTE 1

Spalten	Name	Format	üblicher Wert	Bedeutung
1-2	ICOEF	I2	24	Code des Ähnlichkeitskoeffizienten (siehe Tabelle).
3-5	MAXIT	I3	10	Maximale Anzahl der Iterationen, die während einer Relokationsphase auszuführen sind. Wenn MAXIT=0, erfolgt keine Relokation, und RELOCATE führt nur eine hierarchische Fusion aus.
6-8	MINC	I3	blank	Gewünschte Anzahl der endgültigen Cluster. Wenn MINC=Anzahl der ursprünglichen Cluster im ICLA, dann erfolgt keine hierarchische Fusion, und RELOCATE führt nur die Relokation aus.
9-11	MINSIZ	I3	blank	Kriterium für die minimale Clustergröße. Am Ende jedes Relokationszyklus werden die Objekte jener Cluster, deren Größe kleiner als MINSIZ ist, in das Residuum gesetzt.
12	IREMOV	A1	blank	Wenn IREMOV=blank, wird jedes Objekt von seinem zugehörigen Cluster für den Relokationstest weggenommen. Wenn IREMOV=nonblank, werden die Objekte nicht entfernt.
13	ITHRSH	A1	blank	Wenn ITHRSH=nonblank, wird der Wert von THRESH für einen Schwellenwerttest bei der Relokation verwendet, um eine Residuenmenge zu erzeugen.

14-19	THRESH	F6.2	blank	Wenn ITHRSH=nonblank, wird jedes Objekt, dessen höchste Ähnlichkeit kleiner als THRESH ist, in das Residuum gesetzt.
* 20-21	NPC	I2	-	Anzahl der Komponentenwerte, die als Daten zu verwenden sind.
* 22-24	MSKB	I3	-	Anzahl der zu maskierenden binären Variablen.
* 25-27	MSKN	I3	-	Anzahl der zu maskierenden kontinuierlichen Variablen.
28	IPRNT	A1	blank	Wenn IPRNT=nonblank, wird die NxMINC Matrix aus Objekt-Cluster-Ähnlichkeiten bei Beendigung ausgedruckt.
29	IPNCH	A1	blank	Wenn IPNCH=nonblank, wird die NxMINC Matrix im Format (I3,8F9.3/10(3X,8F9.3/)) auf Karten ausgestanzt.
30-31	IUNIT	I2	blank	Logische Dateinummer jener Datei, auf die die Inter-Cluster-Ähnlichkeitsmatrix für MINC Cluster geschrieben wird.
32-35	NCLA	I4	-10	Wenn NCLA positiv ist, wird dadurch die Lage eines früher auf CLUSDECK gespeicherten Classification Arrays angegeben. Wenn NCLA negativ ist, wird die Population auf NCLA Cluster zufällig aufgeteilt. Wenn NCLA=0, wird der Classification Array von Deck B gelesen.
36	ISWOP	A1	blank	Wenn ISWOP=nonblank, wird eine 'Switch'-Meldung ausgegeben, sobald ein Fall umgeordnet wird.

DECK A - KARTEN 2,3,..(ERÜBRIGEN SICH, WENN EINE PARTIELLE MASKIERUNG NICHT BENÖTIGT WIRD)

Spalten	Name	Format	üblicher Wert	Bedeutung
* 1-80	MASKP	20I4	-	Partielle Maskierungskarten. Die Variablencode, die vom gewählten Datenmodus auszuschließen sind. Wenn eine partielle Maskierung benutzt wird, müssen entweder MSKB oder MSKN Code angegeben werden.

DECK B - KARTE 1 (ERÜBRIGT SICH BEI SPEZIFIKATION VON PARAMETER NCLA)

Spalten	Name	Format	Bedeutung
1-80	TEXT	20A4	Titelkarte des Classification Arrays - beliebiger Text.

DECK B - KARTEN 2,3,.. (ERÜBRIGT SICH BEI SPEZIFIKATION VON PARAMETER NCAL)

Spalten	Name	Format	Bedeutung
1-78	ICLA	26I3	Der Classification Array (ICLA(I), I=1,N), der die K anfänglichen Cluster spezifiziert. Irgendein Wert ICLA(I)=L bedeutet, daß sich das Objekt I im Cluster L befindet. Wenn ICLA(I)=0, wird das Objekt I zunächst dem Residuum zugeordnet.

ANMERKUNGEN ZU DEN RELOCATE-SPEZIFIKATIONEN

* Spezifikationen für die Maskierung sind gleich wie bei CORREL.
\- Bezeichnet Parameter, für die es keine üblichen Werte gibt. Der Benutzer muß Werte einsetzen, die seinen Daten und seinem Problem entsprechen.

Deck B umfaßt einen vollständigen Classification Array, der von Hand oder von der Prozedur DUMP bei irgendeinem vorangegangenen CLUSTAN-Job hätte gestanzt werden können.

SPEZIELLE GRÖSSENBESCHRÄNKUNGEN

Die Anzahl der Cluster, die durch die Prozedur RELOCATE geprüft werden kann, unterliegt folgenden Beschränkungen:

10000/MN bei Verwendung kontinuierlicher Daten
10000/MB bei Verwendung binärer Daten
10000/NPCF bei Verwendung von Faktorwerten
100 maximal.

DECKAUFBAU

RELOCATE braucht ein CLUSTAN-Datafile, das von den Prozeduren FILE, SPSS oder RESTART erzeugt wurde. Eine Ähnlichkeitsmatrix ist nicht erforderlich, aber es schadet nicht, wenn zuvor die Prozedur CORREL lief. Die Eingabe zu RELOCATE ist wie folgt:

RELOCATE
Deck A - Parameter
Deck B - Classification Array (falls NCLA=0)
Leerkarte

Wenn mehr als ein RELOCATE-Lauf bei einem Schritt erforderlich ist, kann die Deck A/Deck B-Eingabe wiederholt werden. RELOCATE endet, wenn die Leerkarte anstelle von Deck A Karte 1 gelesen wird.

KURZLAUF

```
FILE
Titelkarte
Karte B Parameter
Karte C Formatangaben
Datendeck
RELOCATE
24 10  1                        -10
Leere Parameterkarte
.. .. ..
STOP
```

Dieser CLUSTAN-Job wird iterative Relokationen und hierarchische Fusionen ausführen, um die Summe der Fehlerquadrate bei allen Klassifikationen von 10 bis zu 2 Clustern zu optimieren, wobei eine Zuordnung der Population auf 10 zufällige Cluster die Ausgangskonfiguration bildet.

LITERATUR 1-5 12 14 16 24 28 43 53 54 58 60

KAPITEL 14
PROZEDUR MODE

ZWECK

Methode zur Gewinnung 'natürlicher' Cluster durch Schätzung disjunkter Dichteflächen nach einem Wahrscheinlichkeitsmodell. Es wird darauf hingewiesen, daß die Prozedur DENSITY eine verbesserte Version der hierarchischen Mode Analysis bietet.

METHODE

Der Einfachheit halber wird diese Methode der Clusteranalyse in Bezug auf eine Ähnlichkeitsmatrix beschrieben, die aus Abstandskoeffizienten besteht, obwohl sie mit jedem beliebigen CLUSTAN-Ähnlichkeitskoeffizienten ausgeführt werden kann.

Für einen Dichteparameter K berechnet MODE den Mittelwert A(I) der 2K kleinsten Abstandskoeffizienten für jedes Individuum I. Dieser Wert liefert ein Dichtemaß des Raumes in unmittelbarer Nachbarschaft jedes Individuums. Kleine A(I)-Werte gehören zu Punkten, die in Gebieten hoher Dichte liegen. Die A(I)-Werte werden direkt aus den K-Linkage-Listen berechnet, die von den Prozeduren CORREL und DISTIN durch den Parameter KMAX auf dem Datafile gespeichert werden. Es ist darauf zu achten, daß der MODE-Parameter K den Wert KMAX/2 nicht überschreitet.

Als nächstes werden die Individuen entsprechend ihrer A(I)-Werte geordnet. Diese Ordnung bestimmt die Reihenfolge, nach der die Individuen in die Clusterkerne 'eingeführt' werden, oder wie sie 'dicht' werden. Zu Beginn des hierarchischen Clusterprozesses wird jenes Individuum mit dem kleinsten A(I)-Wert 'eingeführt' und bildet den ersten Clusterkern. Bei jedem weiteren Zyklus des Algorithmus wird der 'Koeffizientenschwellenwert' R bis zum nächstkleinsten A(I)-Wert erhöht, und das dazugehörige Individuum wird als 'dicht' bezeichnet. Vier Aktionen sind möglich:

(1) Der neue Punkt ist von allen übrigen 'dichten Punkten' durch einen Abstand getrennt, der größer ist als R. Tritt dieser Fall ein, so bildet der Punkt einen neuen Clusterkern, und die Anzahl der Cluster wird um eins erhöht.

(2) Der neue Punkt liegt innerhalb des Abstandes R eines oder mehrerer 'dichter' Punkte, die nur zu einem Clusterkern gehören. In diesem Fall vereinigt sich der neue Punkt mit diesem Cluster.

(3) Der neue Punkt liegt innerhalb des Abstandes R von 'dichten' Punkten, die zu zwei oder mehreren Clustern gehören. In diesem Fall werden die betroffenen Cluster vereinigt.

(4) Bei jedem neuen 'Einführungs'-Zyklus wird der kleinste Abstand D zwischen dichten Punkten festgestellt, die zu verschiedenen Clustern gehören. Wenn bei irgendeinem Zyklus der nächstkleinste A(I)-Schwellenwert D überschreitet, dann werden diese beiden durch den Abstand D getrennten Cluster vereinigt. Classification Arrays werden für jene Gruppierungen auf CLUSDECK geschrieben und gespeichert, die man erhält, unmittelbar bevor die Fusionsaktionen (3) und (4) eintreten (unterliegen der Ausgabekontrolle - siehe unten). Man definiert die

Clusterkerne als die Gruppierungen dichter Punkte beim Koeffizienten R zusammen mit jenen nicht-dichten Punkten, die innerhalb des Abstandes R irgendeines dichten Punktes liegen. Alle anderen Punkte, jene die nicht dicht sind und von den Clusterkernen durch einen Abstand getrennt sind, der größer als R ist, werden als hinreichend entfernt betrachtet, um unklassifiziert zu sein (solche Individuen werden im Nuclei Classification Array mit einer '0' codiert).

Man wünscht im allgemeinen, daß jedes Individuum auf einer 'best-fit' Basis klassifiziert wird. Aus diesem Grund erhält man die 'vollständigen' Klassifikationen dadurch, daß jeder Punkt, der auf dem Nuclei-Niveau nicht klassifiziert ist, mit dem Cluster gruppiert wird, der seinen nächsten dichten Punkt enthält. Mit der Prozedur MODE werden immer vollständige Klassifikationen erzeugt. Nuclei-Klassifikationen sind fakultativ und werden erzeugt, wenn der MODE-Parameter ION=nonblank.

DIE K-LINKAGE-ALTERNATIVE

In der Originalveröffentlichung dieser Methode (Lit. 50 53) wurden die A(I)-Werte als die K kleinsten Abstände für jedes Individuum definiert. Somit bekommt die Mode Analysis eine elegante probabilistische Interpretation (siehe unten), die analog zu den Verfahren des Histogramms und der Kontingenztafel ist. Wenn jedoch der K kleinste Abstand genommen wird, variieren manchmal die Ergebnisse für verschiedene Werte von K zu sehr. Da A(I) ein Dichteschätzwert der Stichprobe ist, sollte die Ordnung der Punkte nach ihren A(I)-Werten für verschieden kleine Werte von K nicht signifikant schwanken. Wendet man die ursprüngliche K-Linkage-Methode an, beobachtet man derartige Schwankungen, und deshalb hat man den A(I)-Wert als den Mittelwert der 2K kleinsten Abstände jedes Individuums umdefiniert. Diese neue Definition kann man als eine Art 'Glättungsprozedur' betrachten, bei der der Mittelwert der 2K kleinsten Abstände als ein Schätzwert der Stichprobe für den K kleinsten Abstand eines Individuums benutzt wird, der dann als lokaler Schätzwert für die Größe der Kugel dient, die das Individuum mit K anderen Punkten umschließt.

Der Parameter LINK ermöglicht die beiden alternativen Definitionen von A(I). Wenn LINK = blank, ist A(I) der Mittelwert der 2K kleinsten Abstände für I. Wenn LINK = nonblank, ist A(I) der K kleinste Abstand für I.

PROBABILISTISCHE INTERPRETATION

Für einen Linkage-Parameter K und einen Dichteschwellenwert R kann man sich eine Kugel vom Radius R um jeden Punkt vorstellen. Jene Kugeln, die K oder mehr Punkte enthalten, nennt man 'dicht'. Bei einer großen Population kann man annehmen, daß die Stichprobenverteilung der Punkte sich einer zusammengesetzten stetigen Dichtefunktion F approximiert. Die dichten Punkte liegen im Gebiet hoher Dichte oder Wahrscheinlichkeit, und die Umhüllende jener Kugeln, die dichte Punkte umschließen, kann als ein Stichprobenschätzwert des Volumes aufgefaßt werden, das von der probabilistischen Oberfläche F=P eingeschlossen wird, wobei P irgendeine unbekannte Wahrscheinlichkeit ist, die von K, R und N bestimmt wird.

Wenn F=P eine einzige, zusammenhängende Fläche ist, dann ist die Verteilung unimodal, und man kann folgern, daß die Population nicht in 'natürliche' Klassen unterteilt werden kann. Ist F bi- oder multimodal, dann entspricht jeder Modus einer 'natürlichen' Unterklasse der Population auf dem Niveau P. Überdies kann man durch das Variieren von P eine Reihe ineinandergeschachtelter Modi gewinnen, die eine hierarchische Klassifikation der Population darstellen können. (Die verschiedennen Niveaus könnten z.B. Stämme, Klassen, Ordnungen, Familien, Gattungen und Arten darstellen.) Verschiedene Werte von P werden durch monotones Erhöhen des Abstandsschwellenwertes R gewonnen. Mit fortschreitendem Algorithmus expandiert die Umhüllende im selben Maße, wie sich die Oberfläche F=P ausbreiten würde, wenn P monoton abnimmt. Wenn in irgendeinem Stadium dieses Prozesses zwei klar abgegrenzte Flächen verschmelzen, werden die beiden Modi vereinigt, und die Anzahl der Subklassen verringert sich um eins. Solche Fusionen werden bei den Schritten (3) und (4) des Algorithmus erzielt.

Eine interessante Eigenschaft dieser Methode ist die, daß es immer genau einen Cluster sowohl zu Beginn als auch am Ende der Analyse gibt. Manchmal wird nur ein Cluster gefunden, aber gewöhnlich nimmt die Anzahl der Clusterkerne bis zu einem Maximum zu, ehe die erste Fusion erfolgt. Man vermutet, daß diese maximale Clusteranzahl dem niedrigsten 'natürlichen' Niveau der Klassifikation entspricht, das überhaupt möglich ist.

STEUERUNG DER AUSGABE

Unechte Klassifikationen werden gelegentlich erzeugt, wenn ein Individuum oder eine sehr kleine Gruppe von Individuen einen neuen Clusterkern bildet und dann fast unmittelbar mit einem größeren Clusterkern verschmilzt. Die Ursache dafür liegt in der Existenz eines kleineren Modus, der sehr eng mit einem größeren Modus verknüpft ist, und man glaubt, daß solche kleineren Modi durch die ungewöhnlich dichte Gruppierung einiger weniger Individuen innerhalb eines ansonsten einheitlich dichten Gebietes verursacht werden können. Die 2K Average Distance-Option wirkt diesem Effekt ein wenig entgegen. Man fand aber, daß es bei der ursprünglichen Methode nötig war, die Ausgabe von kleinen Cluster-Gruppierungen zu unterdrücken, dadurch daß man einen Parameter für minimale Clustergröße einführte (MINFUS). Mit MINFUS werden nur Klassifikationen erzeugt, wenn die Anzahl der Punkte in den Clustern, die fusioniert werden, den Wert von MINFUS übersteigt.

ENDEBEDINGUNGEN

Das 'Enclosure Ratio' (Einschlußverhältnis) wird definiert als:

ENC = (Anzahl der Individuen in den Nuclei-Clustern)/N

Die gibt einen Hinweis über die Kompaktheit der Clusterkerne - große ENC-Werte gehören zu stabilen Klassifikationen.

Der Benutzer kann mit MINC und PERC Endebedingungen angeben. MINC ist die minimale Anzahl der gewünschten Cluster (gewöhnlich MINC = 1). PERC ist das minimale Einschlußverhältnis, bei dem die Analyse abgebrochen werden soll (gewöhnlich PERC = 0.8). Die Analyse endet, wenn die Anzahl der Cluster nicht größer ist als MINC und das Einschlußverhältnis PERC übersteigt.

ZUSAMMENFASSUNG DER EINGABEPARAMETER UND DER DEFAULT-OPTIONEN

Blank-Parameter werden vom Programm durch Default-Optionen ersetzt, die eine Standardanalyse bewirken. Diese Default-Optionen sind folgende:

MINC=1
PERC= 0.8
ION=blank (Nuclei-Klassifikationen werden nicht erzeugt)
LINK=blank (2K Average Linkage-Kriterium wird benutzt)

und die Parameter K und MINFUS werden entsprechend der Größe der Population wie folgt bestimmt:

Populationsgröße(N)	K	MINFUS
bis 30	1	1
31-90	2	2
91-300	3	3
über 300	4	4

Eine brauchbare Mode Analysis erhält man fast immer mit einer leeren Parameterkarte.

MODE-SPEZIFIKATIONEN

Spalten	Name	Format	üblicher Wert	Bedeutung
1-2	K	I2	blank	Dichteparameter K.
3-4	MINC	I2	blank	Minimale Anzahl der interessierenden Cluster.
5-6	MINFUS	I2	blank	Minimale Clustergröße für die Ausgabe der Klassifikationen.
7-11	PERC	F5.3	blank	Minimales Enclosure Ratio (Einschlußverhältnis) um die Analyse zu beenden.
12	ION	A1	blank	Wenn ION=nonblank, werden sowohl die Nuclei-Klassifikationen als auch die vollständigen Klassifikationen ausgegeben.
13	LINK	A1	blank	Wenn LINK=blank, wird der Ähnlichkeitsschwellenwert aus dem Mittelwert der 2K größten Ähnlichkeiten bestimmt. Wenn LINK=nonblank wird die K größte Ähnlichkeit verwendet.

Man beachte, daß alle Blank-Parametereingaben durch Standardwerte ersetzt werden.

DECKAUFBAU

MODE setzt eine von CORREL berechnete oder von DISTIN gespeicherte Ähnlichkeitsmatrix voraus. Der Wert von K darf KMAX/2 nicht überschreiten, wobei KMAX die Länge der K-Linkage-Listen ist, die von CORREL oder DISTIN gespeichert wurden. Die Eingabe zu MODE ist wie folgt:

MODE
Parameterkarte

KURZLAUF

FILE
Titelkarte
Karte B Parameter
Karte C Formatangaben
Datendeck
CORREL
Leere Parameterkarte
MODE
Leere Parameterkarte
.. .. ..
STOP

Dieser CLUSTAN-Job liest die Daten, berechnet eine Abstandsmatrix und eine vollständige Mode Analysis mit den Standard-Parameterwerten. Dem MODE-Schritt kann RESULT folgen, um die Clusterdiagnostik für die MODE-Klassifikationen auszudrucken, oder SCATTER, um Clusterdiagramme zu zeichnen.

LITERATUR 9 49 50 52 53 58

KAPITEL 15
PROZEDUR DENSITY

ZWECK

Schätzung aller Modi einer multivariaten Stichprobendichte. Diese Methode ist verwandt mit der Mode Analysis.

VERGLEICH MIT DER MODE ANALYSIS

Ein großer Nachteil der Mode Analysis ist ihr Unvermögen sowohl große als auch kleine Cluster gleichzeitig zu erkennen. Ein kleiner Radius R kann zwei große disjunkte Modi erkennen, ohne eine dritte kleinere aber distinkte Gruppierung zu finden, weil keiner ihrer Punkte sich als dichte Umgebung qualifizieren kann. Wenn umgekehrt ein größeres R angegeben wird, würde der kleine Cluster gefunden werden, aber die beiden großen Modi werden vereinigt. Dieses Problem hängt mit der stetig zusammengesetzten Dichte zusammen. Wo der Modalwert einer kleinen Dichte A niedriger ist als der Sattelpunkt zwischen zwei größeren Dichten B und C, würde ein Statistiker die Daten zweifellos als ein Gemisch dreier Dichten betrachten, wohingegen die Mode Analysis bei einem Schwellenwert nur die Modi B und C erkennen würde und die Modi BUC und A bei einem andern. Die Schwäche der Mode Analysis liegt darin, daß sie nicht erkennen kann, daß ein Cluster bei einem hohen Dichteniveau der Kern eines Modus ist, der auf die niedrigeren Dichteniveaus als eine distinkte Population übertragen werden sollte.

Für die Prozedur DENSITY werden monoton zunehmende Radien R gewählt, um kugelförmige Nachbarschaften von Punkten zu definieren, die für einen festen K-Wert eine monoton abnehmende Dichte haben. Jeder isoliert stehende Cluster wird so betrachtet, als stelle er den Kern eines Modus dar. Solche Punktgruppierungen können durch Hinzunahme neuer Punkte wachsen, sowie der Dichteschwellenwert abnimmt. Wenn sich die kugelförmigen Nachbarschaften zweier wachsender Cluster bei irgendeinem größeren Radius so schneiden, daß sie von der Mode Analysis fusioniert würden, dann wird das Fusionsniveau vermerkt, ohne daß jedoch die Cluster vereinigt werden.

Die Wirkung auf eine zusammengesetzte Population, so wie im obig angegebenem Beispiel dreier Modi A, B und C, ist die Modi bei allen Niveaus aufzulösen und gleichzeitig jene Dichten zu registrieren, bei denen zwei beliebige sich überschneidende Modi von der Mode Analysis vereinigt worden wären. Dies ist ein nützlicher Pluspunkt und ein Hinweis, ob zwei Populationen gut getrennt sind, indem die Dichten der Modi mit der Dichte am Sattel verglichen werden.

Als passenden Vergleich kann man sich vorstellen, daß die Cluster von disjunkten Umhüllenden sich schneidender Kugeln beschrieben werden, wobei jede Umhüllende aus einer anderen, sich gegenseitig nicht löslichen Substanz besteht. Wenn zwei solche Umhüllende aufeinandertreffen, bilden sie wegen ihrer gegenseitigen Unlöslichkeit keinen großen gemeinsamen Cluster, sondern bleiben getrennt. Die Umhüllenden vergrößern sich wie wachsende Cluster-"Kulturen". In dem Maß wie der Dichteschwellenwert abnimmt, wird der Stichprobenraum zunehmend von Clustern angefüllt, während die die Cluster trennenden Zwischenbereiche ihre Sattelflächen minimaler Dichte beschreiben.

Es folgt ein Beispiel eines vollständigen Clusterprozesses, der von DENSITY für 9 Fälle ausgeführt wurde und bei dem nur 2 Cluster angezeigt sind:

```
CLUSTERING PROCESS

STEP  1 POINT  5 INITIATES NEW CLUSTER CENTRE AT DENSITY 2.495
STEP  2 POINT  8 JOINS CLUSTER    5 AT DENSITY ESTIMATE   3.050
STEP  3 POINT  6 JOINS CLUSTER    5 AT DENSITY ESTIMATE   3.050
STEP  4 POINT  7 JOINS CLUSTER    5 AT DENSITY ESTIMATE   3.050
STEP  5 POINT  9 JOINS CLUSTER    5 AT DENSITY ESTIMATE   3.604
STEP  6 POINT  2 INITIATES NEW CLUSTER CENTRE AT DENSITY 3.882
STEP  7 POINT  3 JOINS CLUSTER    2 AT DENSITY ESTIMATE   3.882
STEP  8 POINT  1 JOINS CLUSTER    2 AT DENSITY ESTIMATE   3.882
STEP  9 POINT  4 JOINS CLUSTER    2 AT DENSITY ESTIMATE   4.991

FINAL CLASSIFICATION ARRAY

DENSITY STEP   1 FINAL CLASSIFICATION.  NUMBER OF CLUSTERS=  2
    2    2    2    2    5    5    5     5    5
```

DICHTESCHÄTZER

Die Originalprozedur für die Mode Analysis verwendete ein Ordnen der Punkte nach ihren K kleinsten Abstand, um die Reihenfolge zu bestimmen, in der sie dicht werden. Geglättete Schätzer des K kleinsten Abstands von jedem Punkt wurden eingeführt, wobei der Mittelwert der 2K kleinsten Abstände als grober Schätzer für den 'wahren' Wert des K kleinsten Abstands benutzt wird.

Später fand man, daß dieser geglättete Schätzer nicht erwartungstreu ist. Für die Prozedur DENSITY wurde der Mittelwert der 2K-1 kleinsten Abstände als Dichteschätzer hergenommen. Dabei wird die Annahme gemacht, daß sich die wahre Dichte in der nächsten Nachbarschaft des Punktes entweder linear oder einheitlich ändert. Bei einem Modus ist der Schätzer zu groß, während er bei einem Sattel zu klein ist. Das Maß bewirkt deshalb eine gewisse Nivellierung der Modi und Sättel der Verteilung. Während das den unerwünschten Effekt haben könnte, stark überlappende Verteilungen nicht zu unterscheiden, hat es den Vorteil, einen viel glatteren Bereich von Schätzern für zunehmende Werte von K zu liefern.

Die resultierenden Dichteschätzer werden in absteigender Reihenfolge ausgegeben. Es folgt ein Beispiel für die Ausgabe, die für K=3 erzeugt wird:

```
AVERAGE OF 5 K-LINKAGE LISTS USED AS DENSITY ESTIMATE

ORDERED DENSITY ESTIMATES ARE:

POINT   5     8     6     7     9     2     3     1     4
VALUE   2.50  3.05  3.05  3.05  3.60  3.88  3.88  3.88  4.99
```

Beide Optionen sind in der Prozedur DENSITY durch die Wahl des Parameters LINK möglich. Wenn LINK=blank, wird der Mittelwert der 2K-1 kleinsten Abstände berechnet, und ansonsten wird der K kleinste Abstand als Dichteschätzer benutzt.

MODIFIZIERTES DENDROGRAMM

Die Ergebnisse sowohl von MODE als auch von DENSITY können gut durch ein einziges Dendrogramm dargestellt werden, das leicht von der Standard-Darstellungsform für agglomerative Methoden abweicht. Jeder Cluster der DENSITY-Methode wird durch einen vollständigen Teilbaum dargestellt, wobei das Dichteniveau angezeigt wird, bei dem die dazugehörigen Elemente dicht werden und zur Gruppe hinzukommen. Dies sieht immer wie ein Dendrogramm für ein Single Linkage Clustering aus, das Verkettung aufweist.

Als nächstes wird das Dichteniveau, bei dem Clusterpaare von der Mode Analysis vereinigt würden, mittels gepunkteter Linien angezeigt, die die Dendrogramm-Teilbäume verbinden. Der Gebrauch gepunkteter Linien betont, daß diese Vereinigungen bei DENSITY nicht stattfinden und hebt die Anzahl der distinkten Teilbäume (Modi) hervor, die abgetrennt werden konnten. Wenn nur ein geringer Unterschied zwischen dem Dichteniveau besteht, bei dem ein Mode-Kern zuerst erzeugt wird, und dem Niveau, bei dem er sich später mit einem anderen Cluster vereinigt, so könnte der Benutzer daraus ableiten, daß das die Folge einer vernachlässigbaren Stichprobenschwankung innerhalb einer einfachen Verteilung ist. Andererseits kann ein beträchtlicher Unterschied in den Dichteniveaus beim Modus und Sattel als Hinweis auf die Existenz stabiler, disjunkter Verteilungskomponenten gedeutet werden, und dann sollten die Cluster einzeln untersucht werden.

Die Dichteniveaus, bei denen Cluster fusionieren, sind stets höher als die Niveaus, bei denen die letzten Elemente dicht werden. Wenn TREE zum Ausdrucken des Dendrogramms benutzt wird, sollte man den Ausgabestil 2 wählen, da der Baum ansonsten die letzten Clusterfusionen als unsaubere Umkehrungen darstellen würde. Ein Beispiel eines solchen Dendrogramms wird in Kapitel 11 gegeben.

TESTEN AUF NATÜRLICHE CLUSTER

Es sollte möglich sein, eine Methode zur Bestimmung des Dichteschätzfehlers bei verschiedenen Niveaus für verschiedene Cluster zu entwickeln und dies als Grundlage für einen Konfidenztest zur Trennung zweier Modi zu nehmen. Ein solcher Test müßte wahrscheinlich auf jeden Cluster getrennt angewendet werden, da der optimale Radius für eine kugelförmige Nachbarschaft eine Funktion der tatsächlich zugrundeliegenden Dichte ist, die von einem Punkt zum andern schwankt. Er könnte sich als ein Abriß-Dichtepunkt im Teilbaum zeigen, unterhalb dessen alle MODE-Fusionen betroffen wären, und oberhalb dessen alle MODE-Fusionen als Hinweis für das Vorhandensein einer zusammenhängenden Dichte gelten würden. Einen weiteren Abriß könnte man als ein Zeichen für das Auftreten von Ausreißern deuten, die wegen Datenfehlern oder aus anderen Gründen nicht in die Klassifikation hineinfallen.

Wir bieten dieses Problem als Herausforderung den Statistikern an, die die theoretische Grundlage dieser Methode weiter entwickeln möchten.

DEFAULT-WERTE FÜR DIE DICHTEPARAMETER

Blank-Parameter werden vom Programm durch Default-Optionen ersetzt, die eine Standardanalyse auslösen. Diese Default-Optionen sind folgende:

Größe der Population (N)	K	2K-1
bis zu 30	3	5
31-90	4	7
91-300	5	9
über 300	6	11

Man beachte, daß der in CORREL und DISTIN verwendete Default-Wert KMAX=9 genügt, den Mittelwerte der 2K-1 größten Ähnlichkeiten für Werte bis zu K=5 zu berechnen. Wenn größere Werte von K getestet werden sollten, müßte KMAX erhöht werden.

DENSITY-SPEZIFIKATIONEN

Spalten	Name	Format	üblicher Wert	Bedeutung
1-2	K	I2	blank	Dichteparameter K.
3	LINK	A1	blank	Wenn LINK=blank, wird die Ähnlichkeitsschwelle aus dem Mittelwert der 2K-1 größten Ähnlichkeiten gewählt. Wenn LINK=nonblank, wird die K größte Ähnlichkeit benutzt.

DECKAUFBAU

DENSITY erwartet, daß von CORREL eine Ähnlichkeitsmatrix berechnet oder von DISTIN gespeichert wurde. Der Wert K darf KMAX/2 nicht übersteigen, wobei KMAX die Anzahl der von CORREL oder DISTIN gespeicherten K-Linkage-Listen ist.

Die Eingabe zu DENSITY ist wie folgt:

DENSITY
Parameterkarte

KURZLAUF

FILE
Titelkarte
Karte B Parameter
Karte C Formatangaben
Datendeck
CORREL
Leere Parameterkarte
DENSITY
Leere Parameterkarte
TREE
2
.. ..
STOP

Dieser CLUSTAN-Job liest die Daten ein, berechnet eine Abstandsmatrix und führt eine DENSITY-Analyse mit den Standard-Parameterwerten aus. Das Dendrogramm für die DENSITY-Analyse wird von TREE ausgedruckt, wobei der für DENSITY empfohlene Non-Standard-Ausgabestil 2 gewählt wird. Dem TREE-Schritt kann ein RESULT-Schritt folgen, um Clusterdiagnostik für die DENSITY-Klassifikationen auszugeben, oder SCATTER, um Clusterdiagramme zu zeichnen.

LITERATUR 58 69

KAPITEL 16
PROZEDUR DIVIDE

ZWECK

Monothetisch divisive Prozedur zur Optimierung von 12 Inter-Cluster-Ähnlichkeitskriterien und 7 Standardmethoden einschließlich der Information Analysis und der Association Analysis. Diese Prozedur ist nur für binäre Daten geeignet.

METHODE

Angenommen, es werden M binäre Merkmale einer Population aus N Objekten gemessen, und es sei irgendein Cluster aus P Objekten gegeben, so kann die günstigste Teilung des Clusters in zwei Untermengen im Sinne des Vorhandenseins oder Nicht-Vorhandenseins eines binären Merkmals T gefunden werden; d.h. eine Untermenge wird jene Objekte enthalten, die T besitzen, und die andere wird jene Objekte enthalten, denen T fehlt. Das Merkmal T wird so ausgewählt, daß die Ähnlichkeit zwischen den zwei Clustern S(+T,-T) minimiert wird in Form des Ähnlichkeitskriteriums, das über alle Merkmale gemessen wird.

Der erste Ansatz zur Monothetic Division (der der Association Analysis) sollte zuerst den Gesamtcluster aus N Objekten in zwei Cluster aufspalten, dann die Untermenge auf dem positiven Zweig (die Untermenge, die sich durch das Vorhandensein von T auszeichnet) in zwei Untermengen weiter aufteilen und auf diese Weise entlang des positiven Zweiges so lange fortfahren, bis eine Stop-Regel angewendet werden kann. Anschließend erfolgt das gleiche Verfahren auf dem negativen Zweig, bis wiederum die Stop-Regel angewendet werden kann usw., bis der vollständige hierarchische Division-Baum erhalten ist. Diese Methode ist vom Rechnerischen her wirkungsvoll, vom Standpunkt des Programmierens jedoch umständlich, weil für jeden Ähnlichkeitskoeffizienten passende Stop-Kriterien definiert werden müssen. Für den Fall der Association Analysis sind mehrere Stop-Regeln vorgeschlagen worden. Vom Standpunkt des Definierens statistischer Signifikanztests sind scharfe Stop-Regeln wünschenswert und werden im Laufe der Zeit auch entwickelt werden, aber zum gegenwärtigen Zeitpunkt der Klassifikationstheorie scheinen empirische Entscheidungen nötig zu sein. Die beiden einfachsten Regeln sind:

a) Man wähle eine Teilung, die einen signifikanten 'Sprung' im Ähnlichkeitswert verursacht, oder
b) Man gebe von vornherein eine gewisse Anzahl von Gruppen vor und schätze dann ab, ob sie aus empirischen Überlegungen her 'sinnvoll' sind.

Die Prozedur DIVIDE wurde für die Monothetic Division nach zwei Verfahren entwickelt: 'Nested Division' und 'Hierarchic Division'. Beide Verfahren beginnen damit, die Population in zwei Untermengen aufzuteilen. Die Nested Division teilt dann diese zwei Cluster optimal, so daß vier Cluster entstehen, teilt diese vier Cluster dann in acht usw., bis 'NDIV' Division-Schritte beendet sind. Es wird nun maximal 2**NDIV Cluster geben (ein Maximum deshalb, weil manche Teilungen eine Untermenge aus nur einem Objekt oder eine Gruppe aus identischen Objekten, die nicht mehr weiter unterteilbar ist, liefern kann).

Hierarchic Division untersucht jeden der ersten beiden Cluster auf ihre optimalen Teilbarkeiten und wählt dann jenen Cluster, der bei der Teilung die zwei unähnlichsten Untermengen liefert. Die Methode sucht dann optimale Teilungen für diese zwei Subcluster und vergleicht die drei vorhandenen Cluster, um zu entscheiden, welche der drei möglichen Teilungen am vorteilhaftesten sei. Diese Prozedur entspricht einer Umgekehrung der hierarchischen Fusion mit dem Unterschied, daß sie das Teilen beendet, wenn KB endgültige Cluster vorliegen. Nachteilig daran ist, daß optimales Teilen ein 'Vorausschauen' auf alle möglichen Unterteilungen erfordert. Hat man folglich KB endgültige Cluster gefunden, dann sind KB zusätzliche Teilungen unnötigerweise untersucht worden. Die Prozedur druckt jedoch eine Zusammenfassung dieser nächsten Teilungen aus, so daß der Aufwand nicht völlig umsonst war.

Es folgt ein Beispiel der Association Analysis und des Classification Array, der aus der ersten Teilung aufgrund des Merkmals 7 resultiert:

```
CLUSTER 1 SIZE  9 DIVIDES ON ATTRIBUTE  7 AT COEF  16.2771

- SUBSETS ARE  1 SIZE  4 (+ 7) AND  2 SIZE  5 (- 7)

DIVIDE HIERARCHIC STEP  1 ICOEF=-1 SPLIT CLUSTER  1 AT COEF  16.277
   2   2   2   2   1   2   1   1   1
```

STANDARD-METHODEN

Zusätzlich zu den 12 CLUSTAN-Ähnlichkeitskoeffizienten, die zur Teilung benutzt werden können, kann DIVIDE noch 7 andere divisive Prozeduren rechnen. Monothetic Division zur Minimierung der Summe der Fehlerquadrate erhält man mit ICOEF=25. Divisive Information Analysis - jetzt die Standardmethode der Canberra School - erhält man mit ICOEF=40. DIVIDE liefert auch zwei Varianten der Association Analysis ($\sum\chi^2$ and $\sum\sqrt{\chi^2}$), zwei 'Empirische Koeffizienten', die von Lance und Williams ($\Sigma\,|AD-BC|$, $\Sigma\,(AD-BC)^2$) besprochen werden und die 'Group Analysis'-Methode von Crawford und Wishart, die die 'Interaction Statistic' optimiert.

Standardmethoden erhält man mit ICOEF folgendermaßen:

ICOEF	Methode
25	Minimum error sum of squares
40	Divisive information analysis
-1	Association analysis using $\sum\chi^2$
-2	Association Analysis using $\sum\sqrt{\chi^2}$
-3	Empirical coefficient $\Sigma\,|AD-BC|$
-4	Empirical coefficient $\Sigma(AD-BC)^2$
-5	Group analysis with interaction statistic

DIVISION-BAUM

Der Division-Baum, den man entweder aus der geschachtelten oder hierarchischen Teilung erhält, kann durch die Prozeduren PLINK oder TREE bei einem späteren Schritt des laufenden CLUSTAN-Jobs gezeichnet werden. Die Daten des Division-Baums können auch von der Prozedur TREE auf Karten gestanzt werden, so daß er über die Karteneingabe bei einem späteren CLUSTAN-Job gezeichnet werden kann.

RECHENMETHODE

Der erste Schritt besteht darin, die binären Merkmals-Strings in binäre Objekt-Strings umzuwandeln. Um die optimale Teilung für einen speziellen Cluster P der Größe NP zu bestimmen, werden die Häufigkeiten der unmaskierten Merkmale für die Cluster-Untermenge P berechnet, indem das ursprüngliche binäre Datafile durchsucht wird. Hierauf wird jedes Merkmal, dessen Häufigkeit 0 oder NP ist, für diese Untermenge maskiert, da ein solches Merkmal keine lohnende Teilung liefern kann. Für jedes unmaskierte Merkmal T wird die Merkmalshäufigkeit für die Untermenge des Clusters P berechnet, die jene Fälle beinhaltet, bei denen T vorhanden ist.

Durch Subtraktion erhält man dann die Merkmalshäufigkeiten für die komplementäre Untermenge (jene Fälle in P, denen T fehlt), und die Unähnlichkeit zwischen den Untermengen in Form des Ähnlichkeitskriteriums wird berechnet. Nachdem alle zur Teilung beitragenden Merkmale betrachtet worden sind, teilt die Prozedur die Untermenge P aufgrund des Merkmals T, für das die Ähnlichkeit S(+T,-T) ein Minimum ist (d.h. maximale Unähnlichkeit).

Für die Association Analysis und die Empirical Statistics (Optionen -1 bis -4) werden alle Paare unmaskierter Merkmale in Betracht gezogen, und die optimale Teilung wird durch die von Williams und Lambert aufgestellten Regeln bestimmt.

Die schnellste monothetische Division erhält man mit der Group Analysis, wobei das ursprüngliche binäre Datafile nur zweimal nach einer Cluster-Untermenge abgesucht wird; einmal um den 'charakteristischen Vektor' zu berechnen und zum zweiten Mal, um Objekt-'Potentiale' und die Interaction Statistic zu berechnen (siehe Crawford und Wishart).

TRACE-FUNKTION

Setzt man den Parameter ITRACE=nonblank, erhält man eine detaillierte Aufschlüsselung der Struktur eines jeden Clusters, so wie er für die Teilung betrachtet wird. Für die Group Analysis liefert die Trace die Merkmalshäufigkeiten, GEP, SEP und die Wechselwirkungen zusammen mit dem Gruppenkoeffizienten, der maximalen Wechselwirkung und dem Teilungsmerkmal. Bei den Varianten der Association Analysis (ICOEF=-1 bis -4) werden für jedes Merkmal die Häufigkeiten und die Gesamtsumme der Koeffizienten zusammen mit der maximalen Merkmalssumme und dem maximalen Einzelkoeffizienten ausgegeben (wird manchmal von Williams und Lambert als Stop-Kriterium benutzt). Für den Fall der Standard-CLUSTAN-Ähnlichkeitskoeffizienten (positives ICOEF) gibt die Trace Merkmalshäufigkeiten und die Koeffizienten zwischen den Cluster-Untermengen aus, die für jedes Merkmal J durch (+J) und (-J) definiert sind.

Es folgt ein Beispiel der Trace, die für die Association Analysis erstellt wurde, wobei das Merkmal 7 als eines von dreien identifiziert wurde, das für die Teilung in Frage kommen könnte:

```
TRACE CLUSTER  1 SIZE  9 NUMBER OF DIVISIBLE ATTRIBUTES=  7
TRACE DIVISION ATTRIBUTE=  7 HIGHEST SUM=  16.2771 HIGHEST SINGLE
                COEFFICIENT=  3.6000 BETWEEN ATTRIBUTES  7  1
```

```
TRACE ATTRIBUTE FREQUENCIES
TRACE   3   3   0   3   7   0   4   4   4
TRACE COEFFICIENT SUMS
TRACE    15.6214    15.6214    0.0    15.6214    1.0607    0.0
TRACE    16.2771    16.2771    16.2771
```

GROUP ANALYSIS

Spätere Versuche mit der Group Analysis zeigten, daß die maximale Merkmalswechselwirkung, die dazu benutzt wird, das beste Merkmal für die Teilung eines Clusters zu bestimmen, auch ein besseres Stop-Kriterium ist als der Gruppenkoeffizient, der in der Originalveröffentlichung der Methode empfohlen wird. In der Prozedur DIVIDE ist der Koeffizientenwert, der für jeden Cluster angegeben wird, die maximale Merkmalswechselwirkung. Gruppenkoeffizienten werden nur ausgegeben, wenn eine Trace angefordert wird.

ASSOCIATION ANALYSIS (OPTIONEN ICOEF=-1 BIS -4)

Die ausgedruckten Koeffizientenwerte entsprechen jeweils der maximalen Merkmalssumme eines gegebenen Clusters; d.h. der max $\sum\chi^2$, der max $\sum\sqrt{\chi^2}$, der max $\Sigma|(AD-BC)|$ beziehungsweise der max $\Sigma(AD-BC)^2$. Wenn es für den Fall der hierarchischen Division K Cluster gibt, spaltet die Prozedur DIVIDE jenen Cluster, dessen maximale Merkmalssumme für alle K Cluster am größten ist. Wenn irgendein Merkmal für einen Cluster die Summenhäufigkeit null oder eins aufweist, dann zeigen die Trace-Werte für die Häufigkeit null und für die Koeffizientensumme -999.999 an.

Die Definition für χ^2 ist wie folgt:

$$\frac{N(AD-BC)^2}{(A+B)(A+C)(B+D)(C+D)}$$

wobei N die Clustergröße und A,B,C,D die konventionellen Zellenbesetzungen in der Vierfeldertafel des Merkmals I gegen das Merkmal J sind (A= Anzahl der Objekte im Cluster, die sowohl I als auch J besitzen). Diese χ^2 -Koeffizienten werden (entsprechend der Empfehlung von MacNaughton-Smith) ohne die Yates'-Korrektur berechnet. Das Programm spaltet jeden gegebenen Cluster genauso, wie es in den publizierten Varianten der Association Analysis geschieht (ohne Yates'-Korrektur). Lediglich die Reihenfolge der Teilung und die Darstellung der resultierenden Hierarchie unterscheidet sich von dem, was man durch hierarchische Division erhält.

BESCHREIBUNG DER EINGABE

Das Deck A beschreibt die Daten, die ohne Maskierung oder mit einer partiellen Maskierung des binären Modus zu benutzen sind. Die Spezifikationen für MSKB und die partiellen Maskierungskarten sind die gleichen wie die bei der Prozedur CORREL.

Die Karte B enthält die DIVIDE-Parameter. Die 'Nested Division'-Prozedur führt NDIV hierarchische Division-Schritte aus, um den Koeffizienten ICOEF zu optimieren, und am Ende jedes Schrittes werden die Classification Arrays ausgegeben. 'Hierarchic Division' erhält man, wenn KA und KB angegeben werden, wobei die Prozedur aufhört, wenn KB endgültige Cluster vorliegen. Die Classification Arrays werden für alle Gruppierungen von KA bis KB Cluster auf CLUSDECK ausgegeben.

DIVIDE-SPEZIFIKATIONEN

DECK A - KARTE 1

Spalten	Name	Format	üblicher Wert	Bedeutung
1-3	MSKB	I3	0	Anzahl der zu maskierenden binären Merkmale.

DECK A - KARTEN 2,3,.. (ERÜBRIGT SICH, WENN EINE PARTIELLE MASKIERUNG NICHT ERFORDERLICH IST)

Spalten	Name	Format	üblicher Wert	Bedeutung
1-80	MASKP	20I4	-	Die Code der zu maskierenden MSKB Merkmale. Wenn MSKB=0, können diese Karten weggelassen werden.

KARTE B (NESTED DIVISION)

Spalten	Name	Format	üblicher Wert	Bedeutung
1-2	ICOEF	I2	25 oder 40	Code des Ähnlichkeitskoeffizienten (siehe Tabelle), oder Code der Standardmethode (siehe oben).
3-5	NDIV	I3	3	Anzahl der auszuführenden Division-Schritte. Damit erhält man gewöhnlich nach dem letzten Schritt NDIV**2 Cluster.
9	ITRACE	A1	blank	Wenn ITRACE=nonblank, wird die Trace-Funktion aufgerufen; verschiedene zusätzliche Statistiken werden für jeden Cluster ausgegeben, der zur Teilung in Betracht gezogen wird.

KARTE B (HIERARCHIC DIVISION)

Spalten	Name	Format	üblicher Wert	Bedeutung
1-2	ICOEF	I2	25 oder 40	Code des Ähnlichkeitskoeffizienten oder Standardmethode.

3-5	KA	I3	2	Minimale Anzahl der interessierenden Cluster.
6-8	KB	I3	8	Maximale Anzahl der interessierenden Cluster.
9	ITRACE	A1	blank	Trace-Funktion - wie oben.

DECKAUFBAU

DIVIDE braucht ein CLUSTAN-Datafile, daß von der Prozedur FILE mit binären Daten erstellt wurde. Eine Ähnlichkeitsmatrix ist nicht nötig. Die Eingabe zu DIVIDE ist wie folgt:

DIVIDE
Deck A - Maskierungsparameter
Karte B - Division-Spezifikationen
Leerkarte

Wenn mehr als ein DIVIDE-Lauf während des Schrittes nötig ist, kann die Karte B wiederholt werden. DIVIDE endet, wenn die Leerkarte anstelle der Karte B gelesen wird.

KURZLAUF

```
FILE
Titelkarte
Karte B Parameter
Karte C Formatangaben
Datendeck
DIVIDE
  0
25  2  8
Leerkarte
```

Diese Parameter setzen voraus, daß keine Maskierung zu verwenden ist, und werden die Summe der Fehlerquadrate durch hierarchische Division optimieren. Die Gruppierungen werden auf Classification Arrays von 2 bis hinunter zu 8 Cluster ausgegeben.

LITERATUR 10 11 13 17 18 21 25 26 45-47

KAPITEL 17
PROZEDUR KDEND

ZWECK

Prozedur für die Jardine-Sibson Clustermethode B_k, die aus einer ultrametrischen Transformation der Ähnlichkeitsmatrix hervorgeht. Es können nicht mehr als 60 Objekte berücksichtigt werden.

GRAPHENTHEORETISCHE BESCHREIBUNG

Angenommen, für eine Population aus N Objekten wird eine passende Ähnlichkeitsmatrix berechnet, und ein Linkage-Parameter k sowie ein Ähnlichkeitsschwellenwert H werden vorgegeben. Jedes Objekt wird durch einen Knoten auf einem Graphen dargestellt und alle Knotenpaare, die Objektpaaren entsprechen und eine Ähnlichkeit von mindestens H besitzen, werden verbunden. Die Methode sucht zunächst nach maximal vollständigen Subgraphen; d.h. die größten Objektuntermengen, bei denen alle Knotenpaare verbunden sind. Danach werden außerdem noch alle Paare maximal vollständiger Subgraphen verbunden, die sich in mindestens k Knoten schneiden (d.h. die fehlenden Verbindungen zwischen den Subgraphen werden gezogen). Wenn keine weiteren Verbindungen mehr gezogen werden können, ist die überlappende Klassifikation für die Population bei (k,H) nach Jardine-Sibson gefunden worden.

Irgendwelche zwei verschiedenen Cluster können sich bis auf (k-1) Objekte überlappen. Den Clustern wird keine Varianzbeschränkung auferlegt, da eine genügend dichte Punktmenge eine Kette von verbundenen Subgraphen beliebiger Form oder Varianz erzeugen wird. Daraus folgt, daß die Methode vom Typ der 'natürlichen Klasse' ist und übrigens der Mode Analysis sehr ähnelt. Für k=1, gibt es keine Überlappung, und die Methode entartet zu Single Linkage.

JARDINE-SIBSON ALGORITHMUS

Der folgende Algorithmus von Jardine und Sibson enthält eine numerische Darstellung der k-Partitionierung in Form von Transformationen der Ähnlichkeitsmatrix D, um die ultrametrische Matrix U zu bekommen.

1. Die Matrix D wird einmal durchlaufen, um alle möglichen Untermengen zu finden, die genau (k+2) Objekte enthalten.

2. Für jede Untermenge wird die kleinste und die zweitkleinste Ähnlichkeit H1 bzw. H2 bestimmt. Wenn H1 kleiner ist als H2, wird H1 durch H2 in D ersetzt. Wenn H1=H2, bleibt D unverändert.

3. Schritt 2 wird bei allen Subgraphen aus (k+2) Objekten während eines Scans von D wiederholt, und D wird so lange durchlaufen, bis jede Untermenge ein nicht eindeutiges Ähnlichkeitsminimum besitzt. Diese Bedingung ist erreicht, wenn während eines vollständigen Scans keine weiteren Transformationen der Elemente von D mehr erfolgen. Die reduzierte Matrix ist nun die ultrametrische Matrix U.

4. Bei igendeinem Ähnlichkeitsniveau H bilden die Cluster maximal vollständige Subgraphen in U. Das heißt, wenn die graphentheoretische Methode nochmals auf U angewendet wird, stellt sich heraus, daß keine maximal vollständigen Subgraphen sich in mehr als (k-1)

Knoten schneiden. Deshalb bestimmen alle maximal vollständigen Subgraphen eindeutig Jardine-Sibson-Cluster.

COLE-WISHART ALGORITHMUS

Die obige Prozedur ist offensichtlich sehr zeitaufwendig. Wenn N viel größer ist als k, ist der benötigte Arbeitsaufwand proportional N**(k+2). Jardine und Sibson halten ihre Methode bei mehr als 25 Objekten für nicht zweckmäßig.

Die Prozedur KDEND benutzt zur Ableitung der ultrametrischen Matrix U aus D einen anderen Algorithmus, der auf dem direkten Einfügen von Ähnlichkeiten in U aus einer geordneten Ähnlichkeitsliste beruht. Der vollständige Algorithmus ist zu komplex, um ihn hier in kurzer Form darzustellen. Im wesentlichen bewirkt er ein Einsparen an Rechenzeit, so daß eine Population bis zu 60 Objekten behandelt werden kann.

CLUSTER-ERKENNUNG

Während bei der ursprünglichen Methode vorgeschlagen wird, die Cluster per Hand zu zeichnen, enthält die Prozedur KDEND einen Algorithmus, der die Cluster bei allen Ähnlichkeitsniveaus H erkennt. Dies erreicht man, indem man eine Methode zur Erkennung der Cluster beim Schwellenwertniveau H definiert, die dann rekursiv angewendet wird, indem alle einzelnen Ähnlichkeitswerte in U als Schwellenwerte benutzt werden. Als Beispiel folgt die Ausgabe, die vom Cluster-Erkennungs-Algorithmus für k=2 erzeugt wird:

```
CLUSTER LEVEL 11 COEFFICIENT =       1.004
CLUSTER  1          SINGLE OBJECT  9
CLUSTER  2            1   2   3   4   5   7
CLUSTER  3            5   6
CLUSTER  4            4   8
```

In diesem Beispiel teilen sich die Cluster 2 und 3 den Fall 5 während sich die Cluster 2 und 4 den Fall 4 teilen.

KDEND-SPEZIFIKATIONEN

SPEZIFIKATION FÜR DIE KDEND-PARAMETERKARTE

Spalten	Name	Format	üblicher Wert	Bedeutung
1-2	KG	I2	1	Minimaler Wert von k.
3-4	KH	I2	4	Maximaler Wert von k.
5	IPUNCH	A1	blank	Wenn IPUNCH=nonblank, werden die Classification Arrays auf CLUSDECK gespeichert. IPUNCH=blank unterdrückt diese Ausgabe (man beachte, daß es auch nötig ist, ICREC=nonblank zu setzen, wenn IPUNCH=nonblank).

6	ICREC	A1	X	Wenn ICREC=nonblank, wird der Cluster-Erkennungs-Algorithmus eingesetzt, um Clustermitglieder aus U auszudrucken.

WARNUNG

Wenn N größer als ungefähr 15 ist, kann man eine sehr große Anzahl von Cluster-Gruppierungen erwarten. Deshalb können die Parameter ICREC und IPUNCH dazu benutzt werden, die Cluster-Erkennungsphase und die Ausgabe der Klassifikationen zu unterdrücken, so daß der Umfang der Ergebnisse nicht zu groß wird.

DECKAUFBAU

KDEND setzt voraus, daß eine gültige Ähnlichkeitsmatrix von der Prozedur CORREL oder DISTIN auf dem CLUSTAN-Datafile für eine Population, die nicht mehr als 60 Objekte enthält, erstellt wurde. Die Eingabe zu KDEND ist wie folgt:

```
    KDEND
    Parameterkarte
```

KURZLAUF

```
FILE
Titelkarte
Karte B - Parameter
Karte C - Formatangaben
Datendeck
CORREL
Leerkarte
KDEND
 1 4 X
STOP
```

Der obige CLUSTAN-Job liest die Eingabedaten, erstellt ein CLUSTAN-Datafile, berechnet eine Abstandsmatrix und startet B_k für k=1 bis 4.

LITERATUR 9 15

KAPITEL 18
PROZEDUR DNDRITE

ZWECK

Polythetisch divisive Methode zur Optimierung der Summe der Fehlerquadrate oder der Summe der Ähnlichkeiten innerhalb der Gruppen durch Wegnahme von K Kanten vom kürzesten Dendriten (Minimalbaum). Es können nicht mehr als 140 Objekte berücksichtigt werden.

OPTIMIERUNG DER FEHLERSUMME

Verschiedene Methoden sind vorgeschlagen worden, um eine Klassifikation herzuleiten, die die Summe der Fehlerquadrate minimiert. Ward und Orloci erörtern die hierarchische Fusion (Option 6 der Prozedur HIERARCHY); Beale, Forgey, Jancey und MacQueen benutzen die iterative Relokation (Prozedur RELOCATE); Edwards und Cavalli-Sforza untersuchen alle möglichen Gruppierungen der Population in zwei Klassen und garantieren damit die optimale Lösung. Der Ansatz von Calinski und Harabasz bezieht sich auf die Partitionierung des kürzesten Dendriten oder Minimalbaums. Dies ist der Graph aus (N-1) Kanten, der alle Punkte verbindet, die geringste Gesamtlänge hat und keine geschlossenen Verbindungen aufweist. Analog zum Single Linkage-Fusionsprozeß stellt das Paar der nächsten Nachbarn bei jedem Schritt eine Kante auf dem Graphen dar.

Die Abbildungen 31.2 und 31.3 zeigen wie der kürzeste Dendrit benutzt werden kann, die Struktur der Daten des CLUSTAN-Testbeispiels darzustellen. Es folgt ein Beispiel des kürzesten Dendriten für die 9 Fälle des Testdatenplans:

SHORTEST DENDRITE

EDGE No.	FIRST VERTEX	SECOND VERTEX	EDGE LENGTH
1	1	3	0.311
2	2	1	0.229
3	3	7	0.368
4	4	9	1.076
5	5	3	0.453
6	6	5	0.752
7	7	4	0.435
8	8	4	0.997

Calinski und Harabasz meinen, daß die minimale Fehlersummenlösung für K Cluster wahrscheinlich durch Wegnahme von (K-1) Kanten vom Minimalbaum zu erhalten sei. Die Prozedur DENDRITE untersucht die Gruppierungen, die sich durch die Wegnahme aller möglichen Kombinationen von K-1 Kanten ergeben, und wählt diejenige Gruppierung aus, für die die Summe der Fehlerquadrate ein Minimum wird. Dieses Verfahren wird für alle Werte von K ausgehend von KA bis einschließlich KB wiederholt.

Calinski und Harabasz schlagen auch ein 'Variance Ratio Criterion' (VRC) für die optimale Gruppierung vor, das als BSS*(N-K)/(WSS*(K-1) definiert ist, wobei BSS die Summe der Quadrate zwischen den Gruppen und WSS die Summe der Quadrate innerhalb der Gruppen ist. Man meint, wenn das VRC mit den Werten von K monoton zunimmt, daß dann keine vernünftige Teilung der Population existiert. Für den Fall einer monoton abnehmenden Reihe von VRC-Werten, ist eine hierarchische

Teilung angezeigt. Die günstigste Klassifikation erhält man, wenn das VRC ein absolutes oder lokales Maximum aufweist. Falls mehrere lokale Maxima auftreten, wird die Teilung angezeigt, die zum ersten lokalen Maximum gehört.

DNDRITE-STATISTIKEN

Für K Cluster, von denen der Cluster J die Größe N(J) hat, gilt:

WS(J) = die Gesamtsumme der Ähnlichkeiten zwischen allen Objektpaaren in J

WS = die Summe der WS(J)-Werte, also die Gesamtsumme der Ähnlichkeiten innerhalb der Gruppen

TS = die Gesamtsumme der Ähnlichkeitsmatrix

BS = TS-WS, die Gesamtsumme der Ähnlichkeiten zwischen den Gruppen

Wird die Ähnlichkeitsmatrix mit einer Abstandsstatistik berechnet (z.B. ICOEF=1 oder 2 durch die Prozedur CORREL), so erhält man die Fehlersumme wie folgt:

WSS(J) = WS(J)/N(J) ist die Summe der Quadrate innerhalb der Gruppen für den Cluster J

WSS = die Summe der WSS(J)-Werte, also die Gesamtsumme der Fehlerquadrate innerhalb der Gruppen

TSS = TS/N, die Gesamtsumme der Fehlerquadrate

BSS = TSS-WSS, Gesamtsumme der Quadrate zwischen den Gruppen

Die Summe der Fehlerquadrate WSS und auch das Variance Ratio Criterion können direkt aus einer Abstandsmatrix berechnet werden.

SUMME DER ÄHNLICHKEITEN INNERHALB DER GRUPPEN: WS

WS ist die Summe aller Abstände (oder Ähnlichkeiten) zwischen Objektpaaren, die demselben Cluster angehören. Da WS von DNDRITE berechnet wird, um WSS abzuleiten, ist eine alternative Option programmiert worden, die es dem Benutzer ermöglicht, WS mit dem Calinski-Harabasz-Algorithmus zu optimieren. Diese Funktion bietet in erster Linie eine Alternative zu WSS, die für weiteres Experimentieren mit der Teilungsmethode mittels Minimalbaum verwendet werden kann. Wenn ISEL=blank, wird WSS optimiert und wenn ISEL=nonblank, wird WS optimiert.

VERALLGEMEINERUNG AUF ALLE ÄHNLICHKEITSKOEFFIZIENTEN

Die Statistiken, die von DNDRITE berechnet werden, müssen nicht auf Abstandskoeffizienten beschränkt sein. Tatsächlich kann die Kombination der Prozeduren CORREL und DNDRITE dazu benutzt werden, jeden beliebigen CLUSTAN-Ähnlichkeitskoeffizienten zu optimieren. Die Summe der Fehlerquadrtate wird jedoch nur dann optimiert, wenn WSS für DNDRITE in Verbindung mit einer Abstandsmatrix (ICOEF=1 oder 2 bei der Prozedur CORREL) gewählt wird.

Die Parameter KA und KB spezifizieren, daß für alle Klassifikationen von KA bis KB Cluster optimale Partitionen des Minimalbaums zu berechnen sind. Classification Arrays werden auf CLUSDECK gespeichert und können später im CLUSTAN-Job von der Prozedur RESULT gelesen werden, um die Clusterdiagnostik zu erstellen. Mit der Prozedur SCATTER kann der Minimalbaum und die von DNDRITE erzeugten Cluster gezeichnet werden. Die Prozedur RELOCATE kann ein DNDRITE-Ergebnis als Ausgangskonfiguration für iterative Neugruppierung verwenden, um zu prüfen, ob es sich um eine stabile Lösung der Summe der Fehlerquadrate handelt.

Es folgt ein Beispiel einer Klassifikation aus 3 Clustern, die von DNDRITE erzeugt wurde, samt den Statistiken, die ausgedruckt werden:

```
CYCLE 2
NUMBER OF CLUSTERS = 3
S = TOTAL SIMILARITIES =                            71.999
WS = TOTAL WITHIN-GROUP SIMILARITIES =               7.734
BS = TOTAL BETWEEN-GROUP SIMILARITIES =             64.264
TSS = TOTAL SUM OF SQUARES =                         8.000
WSS = TOTAL WITHIN-GROUP SUM OF SQUARES =            2.422
BSS = TOTAL BETWEEN-GROUP SUM OF SQUARES =           5.577
CALINSKI-HARABASZ VARIANCE RATIO CRITERION =         6.907

SUMMARY OF GROUP STRUCTURES
CLUSTER    SIZE   WS CONTRIBUTION    WSS CONTRIBUTION
   1         2          0.752              0.376
   2         4          3.370              0.843
   3         3          3.612              1.204

OPTIMUM DENDRITE DIVISION IS OBTAINED BY MINIMISING WSS
FOR WHICH THE FOLLOWING DENDRITE EDGES ARE REMOVED -
  5   7

CLASSIFICATION ARRAY
DNDRIT ERROR SUM OPTIMISATION  3 CLUSTERS ERROR SUM = 2.422
   2    2    2    3    1    1    2    3    3
```

DNDRITE-SPEZIFIKATIONEN

SPEZIFIKATIONEN FÜR DIE DNDRITE-PARAMETERKARTE

Spalten	Name	Format	üblicher Wert	Bedeutung
1-3	KA	I3	2	Minimale Anzahl der interessierenden Cluster.
4-6	KB	I3	6	Maximale Anzahl der interessierenden Cluster.
7	ISEL	A1	blank	Wenn ISEL=blank, wird WSS optimiert. Wenn ISEL=nonblank, wird WS optimiert.

HINWEIS

Wenn die Population ungefähr 20 Objekte übersteigt, braucht DNDRITE für große Werte von K sehr viel Rechenzeit.

DECKAUFBAU

Die Prozedur DNDRITE braucht für eine Population, die nicht mehr als 140 Objekte umfassen darf, eine Abstands- oder eine Ähnlichkeitsmatrix, die von DISTIN einzulesen oder von CORREL zu berechnen ist. Die Eingabe zu DNDRITE ist wie folgt:

```
     DNDRITE
     Parameterkarte
```

KURZLAUF

```
FILE
Titelkarte
Karte B - Parameter
Karte C - Formatangaben
Datendeck
CORREL
Leerkarte
DNDRITE
  2  6
.. .. ..
STOP
```

Dieser CLUSTAN-Job wird das Datendeck einlesen, eine Abstandsmatrix berechnen und mit DNDRITE eine optimale Partition des Minimalbaums von 2 bis zu 6 Clustern erstellen.

ANERKENNUNG

Diese Prozedur wurde in Zusammenarbeit mit Dr. Tadeusz Calinski (Dept. of Mathematical Statistics, College of Agriculture, Poznan, Poland) geschrieben, der freundlicherweise das Manuskript seiner Veröffentlichung mit J. Harabasz vor der Publikation zur Verfügung stellte.

LITERATUR 7 8

KAPITEL 19
PROZEDUR EUCLID

ZWECK

Methode iterativer nicht-linearer Programmierung und Relokation zur Minimierung der Euklidschen Summe der Quadrate.

METHODE

EUCLID wendet die Cauchy-Methode des steilsten Abfalls an, um durch schrittweise Verfeinerung einer stetigen Klassifikationsmatrix Y die Euklidsche Summe der Quadrate S zu minimieren. Die Methode ist insofern allgemein, als daß die Matrix Y nicht nur aus 0-ern und 1-ern bestehen muß. Ein Element Yik ist als der Bruchteil des i-ten Punktes definiert, der dem k-ten Cluster zugeordnet ist, was auch als die 'Wahrscheinlichkeit' interpretiert werden könnte, daß der i-te Punkt zum k-ten Cluster gehört.

Man kann annehmen, daß die Minimierung von S aufgrund dieser allgemeinen Formulierung von Y, eine informativere Zusammenfassung der Daten ergeben wird, als es eine konventionelle Klassifikation machen würde, die aus disjunkten Clustern besteht. Gordon und Henderson (1977) haben jedoch theoretisch bewiesen, daß die Methode immer zu Elementen von Y konvergieren wird, die bei einer Minimumslösung für S entweder 0 oder 1 sind.

Für eine gegebene Clusteranzahl, erzeugt EUCLID für Y gleichverteilte Zufallswerte, die so skaliert sind, daß die Summe der Brüche für jeden Punkt 1 ergibt. Eine exponentielle Transformation von Y liefert neue Klassifikationsvariablen, die stetig differenzierbar und monton zunehmend sind. Eine Reihe von Klassifikationsmatrizen wird durch sukzessives Anwenden der Cauchy-Korrekturen erzeugt, derart daß bei jedem Schritt ein neues Minimum für S gefunden wird. Die Reihe bricht bei einer Iteratation ab, bei der es für jeden Punkt i irgendeinen Wert K gibt, derart daß Yik mindestens 0.999 ist (d. h. genügend nahe an 1), und keine Verringerung von S durch eine weitere Anpassung der Klassifikationsmatrix angezeigt ist.

Gelegentlich verhindern Rundungsfehler, einen Korrekturwert zu finden, der eine Verminderung von S liefert, bevor der Test für jedes Yik erfüllt ist. In diesem Fall wird die Reihe abgebrochen, wobei man aber tatsächlich ein Minimum von S gefunden hat. Gewöhnlich werden etwa 15 Iterationen gebraucht, und die meisten Reihen enden innerhalb von 30 Iterationen. (Der Parameter MAXIT dient zur Begrenzung der Anzahl der durchzuführenden Iterationen. Der Default-Wert ist MAXIT=30).

Die resultiernde Klassifikation wird dann zu einer disjunkten Klassifikation geformt, die durch Neuzuordnung der Punkte von einem Cluster zu einem anderen so lange verändert werden kann, bis S nicht mehr kleiner gemacht werden kann. Diese Phase ist im wesentlichen die gleiche wie jene, die von der Prozedur RELOCATE verwendet wird.

GENAUIGKEIT UND KONVERGENZGESCHWINDIGKEIT

Die Größe der Korrekturen wird bei jeder Iteration von einem Skalierungsfaktor Lambda bestimmt, dessen Wahl von entscheidender Wirkung auf die Geschwindigkeit des Algorithmus ist. Über den Parameter SCALE kann man eine obere Grenze für Lambda angeben, die im Fall des Defaults auf 3.0 gesetzt wird, so wie es Gordon und Henderson empfahlen.

Zuerst wird immer die obere Grenze von Lambda gewählt, und maximale Korrekturen werden gemacht, um S zu verringern. Wenn die Korrekturen, die auf der oberen Grenze von Lambda basieren, eine Zunahme von S verursachten, dann werden kleinere Lambda-Werte ausprobiert. Auf diese Weise wird für S ein Minimum eingegrenzt, und mit Hilfe der Goldenen Suchmethode wird linear nach Lambda gesucht. Wenn die Korrekturen unerheblich werden, ohne daß S kleiner wird, betrachtet man die Suche als fehlgeschlagen.

Wenn Lambda so gewählt wird, daß S am stärksten abnimmt, wird das Verfahren schon nach wenigen Iterationen zu einem lokalen Minimum von S konvergieren. Diese Minima sind jedoch gewöhnlich viel höher als das globale Minimum. Versuche zeigten, daß durch Begrenzung des Maximalwertes von Lambda bessere Minima von S erzielt werden, obgleich die Anzahl der Iterationen zunehmen kann. Intuitiv kann man das darauf zurückführen, daß es bei der Suche mehr Möglichkeiten zur Richtungsänderung gibt.

Wenn die obere Grenze von Lambda auf kleine Werte herabgesetzt wird, erhält man wieder schlechte Minima und die Anzahl der Iterationen wird sogar größer. In diesem Fall scheint die Suche zu sehr in Richtung des ursprünglichen steilsten Abfalls zu gehen, so daß folglich ein lokales Minimum in der Nähe des Ausgangspunktes gefunden wird.

SPEZIFIZIERUNG DER CLUSTERANZAHL

Sowohl die minimale als auch die maximale Anzahl interessierender Cluster muß über die Parameter KA und KB angegeben werden. Der Parameter NSEARCH gibt die Anzahl der Suchvorgänge an, die auf jedem Niveau für das Minimum von S durchgeführt werden sollen. Da jeder Suchvorgang mit einer anderen Zufallsklassifikationsmatrix Y beginnt, können die letzten Klassifikationen verschieden sein. EUCLID gibt die Klassifikation aus, die aus dem ersten und jedem nachfolgenden Suchvorgang stammt, bei dem ein neues Minimum für S gefunden wird.

Nach Beendigung von NSEARCH Suchvorgängen wird die endgültige Klassifikation, die dem kleinsten gefundenen S entspricht (für die gegebene Clusteranzahl) sowohl ausgedruckt als auch auf CLUSDECK zur Analyse durch andere CLUSTAN-Prozeduren gespeichert. Somit werden insgesamt KB-KA+1 endgültige Klassifikationen auf CLUSDECK bei einem EUCLID-Lauf gespeichert.

Der nachfolgende Ausdruck eines Beispiels zeigt die erste und die letzte Klassifikation von 9 Objekten in 4 Cluster, die von EUCLID erzeugt wurden. Insgesamt wurden 10 Suchvorgänge durchgeführt, von denen jeder zur selben Minimumslösung für die Summe der Quadrate führte (siehe Testdatenplan, Schritt D4):

```
NEW MINIMUM SUM OF SQUARES = 10.3006 FOR 4 CLUSTERS FOUND IN SEARCH
NUMBER 1
CLUSTERS MEMBERS ARE.....
1        1 2 3 7
2        4 8
3        5 6
4        9
```

```
FINAL CLASSIFICATION ARRAY AFTER 10 SEARCHES:

EUCLID CLUSTERS= 4 SUM OF SQUARES= 10.3006 OCCURRED 10 TIMES IN 10
SEARCHES
  1  1   1   2   3   3   1   2   4
```

TRACE DER ITERATIONEN UND KLASSIFIKATIONEN

Wenn ITR = nonblank, druckt EUCLID Einzelheiten über den neuen Wert von S und die Summe der Quadrate der Gradienten ("CORRECTION") in bezug auf S bei jeder Iteration aus. Ebenso werden Details über irgendwelche Neuzuordnungen, die während der Relokationsphase gemacht wurden, auch in dieser Trace ausgedruckt.

Es folgt ein Beispiel zur Ausgabe, die von der Trace erzeugt wurde.

```
BEGIN SEARCH 5
ITERATION   1 SUM OF SQUARES=   47.2196 CORRECTION=   0.2303E 01
ITERATION   2 SUM OF SQUARES=   34.0409 CORRECTION=   0.6702E 01
ITERATION   3 SUM OF SQUARES=   22.6739 CORRECTION=   0.4997E 01
ITERATION   4 SUM OF SQUARES=   15.2746 CORRECTION=   0.1797E 00
ITERATION   5 SUM OF SQUARES=   14.1953 CORRECTION=   0.1494E 00
ITERATION   6 SUM OF SQUARES=   13.5846 CORRECTION=   0.2895E-02
ITERATION   7 SUM OF SQUARES=   13.4691 CORRECTION=   0.2176E-04
ITERATION   8 SUM OF SQUARES=   13.4582 CORRECTION=   0.5639E-07

COMMENCE RELOCATION PHASE
MOVE OBJECT  7 FROM GROUP 2 TO GROUP 3 SUM OF SQUARES= 11.2721
MOVE OBJECT  4 FROM GROUP 4 TO GROUP 3 SUM OF SQUARES= 11.0023
MOVE OBJECT  3 FROM GROUP 3 TO GROUP 2 SUM OF SQUARES= 10.6623
MOVE OBJECT  9 FROM GROUP 4 TO GROUP 2 SUM OF SQUARES= 10.5709
MOVE OBJECT  7 FROM GROUP 3 TO GROUP 2 SUM OF SQUARES= 10.5389
MOVE OBJECT  4 FROM GROUP 3 TO GROUP 4 SUM OF SQUARES= 10.3006
```

Wenn KPR = nonblank, druckt EUCLID die Zwischen-Klassifikation aus, die bei der Cauchy-Verfeinerungsphase (d. h. vor der Relokation) erzeugt wurde, ebenso wie die am Ende eines jeden Suchvorgangs erhaltene letzte Klassifikation. So werden insgesamt 2xNSEARCHx(KB-KA+1) Zwischen-Klassifikationen von der Trace ausgedruckt. Das folgende Beispiel zeigt die Ausgabe, die für einen Suchvorgang erzeugt wurde.

```
SEARCH NUMBER  6
EUCLID CLASSIFICATIONS BEFORE RELOCATION ARE:
  2    2  3  1   4   4   3   1    1

SUM OF SQUARES REDUCED TO          10.3006
EUCLID CLASSIFICATIONS AFTER RELOCATION ARE:
  2    2  2  1   4   4  2   1   3
```

ANERKENNUNG

Der Beitrag dieser Prozedur stammt von Allan Gordon und John Henderson von der St Andrews University und wurde ins CLUSTAN 1C Version 2 zum Experimentieren eingebaut. Die Autoren würden sich über jeden Kommentar, der die Leistungsfähigkeit dieser Prozedur betrifft, sehr freuen. Man kann diese Anregung entweder direkt an die Verfasser schicken oder das im Handbuch für Vorschläge beigefügte Formblatt benutzen.

EUCLID-SPEZIFIKATIONEN

Spalten	Name	Format	üblicher Wert	Bedeutung
1-3	KA	I3	2	Minimale Anzahl der interessierenden Cluster.
4-6	KB	I3	5	Maximale Anzahl der interessierenden Cluster.
7	ITR	A1	blank	ITR = nonblank erzeugt Details über die Iterationen und Relokationen.
8	KPR	A1	blank	KPR = nonblank druckt die Zwischen-Klassifikationen aus.
9-15	SCALE	F7.5	blank	Obere Grenze des Skalierungsfaktors. Wenn blank, SCALE = 3.0.
16-18	NSEARCH	I3	blank	Anzahl der Suchvorgänge für optimale Klassifikation. Wenn blank, NSEARCH = 10.
19-21	MAXIT	I3	blank	Maximal durchzuführende Anzahl der Iterationen. Wenn blank, MAXIT = 30.

DECKAUFBAU

Die Eingabe zu EUCLID ist wie folgt:

EUCLID
Parameterkarte

Man beachte, daß die gegenwärtige Version von EUCLID auf maximal 95 Punkte (Fälle) und maximal 10 kontinuierliche Variablen beschränkt ist.

KURZLAUF

```
FILE
Titelkarte
Karte B Parameter
Karte C Formatangaben
Datendeck
EUCLID
  2  5
.. .. ..
STOP
```

Diese Kombination von FILE und EUCLID wird ein Datendeck bis zu 95 Fällen und bis zu 10 kontinuierlichen Variablen einlesen und 10 EUCLID-Suchvorgänge für 2, 3, 4 und 5 Cluster ausführen. Die resultierenden besten Classification Arrays werden sowohl ausgedruckt als auch auf CLUSDECK zur weiteren Analyse durch RESULT und anderen CLUSTAN-Prozeduren gespeichert, die später im Job aufgerufen werden.

LITERATUR 60

KAPITEL 20
PROZEDUR RESULT

ZWECK

Druckt ausgewählte Werte des Datafiles aus und berechnet die Clusterdiagnostik von Classification Arrays.

WIE FUNKTIONIEREN DIE PRINT-OPTIONEN?

Die Print-Optionen sind auf der Parameterkarte in vier Gruppen wie folgt angeordnet:

Spalten 1-10 Kontinuierliche Datafile-Optionen
Spalten 11-13 Binäre Datafile-Optionen
Spalten 21-23 Ähnlichkeitskoeffizienten-Optionen
Spalten 31-36 Clusterdiagnostik-Optionen

Bis auf drei Print-Optionen werden alle durch Angabe eines Buchstabens in der entsprechenden Spalte aktiviert. Die Ausnahmen bilden die Parameter INSCOR (Spalten 7-8), IUNIT (Spalten 9-10) und IMKLIS (Spalten 22-33), die als rechtsbündige ganze Zahlen angegeben werden sollten.

Die von FILE berechnete Korrelationsmatrix wird auf die Datei IUNIT geschrieben, wenn eine logische Dateinummer angegeben wird. Diese Matrix kann dann mit DISTIN ins CLUSTAN zurückgelesen werden, um die von Tryon und Bailey (Literatur 67) befürwortete Clustermethode für Korrelationsmatrizen zu erhalten.

Wenn eine Ausgabe-Option für Daten gewählt wird, die weder gespeichert sind noch berechnet werden können, druckt RESULT eine Fehlermeldung aus und geht zur nächsten Option über.

CLASSIFICATION ARRAYS UND CLUSTERDIAGNOSTIK

Die cluster-erzeugenden Prozeduren produzieren alle Ergebnisse in Form von Classification Arrays, die sequentiell auf einer Datei, dem sogenannten CLUSDECK, gespeichert werden, welches auf Platte oder Magnetband steht. CLUSDECK wird zu Beginn eines CLUSTAN-Laufs und jedesmal dann, wenn RESULT aufgerufen wird, initialisiert (gelöscht). Clusterdiagnostik kann deshalb nur von den Classification Arrays berechnet werden, die von jenen cluster-erzeugenden Prozeduren erstellt wurden, die von der letzten RESULT-Ausführung des laufenden CLUSTAN-Jobs herrühren.

Als Beispiel betrachte man folgenden vollständigen CLUSTAN-Job:

(1) RESTART
(2) RESULT
(3) CORREL
(4) HIERARCHY
(5) MODE
(6) RESULT
(7) HIERARCHY
(8) RELOCATE
(9) RESULT
(10) HIERARCHY
(11) STOP

Diese 11 CLUSTAN-Schritte bewirken, was das Speichern und die Analyse von Klassifikationen angeht, folgendes:

(2) Keine Clusterdiagnostik kann berechnet werden, weil CLUSDECK leer ist; RESULT kann hier lediglich die Werte des Datafiles ausdrucken.

(6) RESULT kann hier die Clusterdiagnostik für alle Gruppierungen berechnen, die bei den Schritten 4 und 5 erzeugt wurden.

(9) Clusterdiagnostik kann für alle Classification Arrays berechnet werden, die bei den Schritten 7 und 8 erzeugt wurden. Das gilt auch unabhängig davon, ob bei Schritt 6 die Clusterdiagnostik angefordert wurde oder nicht.

(10) Da dieser Schritt der letzte im CLUSTAN-Job ist, werden die hier erzeugten Classification Arrays nicht analysiert.

Zwecks weiterer Einzelheiten zur Organisation der Classification Arrays wird der Leser auf folgende Kapitel verwiesen: Allgemeine Erläuterungen, Prozedur DUMP, JCL und alle cluster-erzeugenden Prozeduren.

DEFINITION DER CLUSTERDIAGNOSTISCHEN STATISTIKEN

Es sei X(J) = der Gesamtmittelwert der kontinuierlichen Variablen J,
S(J) = die Gesamtstandardabweichung der kontinuierlichen Variablen J,
V(J) = die Gesamtvarianz der kontinuierlichen Variablen J, (man beachte: V(J) = S(J)**2)
und P(J) = die prozentuale Gesamthäufigkeit des binären Merkmals J.

Die entsprechenden Statistiken für die Untermenge von Fällen, die einen Cluster C darstellen, werden mit X(C,J), S(C,J), V(C,J) und P(C,J) bezeichnet.

Die clusterdiagnostischen Statistiken sind nun wie folgt definiert:

```
F-Ratio = V(C,J)/V(J)
T-Value = (X(C,J)-X(J))/S(J)
Percentage Ratio = P(C,J)/P(J)
```

Die Erwartungswerte dieser Statistiken sind wie folgt:

```
E(F-Ratio)     = 1.0
E(T-Value)     = 0.0
E(Perc. Ratio) = 1.0
```

Im allgemeinen gilt, daß kleine F-Ratios Variablen bezeichnen, die eine relativ kleine Varianz innerhalb des Clusters haben und deshalb eine gute Diagnostik darstellen. Aus diesem Grund werden normalerweise die Variablen nach ihren F-Ratios geordnet (obwohl dieses Ordnen unterdrückt werden kann, wenn man ICMEAN=U setzt).

Große T-Values bezeichnen kontinuierliche Variablen, deren Clustermittelwerte sich beträchtlich von den Mittelwerten dieser Variablen, bezogen auf die Stichprobe der Population, unterscheiden.

Beispiele von RESULT's diagnostischer Statistik für 3 kontinuierliche Variablen werden im folgenden angegeben. Die Überschriften MN-ORIG und STD-ORIG beziehen sich auf den Mittelwert beziehungsweise auf die Standardabweichung, gemessen im ursprünglichen Maßstab der Variablen (d.h. vor der Normierung).

```
CLUSTER  2 NUMBER OF CASES =   7

CASE NUMBERS
  1   2   3   4   7   8   9

CLUSTER DIAGNOSIS OF MEANS, STANDARD DEVIATIONS AND F-RATIO
      VAR   F-RATIO      T           MN-ORIG       STD-ORIG

        4    0.2453    0.4439        0.7686         0.0740
        5    0.6544    0.3243        0.4814         0.0590
        3    0.6916    0.3349        0.6429         0.1147
```

Percentage Ratios, die von 1 abweichen, kennzeichnen Merkmale, die im Cluster mehr oder weniger häufig vorkommen als vergleichsweise in der Gesamtstichprobe der Population.

Nachfolgend werden Beispiele von RESULT's diagnostischer Statistik für 6 binäre Merkmale gegeben. Sie zeigen an, daß das Vorhandensein des Merkmals 9 und das Fehlen des Merkmals 3 charakteristisch für den Cluster ist.

```
CASE NUMBERS
  5   6   7

PERCENTAGE OCCURRENCE FOR BINARY VARIABLES
    5 100.0     9 100.0     7 66.7     8 66.7     6 66.7     3 0.0

BINARY FREQUENCIES RATIO - (PERCENTAGE OCCURRENCE IN CLUSTER/
                            PERCENTAGE OCCURRENCE OVERALL)

   9    2.25    7   1.50    8  1.50    5  1.29    6  0.75    3 0.0
```

RESULT-SPEZIFIKATIONEN

Spalten	Name	Format	üblicher Wert	Ausgabe der Print-Optionen
1	INRAW	A1	blank	Auflisten der kontinuierlichen Rohdaten, Minima und Maxima
2	INSTAN	A1	blank	normierte Variablen für kontinuierliche Daten
3	INMEAN	A1	-	Mittelwerte und Standardabweichungen
4	INCOR	A1	-	Korrelationskoeffizienten
5	INEIG	A1	-	Hauptkomponenten, Eigenwerte, prozentuale und kumulative Varianz
6	INEIGV	A1	-	Eigenvektoren (Faktorladungen)
7-8	INSCOR	I2	-	Anzahl der aufzulistenden Faktorwerte

9-10	IUNIT	I2	blank	Logische Einheit der Datei, auf die die Korrelationsmatrix geschrieben werden soll
11	IBRAW	A1	blank	Auflisten der binären Rohdaten
12	IBFREQ	A1	-	Binäre Merkmalshäufigkeiten
13	IBPERC	A1	-	Binäre prozentuale Merkmalshäufigkeiten
21	IMCOEF	A1	blank*	Ausdruck der Ähnlichkeitsmatrix (mit Vorsicht zu wählen)
22-23	IMKLIS	I2	-	Länge der auszudruckenden K-Linkage-Listen
31	ICARAY	A1	-	'Normierter' Classification Array
32	ICLIST	A1	-	Auflisten der Objektnummern bei jedem Cluster
33	ICMEAN	A1	-	Clustermittelwerte, Standardabweichungen, F-Ratios und T-Values für kontinuierliche Variablen. Wenn ICMEAN=U, werden die Variablen nicht nach dem F-Ratio geordnet
34	ICFREQ	A1	-	Häufigkeiten der binären Merkmale im Cluster
35	ICPERC	A1	-	Prozentuale Häufigkeiten der binären Merkmale im Cluster
36	ICRAT	A1	-	Ratios der binären prozentualen Häufigkeiten

ANMERKUNGEN

* Wähle man mit Vorsicht. Der Parameter IMCOEF erzeugt für mehr als ungefähr 40 Individuen einen sehr umfangreichen Ausdruck.
- Dafür gibt es keinen üblichen Wert. Diese Optionen werden entsprechend den Daten, den gespeicherten Statistiken und dem Ausgabebedarf des Benutzers gewählt.

DECKAUFBAU

Die Eingabe zur RESULT ist wie folgt:

RESULT
Parameterkarte

KURZLAUF

Der nachfolgende typische CLUSTAN-Job liest über FILE kontinuierliche Daten ein, berechnet durch CORREL eine Abstandsmatrix, führt mit HIERARCHY die Ward's Methode aus und gibt mit RESULT die 9 nächsten Nachbarn und die Clusterdiagnostik aus.

```
FILE
Titelkarte
Karte B Parameter
Karte C Formatangaben
Datendeck
CORREL
Leerkarte
HIERARCHY
6  2  8
RESULT
  XX                  9       XXX
STOP
```

LITERATUR 49 52 67

KAPITEL 21
PROZEDUR DUMP

ZWECK

Listet den Inhalt der CLUSTAN-Datei CLUSDECK auf und stanzt spezifizierte Classification Arrays auf Karten aus.

DUMP-PARAMETERKARTE

DUMP benötigt eine Parameterkarte, die leer sein kann, oder aus einer Folge von bis zu 20 Classification Array-Nummern besteht, die als ganze Zahlen rechtsbündig zu jeder vierten Spalte (Format 20I4) stehen. Die auf CLUSDECK abgespeicherten Classification Arrays sind sequentiell, mit 1 beginnend, durchnumeriert und werden sequentiell von DUMP ausgedruckt. Die Prozedur DUMP stanzt alle Classification Arrays aus, deren Nummern auf der Parameterkarte erscheinen.

Man beachte, daß die Classification Array-Nummer (wie unten beschrieben) auch durch den Parameter NCLA in den Prozeduren RELOCATE und SCATTER spezifiziert wird. Das benutzt man, um Klassifikationen von CLUSDECK aus in eine Prozedur innerhalb desselben CLUSTAN-Jobs zu übertragen.

Bei manchen Rechenanlagen muß man auch eine JCL-Anweisung geben, um die Kartenstanzerausgabe zuzuweisen; siehe JCL.

BESCHREIBUNG

Alle cluster-erzeugenden Prozeduren speichern Ergebnisse in Form von Classification Arrays auf einer Datei, die CLUSDECK genannt wird. Sie wird sowohl zu Beginn eines CLUSTAN-Jobs als auch durch RESULT initialisiert. Da die Prozeduren SCATTER und RELOCATE als Eingabe Classification Arrays annehmen können, braucht man manchmal DUMP, um spezifizierte Classification Arrays auf Karten auszustanzen. Bevor man DUMP startet, muß man sich klarmachen, in welcher Reihenfolge die Classification Arrays auf CLUSDECK gespeichert sind.

Beispiel 1. Man betrachte folgende Schrittfolge:

```
    .  .  .
    .  .  .
(1) RESULT
(2) HIERARCHY - - (Ward's Method)
(3) HIERARCHY - - (Average Distance)
(4) CORREL    - - (Non-metric Coefficient)
(5) CENTROID  - - (Centroid Sorting with Non-metric Coefficient)
(6) DUMP
```

Angenommen, bei den Schritten 2, 3 und 5 seien KA=2 und KB=4.

Diese Werte bedingen, daß Classification Arrays auf CLUSDECK für die Gruppierungen, die 4, 3 und 2 Cluster umfassen, gespeichert werden. Da Schritt 1 CLUSDECK löscht, weiß man von vornherein, daß bei Schritt 6 CLUSDECK genau 9 Classification Arrays enthalten wird, die von 1 bis 9 durchnumeriert sind. Wenn gewünscht wird, daß die 4-Cluster-Gruppierung aus der Centroid-Methode auf Karten ausgegeben werden soll, dann muß die DUMP-Parameterkarte die Nummer 7 enthalten.

Es folgt ein Auszug von den durch DUMP ausgedruckten Classification Arrays:

```
ASSIGNED REFERENCE NUMBER =    3
                         WARDS METHOD GROUP  7 FUSE POINTS  1  8
                           1   1   1   1   5   5   1   1   1

ASSIGNED REFERENCE NUMBER =    4
                         GROUP AVERAGE GROUP  5 FUSE POINTS  1  3
                           1   1   1   1   5   5   1   8   9

ASSIGNED REFERENCE NUMBER =    5
                         GROUP AVERAGE GROUP  6 FUSE POINTS  8  9
                           1   1   1   1   5   5   1   8   8

ASSIGNED REFERENCE NUMBER =    6
                         GROUP AVERAGE GROUP  7 FUSE POINTS  1  8
                           1   1   1   1   5   5   1   1   1

ASSIGNED REFERENCE NUMBER =    7
                         CENTRO SORT COEF 36 GROUP  5 FUSE POINTS  1  4
                           1   1   3   1   5   1   1   8   1

REFERENCE  7 DUMPED ON CARDS
```

Dieses Beispiel entspricht dem Schritt B18 des Testdatenplans, aus dem hervorgeht, daß das 4-Cluster-Ergebnis ausgedruckt und ausgestanzt wird, um später bei Schritt D3(3) verwendet zu werden.

Beispiel 2. Die 3 Classification Arrays, die bei Schritt 6 gestanzt werden, sollen als Eingabe zu RELOCATE bei einem späteren Job wie folgt benutzt werden:

(1) RESTART
    RELOCATE
(2) Parameterkarte (Error Sum, MINC=3)
    Classification 1 (5 Clusters, Ward's Method)
(3) Parameterkarte (Average Distance, MINC=5)
    Classification 2 (5 Clusters, Average Distance)
(4) Parameterkarte (Non-metric Coefficient, MINC=2)
    Classification 3 (5 Clusters, Non-metric Coefficient)
    Leerkarte
(5) DUMP

Der RELOCATE-Schritt wird auf CLUSDECK Classification Arrays ausgeben, die bei Schritt (2) aus 5, 4 und 3 Cluster, bei Schritt (3) aus 5 Cluster und bei Schritt (4) aus 5, 4, 3 und 2 Cluster bestehen. Angenommen, DUMP soll die Gruppierungen für 5 Cluster nach RELOCATE stanzen, dann sollte die DUMP-Parameterkarte die Nummern 1, 4 und 5 enthalten.

Anmerkung: Angenommen, vor dem Beispiel 1 sei eine Abstandsmatrix erstellt worden, dann ist RELOCATE im Beispiel 2 dazu verwendet worden, die 5-Cluster-Klassifikationen zu optimieren, die die hierarchischen Prozeduren erzeugten, wobei in allen drei Fällen das gleiche Ähnlichkeitskriterium verwendet wird.

DUMP-SPEZIFIKATIONEN

Spalten	Name	Format	Bedeutung
1-80	CODES	20I4	Bis zu 20 Code-Nummern, die den Classification Arrays entsprechen, die auf Karten ausgegeben werden sollen.

DECKAUFBAU

Die Eingabe zu DUMP ist wie folgt:

DUMP
Parameterkarte

KAPITEL 22
PROZEDUR LABELS

ZWECK

Zuweisung von Kennungen bis zu einer Länge von 8 Zeichen, um Variable, Fälle und Faktoren bei CLUSTAN zu bezeichnen.

ANWENDUNGSMETHODE

LABELS ist eine wahlweise Prozedur, die nach dem ersten CLUSTAN-Schritt an jeder beliebigen Stelle aufgerufen werden kann. Auf der LABELS-Parameterkarte werden die gewünschten Optionen spezifiziert, und die damit verbundenen alphanumerischen Kennungen werden dann in einer vorgegebenen Reihenfolge eingelesen und auf dem Datafile gespeichert. Sie erscheinen dann in graphischen Darstellungen (bei den Prozeduren SCATTER, TREE und PLINK) und bei anderen CLUSTAN-Ausgaben. Die Kennungen können jedes Zeichen aus der Standardzeichenmenge des jeweilig benutzten Computers enthalten.

Wenn keine Kennungen vorhanden sind, dann werden die Variablen und Fälle sequentiell durchnumeriert. Umgekehrt kann es auch sein, daß CLUSTAN-Ergebnisse in Form von Variablen- oder Fallzahlen (z.B. bei allen Classification Arrays) ausgedrückt werden, selbst wenn Kennungen spezifiziert sind.

Wenn mit der Prozedur SPSS ein SPSS-SAVE-File gelesen wurde, dann werden die SPSS-Variablennamen auf das CLUSTAN-Datafile kopiert, um Ausgaben mit Kennungen zu versehen.

KENNUNGEN FÜR NUMERISCHE VARIABLEN

Wenn LABNUM = nonblank, müssen genau MN Kennungen spezifiziert sein, die bis zu 8 Zeichen lang sind, wovon je 10 auf eine Lochkarte gestanzt werden. Diese Option ist nur möglich, wenn kontinuierliche Daten eingegeben wurden.

KENNUNGEN FÜR BINÄRE MERKMALE

Wenn LABIN=nonblank, müssen genau MB Kennungen bis zu 8 Zeichen Länge spezifiziert sein, wovon je 10 auf eine Lochkarte gestanzt werden. Diese Option ist nur möglich, wenn binäre Daten eingelesen wurden.

KENNUNGEN FÜR FÄLLE

Wenn LABCAS=nonblank, müssen genau N Kennungen bis zu 8 Zeichen Länge angegeben sein, wovon je 10 auf eine Lochkarte gestanzt werden.

KENNUNGEN FÜR FAKTOREN

Wenn LABSCO=nonblank, müssen genau NPCF Kennungen bis zu 8 Zeichen Länge zu je 10 pro Lochkarte eingelesen werden. Diese Option kann nur dann ausgeführt werden, wenn vorher mit der Prozedur FILE eine Hauptkomponentenanalyse gerechnet wurde, wobei NPCF die Anzahl der gespeicherten Komponenten ist.

LABELS-SPEZIFIKATIONEN

Spalten	Name	Format	üblicher Wert	Bedeutung
1	LABNUM	A1	X	Wenn LABNUM=nonblank, sind genau MN 8-Zeichen-lange Kennungen für numerische Variablen auf den Labels-Karten.
2	LABIN	A1	blank	Wenn LABIN=nonblank, sind genau MN 8-Zeichen-lange Kennungen für binäre Merkmale auf den Labels-Karten.
3	LABCAS	A1	X	Wenn LABCAS=nonblank, sind genau 8-Zeichen-lange Kennungen für Fälle auf den Labels-Karten.
4	LABSCO	A1	blank	Wenn LABSCO=nonblank, sind genau NPCF 8-Zeichen-lange Kennungen für die Faktoren auf den Labels-Karten.

LABELS-KARTEN

Spalten	Name	Format	üblicher Wert	Bedeutung
1-8	L(1)	A8	-	Erste Kennung
.	.	.	.	.. ..
73-80	L(10)	A8	-	Zehnte Kennung

Wenn nötig, auf weiteren Karten fortfahren.

DECKAUFBAU

Die Kennungen beginnen für jeden der vier Typen auf einer neuen Karte. Wenn zwei oder mehr Sätze von Kennungen vorliegen, müssen die LABELS-Karten in derselben Reihenfolge vorliegen wie die Parameter der LABELS-Parameterkarte.

Die Kennungen sollten in aufeinanderfolgenden 8-Spalten-langen Feldern zu jeweils 10 pro Lochkarte angegeben sein. Für die Ausgabeform ist es zweckmäßig, wenn jede Kennung linksbündig angegeben wird. Die Eingabe zu LABELS ist wie folgt:

```
    LABELS
    Parameterkarte
    Kennungen der numerischen Variablen (wenn LABNUM=nonblank)
    Kennungen der binären Merkmale (wenn LABIN=nonblank)
    Kennungen der Fälle (wenn LABCAS=nonblank)
    Kennungen der Faktoren (wenn LABSCO=nonblank)
```

KURZLAUF

```
FILE
Titelkarte
Karte B Parameter
Karte C Formatangaben
Datendeck
LABELS
X
VAR01   VAR02   SEX   QUALS   UNIV
SCATTER
  4  5L
Leerkarte
STOP
```

Der obige CLUSTAN-Job liest mit FILE die beobachteten Daten ein, kennzeichnet die 5 Variablen über LABELS und zeichnet mit der Prozedur SCATTER die Variable QUALS gegen die Variable UNIV. Im resultierenden Scatter-Plot sind die Achsen mit QUALS und UNIV gekennzeichnet.

KAPITEL 23
GRAPH-PLOTTING-KONSTANTEN

Folgende Konstanten zum Zeichnen von Graphen werden von der zuerst aufgerufenen CLUSTAN-Plotting-Prozedur festgelegt und bleiben für alle nachfolgenden Plotting-Schritte eines CLUSTAN-Laufs wirksam:

XLENG - Maximale Länge des Plots (Zoll)
YLENG - Maximale Breite des Plots (Zoll)
HEIGHT - Größe aller Legenden, Symbole und Zahlen (Zoll)
SCALE - Vergrößerung zur Erlangung der geforderten Plot-Abmessungen
ICAM - Mikrofilm-Kamera wird gewählt (35mm oder 16mm)

Um die physikalischen Abmessungen in Zentimeter umzuwandeln, multipliziere man mit 2.54.

HERKÖMMLICHE TROMMEL-PLOTTER

Benutzern von herkömmlichen Trommel-Plottern wird zunächst empfohlen, keine Plotting-Parameter zu setzen. Wenn sie nicht vorort verändert wurden, sollten sie folgende Default-Abmessungen liefern:

XLENG = 16.8 Zoll (42.67 cm)
YLENG = 10.7 Zoll (27.18 cm)
HEIGHT = 0.2 Zoll (0.51 cm)

WAHL DER MIKROFILM-KAMERA

Wenn auf Papier gezeichnet wird, erübrigt sich diese Option.

Die Kamera wird durch den Parameter ICAM spezifiziert, wobei der Default-Wert ICAM=blank die 35mm Kamera ohne Führungsrolle zuweist, während ICAM=nonblank einen 16mm Film mit Führungsrolle zuweist (ausgenommen ICAM=F).

Wenn ICAM=F, wird der 35mm Film gewählt, und die Abmessungen des Plots füllen den ganzen 35mm Rahmen aus. Wenn ICAM=blank, sind die Abmessungen des Plots ungefähr 75% des ganzen 35mm Rahmens, so daß die resultierenden Plots in die Öffnung eines 35mm Standard-Rahmens passen. Diese Option wird deshalb dann empfohlen, wenn der Benutzer Dias für Vorträge machen möchte.

WAHL DES MIKROFILM-MASSTABS

Wenn auf Papier gezeichnet wird, erübrigt sich diese Option.

Die Default-Vergrößerung für den 35mm Film ist 15, was bedeutet, daß die spezifizierten Plot-Abmessungen (XLENG,YLENG) physikalisch reproduziert werden, wenn der Film 15 mal vergrößert wird.

Die Default-Vergrößerung für den 16mm Film ist 31.25.

Wenn der Film mit einer Standard-COM-Lese- oder Reproduzierapparatur verwendet werden soll, kann der Parameter SCALE gleich der Brennweite der COM-Apparatur des Benutzers gesetzt werden, um die berechneten oder spezifizierten Plot-Abmessungen auf die physikalischen Schirm- oder Papierbegrenzungen anzupassen.

DEFAULT-PLOT-DIMENSIONEN

Gewisse physikalische Standard-Plot-Abmessungen werden berechnet, wenn die Parameter XLENG und YLENG blank oder null sind, und wenn sie den Plot-Rahmen bei vorgegebener Vergrößerung ausfüllen sollen (oder um die Dia-Fläche auszufüllen, wenn ICAM=blank). Jede dieser Abmessungen kann vom Benutzer eigens angegeben werden. Wenn jedoch dabei die Begrenzungen des Plot-Rahmens überschritten werden, erfolgt eine geeignete Anpassung.

Die Default-Plot-Abmessungen (in Zoll), die man mit Blank-Parametern erhält, sind wie folgt:

Parameter	35mm Film (ICAM=)	35mm Film (ICAM=F)	16mm Film (ICAM=X)
XLENG	16.8	22.4	8.0
YLENG	10.7	17.2	11.8
SCALE	15.0	15.0	31.25

Wenn eine andere Vergrößerung als die des Nennwertes spezifiziert wird, dann werden die Default-Werte von XLENG und YLENG durch folgende Faktoren angepaßt:

SCALE/15.0 (35mm)   SCALE/31.25 (16mm)

Man sollte erwähnen, daß die Abmessungen von Standard A4 Papier gleich 8. x 11. ohne Rand sind.

Die tatsächlichen Plot-Abmessungen XLENG und YLENG sind etwas kleiner als die oben angegebenen Rahmenlängen, um Platz für Legenden zu lassen. Im Fall der Prozedur SCATTER wird gewöhnlich eine Dimension so angepaßt, daß XLENG/YLENG gleich dem Verhältnis der X/Y Standardabweichungen entspricht.

GRÖSSE DER LEGENDEN

Der Parameter HEIGHT spezifiziert die Größe aller gezeichneten Legenden in Zoll, einschließlich der Code für die Kennungen, dem + Zeichen bei Streudiagrammen und den Clustercoden bei Clusterdiagrammen.

Die Default-Werte für HEIGHT=blank sind 0.2 Zoll für den 35mm und 0.1 Zoll für den 16mm Film.

Wenn die physikalische Länge der Titel, die bis zu 80 Zeichen lang sein kann, die spezifizierten Plot-Abmessungen übersteigt, wird die Zeichengröße jener Titel so angepaßt, daß sie in den Plot-Rahmen hineinpassen.

KAPITEL 24
PROZEDUR PLINK

ZWECK

PLINK zeichnet vollständige oder partielle Dendrogramme für beliebige HIERARCHY-, CENTROID-, DIVIDE- oder DENSITY- Clusteranalysen. Man beachte auch die Kapitel über Plotting-Konstanten, TREE und den Job für die Plot-Beispiele.

NORMALE ANWENDUNGSMETHODE

Die letzte hierarchische Clusteranalyse eines CLUSTAN-Laufs wird automatisch in Form eines Dendrogrammdecks aufgezeichnet (siehe unten), und intern für die Eingabe zu TREE oder PLINK gespeichert. Alles was der Benutzer tun muß, um auf dem Plotter ein Dendrogramm für die letzte Clusteranalyse zu zeichnen, ist die Prozedur PLINK mit den Parameterkarten A und B aufzurufen. Um Dendrogramme für mehrere hierarchische Clusteranalysen ein und desselben Laufs zu zeichnen, muß PLINK nach jedem Schritt neu aufgerufen werden.

Beispiele von Dendrogrammen, die von PLINK gezeichnet wurden, sind in den Abbildungen 31.7 und 31.10 des Jobs für die Plot-Beispiele zu sehen (Kapitel 31).

DENDROGRAMMDATEN

Jede hierarchisch fusive oder divisive Clusteranalyse speichert die Dendrogrammdaten für eine spätere Eingabe zu einem TREE- oder PLINK-Schritt. Braucht man eine bleibende Aufzeichnung der Dendrogrammdaten, so kann man mit der Prozedur TREE die Dendrogrammdaten auf eine permanente sequentielle Datei kopieren oder auf Karten ausgeben.

Um gespeicherte Dendrogrammdaten später für PLINK einzulesen, muß der Parameter IUNIT gleich der logischen Einheit der zuvor angelegten sequentiellen Datei oder 5 sein, wenn die Daten auf Karten gespeichert sind. Auf diese Weise funktioniert PLINK als eine eigenständige Prozedur; d.h. ein gültiges CLUSTAN-Datafile muß nicht vorhanden sein, und PLINK kann also der erste Prozedurschritt eines CLUSTAN-Jobs sein.

VON HAND ERSTELLTE DENDROGRAMMDECKS

Dendrogrammdaten zur Eingabe zu PLINK können von Hand erstellt werden, um Plots von Clusteranalysen zu erzeugen, die nicht von CLUSTAN stammen. Das Format ist wie folgt:

N	(I3)
(LIST(J),J=1,N)	(26I3)
(I1(I),I2(I),I=1,N-1)	(26I3)
(COEF(I),I=1,N-1)	(10F8.3)

N ist die Anzahl der Individuen (Knoten des Baums), und der I-te Schritt vereinigt die Cluster I1(I) und I2(I) beim Koeffizienten COEF(I), wobei die Clustercode I1(I) und I2(I) gleich der kleinsten Individuennummer in jedem Cluster gesetzt werden. LIST(J) ist die Individuennummer des J-ten Knoten (von links gezählt) längs der Basis des Baums, wie sie auch von TREE ausgedruckt wird.

WAHL DER LEGENDEN

Das Dendrogramm wird so gezeichnet, daß die Individuen längs der X-Achse aufgereiht sind, und die Clusterfusionen werden über die Werte der Ähnlichkeitskoeffizienten auf der Y-Achse abgebildet. Wenn LABEL= blank, wird das Dendrogramm so gezeichnet, daß die Basisknoten mit den einzelnen Fällen oder mit Clusternummern beschriftet werden, falls ein Teilbaum gezeichnet wird; (siehe unten). Der Dendrogrammtitel wird unterhalb der Knotenkennungen gezeichnet, wenn IDENT=blank. Die Koeffizientenskala wird links vom Dendrogramm gezeichnet, wenn ISCALE=blank. Nonblank-Werte für irgendeinen dieser Parameter, haben zur Folge, daß die damit verbundenen Legenden unterdrückt werden.

Wenn vorher die Prozedur LABELS gelaufen ist, um die Fallkennungen auf dem Datafile zu speichern, werden diese alphanumerischen Kennungen automatisch längs der Basis des Dendrogramms gezeichnet. Beispiele sind im Kapitel 31 angegeben. Ansonsten erfolgt die Bezeichnung durch Fallnummern.

ZEICHNEN EINES TEILBAUMS

Wenn eine große Population einer Analyse durch hierarchische Fusion unterzogen wird, möchte man manchmal die ersten Gruppierungen nicht im Dendrogramm darstellen. Der Parameter K ermöglicht es dem Benutzer, den zu den letzten K Clustern gehörigen Teilbaum zu zeichnen. Wenn der Parameter K nonblank ist, wird ein Dendrogramm gezeichnet, das K Knoten enthält (jeder stellt einen der Cluster im K-Clusterniveau dar), und zeigt die (K-1) letzten Fusionen. Wenn K blank ist, wird das ganze Dendrogramm gezeichnet.

Wenn ein Teilbaum gezeichnet wird, werden die Knoten von 1 bis K bezeichnet. Diese Code für die Knoten müssen deshalb mit den Clustercoden aus der Ausgabe der Analyse in Übereinstimmung gebracht werden. Man kann mit Sicherheit annehmen, daß die Reihenfolge der Clustercode nach der Grösse im K-Clusterniveau mit der Reihenfolge 1 bis K der Kennungen für die Dendrogrammknoten übereinstimmt. Wenn ferner die K-Cluster-Gruppierung der Clusterdiagnostik durch die Prozedur RESULT unterzogen wird, werden die bei der Normierung der Classification Arrays für die RESULT-Ausgabe erhaltenen Clustercode die gleichen sein wie die Kennungen für die Dendrogrammknoten.

DENDROGRAMM-TRANSFORMATIONEN

Mit Hilfe des Dendrogramm-Transformations-Parameters KTRAN ist es möglich, die Fusionskoeffizienten auf eine andere Skala zu transformieren. Momentan gibt es folgende Option:

KTRAN=1: Transformation auf die Skala des natürlichen Logarithmus. Man beachte, daß der Logarithmus der absoluten Koeffizientenwerte berechnet wird.

PLINK-SPEZIFIKATIONEN

KARTE A - PARAMETER

Spalten	Name	Format	üblicher Wert	Bedeutung
1	LABEL	A1	blank	LABEL=nonblank unterdrückt die Bezeichnung der Knoten des Baums mit Fallnummern.
2	IDENT	A1	blank	IDENT=nonblank unterdrückt das Zeichnen des Identifikations-titels (Karte B).
3	ISCALE	A1	blank	ISCALE=nonblank unterdrückt das Zeichnen des Koeffizienten-maßstabs.
4-6	K	I3	blank	Wenn K=blank, wird das ganze Dendrogramm gezeichnet. Ansonsten wird der Teilbaum gezeichnet, der der Fusion der letzten K Cluster entspricht.
7-11	XLENG	F5.2	blank	Die Länge der Dendrogrammbasis in Zoll. Für blank wird XLENG= 16.8 Zoll, bei Verwendung der Vergrößerung X15.
12-16	YLENG	F5.2	blank	Die Höhe des Dendrogramms in Zoll. Für blank wird YLENG= 10.7 Zoll bei Verwendung der Vergrößerung X15.
17-21	HEIGHT	F5.2	blank	Die Größe aller Legenden in Zoll (bei blank wird für 35mm HEIGHT=0.2 Zoll und für 16mm HEIGHT=0.1 Zoll verwendet.
22-26	+ SCALE	F5.2	blank	Vergrößerungsfaktor der COM-Apparatur des Benutzers (bei blank wird für 35mm ein Vergrößerungsfaktor von 15 und für 16mm ein Faktor von 31.25 benutzt).
27	+ ICAM	A1	blank	Bei blank werden 35mm Dias erzeugt. Wenn ICAM=F, wird ein 35mm Film erzeugt. Wenn ICAM=X, wird ein 16mm Film erzeugt.

28-29	IUNIT	I2	blank	Code der sequentiellen Datei, die die Dendrogrammdaten enthält. Bei blank werden die Daten des vorhergegangenen CLUSTAN-Schritts verwendet. Wenn IUNIT=5, werden Dendrogrammdaten von Karten gelesen, die nach der Karte B folgen.
30-31	KTRAN	I2	blank	Code der Dendrogramm-Transformation. Wenn KTRAN=1, werden die Fusionswerte auf eine Skala des natürlichen Logarithmus transformiert.

+ Die Parameter SCALE und ICAM brauchen von Benutzern der üblichen Plotter nicht berücksichtigt werden.

KARTE B - DENDROGRAMMTITEL (FREIER TEXT)

Spalten	Name	Format	Bedeutung
1-80	TEXT	20A4	Beliebiger Identifikationstitel (freier Text).

DENDROGRAMMDECK (ZU VERNACHLÄSSIGEN, AUSGENOMMEN FÜR IUNIT=5)

Man füge die Karten ein, so wie sie von einem vorhergegangenen CLUSTAN-Job einer hierarchischen Clusteranalyse ausgegeben wurden. Wenn PLINK das Dendrogramm eines vorangegangenen cluster-erzeugenden Schritts aus dem laufenden Job zeichnen soll, dann sollte dieses Deck weggelassen werden und IUNIT=blank sein.

DECKAUFBAU

Normalerweise folgt PLINK einem CLUSTAN-Schritt, der eine hierarchische Clusteranalyse ausgeführt hat. Die Eingabe zu PLINK ist wie folgt:

PLINK
Karte A Parameter
Karte B Dendrogrammtitel

Für den Spezialfall, daß Dendrogrammdaten auf Karten vorliegen, wird der Parameter IUNIT=5, und der Deckaufbau lautet:

PLINK
Karte A Parameter
Karte B Dendrogrammtitel
Dendrogrammdeck

KURZLAUF

FILE
Titelkarte
Karte B Parameter
Karte C Formatangaben
Datendeck
CORREL
Leere Parameterkarte
HIERARCHY
6 2 8
PLINK
Leere Parameterkarte
Dendrogrammtitel

.. .. ..
STOP

Dieser Job liest die beobachteten Daten und erzeugt ein CLUSTAN-Datafile, berechnet durch CORREL eine Abstandsmatrix und führt mit HIERARCHY die Ward's Methode aus. Das Dendrogramm für die Ward's Methode wird dann durch PLINK mit lauter Default-Optionen gezeichnet. (Ein Beispiel eines solchen Dendrogramms wird in der Abbildung 31.7 des Jobs für die Plot-Beispiele angegeben.)

KAPITEL 25
PROZEDUR SCATTER

ZWECK

Die Prozedur SCATTER zeichnet Streu-und Clusterdiagramme. Man beachte auch die Kapitel über Plotting-Konstanten und den Job für Plot-Beispiele.

Wahl der Achsen

Der Benutzer muß mit den Parametern IX und IY die beiden Dimensionen festlegen, auf die die Streudiagramme abzubilden sind. Wenn IX positiv ist, bestimmt die kontinuierliche Variable IX die X-Achse des Streudiagramms, und falls IX negativ ist, wird die Hauptkomponente IX genommen. Ebenso bestimmt das Vorzeichen von IY, ob die kontinuierliche Variable IY oder die Hauptkomponente IY die Y-Achse bildet. Dem Benutzer bleibt es überlassen, zwei kontinuierliche Variablen, zwei Hauptkomponenten oder je eine von beiden auszuwählen, solange die Zahlen IX und IY zu Daten gehören, die auf dem CLUSTAN-Datafile gespeichert sind. Jeder Fehler in der Spezifizierung wird von einem Prüfprogramm aufgefangen, was zum Abbruch des laufenden SCATTER-Schritts führt, worauf die Steuerung wieder an den CLUSTAN-Driver übergeht.

Man achte darauf, daß bei Verwendung eines 35mm Mikrofilms die effektive Nutzung der Dia-Fläche besser ist, wenn die Y-Achse eine größere Standardabweichung hat als die X-Achse oder umgekehrt.

STREUDIAGRAMM

Wenn ISCAT=blank, wird kein Streudiagramm gezeichnet.

Das X-Y Streudiagramm wird gezeichnet, wenn der Parameter ISCAT=nonblank. Für jeden Punkt wird ein Kreuz (+) so gezeichnet, daß das Zentrum des Kreuzes auf den (X,Y) Koordinaten des Punktes zu liegen kommt. Dem resultierenden Diagramm wird eine Bezugszahl zugeordnet, so daß es mit den ausgedruckten Ergebnissen identifiziert werden kann. Die Achsen werden mit den Namen der zugeordneten Variablen oder auf Wunsch mit speziellen Überschriften bezeichnet.

Die Abbildung 31.1 des Kapitels 31 zeigt ein Beispiel eines Streudiagramms.

ZEICHNEN VON FALLZAHLEN ODER -KENNUNGEN

Zwei spezielle Streudiagramme werden mit ISCAT=L erzeugt.

Wenn die Prozedur LABELS zuvor 8-Zeichen-lange alphanumerische Fallkennungen auf dem CLUSTAN-Datafile abgespeichert hat, dann wird das Streudiagramm so gezeichnet, daß jeder Punkt durch ein Kreuz (+) identifiziert wird, das in den Koordinaten des Punktes zentriert ist, dem dann die entsprechende 8-Zeichen-lange Kennung folgt. Es ist deshalb besser, wenn die Fallkennungen bei der Prozedur LABELS linksbündig stehen.

In den Abbildungen 31.2 und 31.8 werden Beispiele zu Streudiagrammen mit Kennungen dargestellt.

Wenn keine Kennungen angegeben wurden, und ISCAT=L, dann werden die Punkte des Streudiagramms mit Fallzahlen versehen.

CLUSTERDIAGRAMM

Das X-Y 'Clusterdiagramm' ist eine gesonderte Darstellung, die man für ICLUS=nonblank erhält. Es handelt sich um ein Streudiagramm, bei dem Kennungen oder Zahlen statt Kreuze gezeichnet werden, so daß jede Kennung der Code des Clusters ist, dem der betreffende Punkt zugeordnet wurde. Um ein Clusterdiagramm zu bekommen, muß der Benutzer eine Klassifikation der Population in normierter Form eines Classification Arrays angeben, (ICLA(I),I=1,N). Sie kann als die Nummer eines Classification Arrays, der bei einem früheren Schritt des laufenden CLUSTAN-Jobs erzeugt wurde, durch den Parameter NCLA angegeben werden. Wenn NCLA=blank, wird sie als normierter Classification Array einschließlich eines Titels auf Karten geliefert, und sollte unmittelbar nach der SCATTER-Parameterkarte folgen, wenn ICLUS, ICIRC oder IOUT nonblank sind (s. nächsten Abschnitt). Man sollte erwähnen, daß der Classification Array zuerst normiert wird, d. h. die ICLA(I)-Werte werden nötigenfalls so geändert, daß sie bei K Cluster im Bereich von 1 bis K liegen. Für einen beliebigen Punkt I, für den gilt: ICLA(I)=0, wird nichts auf dem Clusterdiagramm gezeichnet. Dieser Nullcode wird benutzt, um anzuzeigen, daß das I-te Individuum nicht klassifiziert werden kann.

Wenn Clusterkennungen mittels Parameter LABC und Deck D definiert wurden, wird das äußerste linke Zeichen einer jeden Clusterkennung in den Punktkoordinaten zentriert. Die Abbildung 31.5 des Kapitels 31 stellt ein Beispiel eines Clusterdiagramms mit alphanumerischen Clusterkennungen dar.

Wenn keine Clusterkennungen spezifiziert wurden, dann wird für einen beliebigen Punkt I, für den ICLA(I)=L gilt, der Wert von L im Format (I3) so gezeichnet, daß das Zentrum der äußersten linken Ziffer von L in den Punktkoordinaten zu liegen kommt. In der Abbildung 31.4 des Kapitels 31 wird ein Beispiel eines Clusterdiagramms mit ganzzahligen Clustercoden dargestellt.

Wenn Clusterkennungen angegeben werden, ist es oft interessant, einen bestimmten Cluster hervorzuheben, indem man ihn mit einem Code versieht, der aus einem Zeichen besteht (z.B. 0) und alle übrigen Cluster mit einem + kennzeichnet. Ein Beispiel eines solchen Graphen wird in der Abbildung 31.9 des Kapitels 31 gezeigt. Umgekehrt kann man eine einzelne Clusterverteilung darstellen, indem man ihr als Kennung ein + verleiht und alle übrigen Cluster mit Blanks kennzeichnet.

Wenn ICLUS=ICIRC=IOUT=blank, wird kein Clusterdiagramm gezeichnet.

CLUSTERKREISE

Wenn ICIRC=nonblank, wird für jeden Cluster im Clusterdiagramm ein Kreis gezeichnet. Angenommen, XM,YM sind die Mittelwerte und VX,VY die Streuungen der X- bzw. Y-Verteilungen für die Untermenge der Individuen, die zum Cluster L gehören, so wird der Kreis für den Cluster L mit dem Mittelpunkt bei (XM,YM) und einem Radius, der proportional zu (VX + VY) ist, gezeichnet. Die VX- und VY-Werte werden so transformiert, daß sie jeden beliebigen Skalierungsfaktor berücksichtigen, der zur Änderung der Achsenlängen eingeführt wird. Tatsächlich werden VX und VY aus Abweichungen von den Mittelwerten berechnet, die in Zoll gemessen werden. Falls R kleiner als 0.1 Zoll ist, wird ein kleines Quadrat statt eines Kreises um (XM,YM) gezeichnet. (Dies geschieht gewöhnlich nur bei Clustern, die aus einem einzigen Fall bestehen).

Zuerst werden die Clusterkreise in das Clusterdiagramm eingezeichnet, d.h. wenn ICLUS=nonblank und ICIRC=nonblank, werden Kreise und Clustercode auf den selben Plot gezeichnet. Der Benutzer kann auch nur Clustercode oder nur Clusterkreise wählen, wenn er den entsprechenden einen Parameter nonblank setzt. Beispiele von Clusterkreisen werden in den Abbildungen 31.3, 31.4 und 31.6 des Kapitels 31 gezeigt.

CLUSTER-BEGRENZUNGSLINIEN

Die konvexe Hülle, die alle Punkte innerhalb eines Clusters einschließt, wird immer dann im Clusterdiagramm gezeichnet, wenn IOUT= nonblank. Solche Begrenzungslinien werden als eine Alternative zu Kreisen für jeden Cluster erzeugt, unabhängig davon wie die Parameter ICLUS, ICIRC oder IMST gesetzt sind. Je nachdem wie es gerade angebracht ist, können sie mit dem Minimalbaum und den Clustercoden oder -kreisen kombiniert werden.

Beispiele von Cluster-Begrenzungslinien werden in den Abbildungen 31.5 und 31.6 des Kapitels 31 gezeigt.

MINIMALBAUM

Der Minimalbaum oder der kürzeste Dendrit ist der Graph der (N-1) Kanten, der alle Punkte verbindet, die kürzeste Gesamtlänge hat und keine geschlossenen Bindungen aufweist. Man kann die Methode mit dem Single Linkage Clustering vergleichen, wo das Paar der nächsten Nachbarn eines jeden Fusionsschritts eine Kante des Graphen festlegt. Diese Methode bietet die Möglichkeit, eine Population in Bezug auf die Summe der Fehlerquadrate zu zerlegen (siehe Prozedur DNDRITE).

Der Minimalbaum wird gezeichnet, falls IMST=nonblank, wenn eine Ähnlichkeits- oder Unähnlichkeitsmatrix auf dem Datafile existiert, und die Population nicht mehr als 140 Fälle umfaßt.

Der Minimalbaum wird sowohl im Streu- als auch im Clusterdiagramm gezeichnet, wenn IMST=nonblank ist. Ein Beispiel eines Minimalbaumes in einem Streudiagramm wird in der Abbildung 31.2 gezeigt, während in der Abbildung 31.4 ein Minimalbaum mit einem Clusterdiagramm kombiniert ist.

ACHSENLÄNGEN

Die Parameter XLENG und YLENG sind die Längen der Streu- und der Clusterdiagramme in den X- bzw. Y-Richtungen. Dem Benutzer wird empfohlen, beide Parameter blank zu lassen. In diesem Fall ordnet die Prozedur SCATTER Werte zu, die innerhalb der erlaubten Zeichenfläche liegen und die bewirken, daß die Diagramme maßstabsgetreu gezeichnet werden - siehe unten.

Angenommen, ein Streudiagramm der Hauptkomponenten I gegen II sei erforderlich, dann möchte man, daß die Längen der Achsen direkt proportional zu den Standardabweichungen der beiden Komponenten sind. Deshalb sollte üblicherweise die I-Achse länger sein als die II-Achse, so daß die dargestellten Abstände zwischen den einzelnen Punkten die Projektion derselben Abstände im Raum nicht verzerren.

Wenn sowohl XLENG als auch YLENG blank sind, setzt die Prozedur zuerst XLENG auf ihren Default-Wert und berechnet YLENG=XLENG*XSD/YSD in Zoll, wobei XSD und YSD die entsprechenden Standardabweichungen sind. Als nächstes wird das berechnete YLENG mit der physikalischen Plot-Begrenzung in der Vertikalachse verglichen. Wenn es diese Begrenzung überschreitet, dann wird YLENG auf seinen Default-Wert festgesetzt, und die Prozedur berechnet nochmals XLENG=YLENG*YSD/XSD. Durch diese Anpassungen können die Diagramme die erlaubten Plot-Begrenzungen nicht überschreiten. Das Diagramm wird auch maßstabsgetreu gezeichnet.

Manchmal wird diese Zuordnung der Plot-Dimensionen eine unbefriedigende Zeichnung liefern. In diesem Fall kann der Benutzer den Gesamtmaßstab des Diagramms verkleinern, indem er entweder XLENG oder YLENG festsetzt. Wenn YLENG allein festgelegt wird, dann wird XLENG aus der Formel XLENG=YLENG*XSD/YSD berechnet. Ähnlich wird YLENG=XLENG*YSD/XSD berechnet, wenn XLENG allein festgelegt wird. In beiden Fällen werden die resultierenden Dimensionen nötigenfalls angepaßt, um sicherzugehen, daß sie die physikalischen Plot-Begrenzungen nicht überschreiten. Diese Kombinationen sollten benutzt werden, wenn das Diagramm auf eine spezielle Papiergröße passen soll (wie etwa eine DIN A4 Seite), und die Verteilung wird dennoch maßstabsgetreu gezeichnet.

Wenn schließlich die beiden ausgewählten Variablen Standardabweichungen haben, die sehr unterschiedlich sind, so wird das aus berechneten Werten für XLENG und YLENG resultierende Diagramm als ein schmales Rechteck erscheinen. Unter diesen Umständen ist es angebracht, das Bild so zu verzerren, daß wieder ein ausgewogenes Rechteck entsteht. Um das zu erreichen, kann der Benutzer Werte sowohl für XLENG als auch für YLENG angeben, die bewirken, daß die Plot-Dimensionen fixiert sind. In diesem Fall wird die Verteilung nicht maßstabsgetreu gezeichnet.

Die Default-Werte für XLENG und YLENG und die physikalischen Plot-Begrenzungen werden, wie bereits früher beschrieben, durch die Plot-Parameter SCALE und ICAM festgelegt. Man beachte für den Fall, daß der Parameter ICAM blank ist, die Zeichnung so verkleinert wird, daß die physikalischen Abmessungen auf einen 35mm Dia-Rahmen zugeschnitten sind.

ZEICHNEN MIT GEOGRAPHISCHEN KOORDINATEN

Zunächst müssen die Werte der Längen- und Breitengrade als zwei zusätzliche Variablen durch die Prozedur FILE eingelesen werden (es wird angenommen, daß die Breiten- und Längengrade im selben Maßstab gemessen sind). Als nächstes werden über die Prozedur RESULT die Standardabweichungen, Maxima und Minima für diese beiden Variablen bestimmt. Nun starte man SCATTER, indem man die Variable für die Breite der X-Achse und die Variable für die Länge der Y-Achse zuordnet und XLENG einer passenden Länge gleichsetzt (z.B. XLENG=8 Zoll), und dann berechne man YLENG=XLENG*(YMAX-YMIN)/(XMAX-XMIN). Sowohl XLENG als auch YLENG sind somit festgelegt, und die Diagramme werden in einem Abstandsmaßstab gezeichnet, d.h. der Abstand zwischen irgend zwei Punkten ist dem Abstand in Meilen direkt proportional, der die entsprechenden geographischen Lagen trennt. Man sollte das entstehende Bild sorgfältig prüfen, um sich zu vergewissern, daß man ein richtiges Diagramm und nicht ein Spiegelbild erhalten hat.

ZEICHNEN SIGNIFIKANTER BINDUNGEN

Die Parameter ITH und THRESH kann man benutzen, um große Ähnlichkeiten oder kleine Abstände im Clusterdiagramm zu zeichnen. Wenn ITH=nonblank und eine Ähnlichkeitsmatrix gespeichert ist, dann wird jede Ähnlichkeit gezeichnet, die größer oder gleich THRESH ist. Falls eine Unähnlichkeitsmatrix gespeichert ist, wird jeder Abstand gezeichnet, der kleiner oder gleich THRESH ist. Diese Option kann mit Clusterkreisen oder konvexen Begrenzungslinien kombiniert werden, um den Umfang an signifikanten Bindungen zwischen den Clustern zu zeigen; beispielsweise um die Single Linkage-Kettenbildung einer stabilen Error Sum of Squares-Klassifikation gegenüberzustellen. Passende Werte für THRESH können entweder aus den K-Linkage-Listen gefunden werden, die die Prozedur RESULT erstellte, oder aus den Fusionsniveaus für Single-, Average- oder Complete Linkage, die aus einem früheren HIERARCHY-Lauf stammen.

Die Abbildung 31.3 des Kapitels 31 zeigt ein Beispiel eines Clusterdiagramms mit eingezeichneten Abständen, die kleiner als 0.27 sind.

ZEICHENGRÖSSE

Den Parameter HEIGHT kann man dazu verwenden, die Größe in Zoll für die im Streudiagramm gezeichneten Kreuze und die im Clusterdiagramm gezeichneten Clustercode festzulegen. Wenn HEIGHT=blank, dann wird der Wert auf 0.2 Zoll gesetzt (oder auf 0.1 Zoll für einen 16mm Film). Dieser Parameter spezifiziert auch die Größe der Beschriftungen, die längs der Achsen gezeichnet werden, mit Ausnahme dort, wo die Längen der Überschriften zu groß sind, um auf die Zeichenfläche zu passen. In einem solchen Fall wird die Größe passend verkleinert.

Ein Beispiel für kleinere Beschriftungen wird in der Abbildung 31.8 des Kapitels 31 gezeigt, wo HEIGHT=0.1 gesetzt wurde.

KOORDINATENACHSEN

Wenn IAXES=nonblank, werden sowohl in Streu- als auch in Clusterdiagrammen die Koordinatenachsen gezeichnet. Dies sind die Achsen, die durch das Mittel der Verteilung gehen; das ist gewöhnlich der Ursprung (0,0) wie im Fall der normierten Variablen und der Faktorwerte.

Beispiele für Achsen, die in Streu- und Clusterdiagramme eingezeichnet wurden, werden in den Abbildungen 31.7 beziehungsweise 31.9 gezeigt.

ACHSENBESCHRIFTUNG

Die Beschriftungen, die den X- und Y-Achsen durch Default zugeordnet werden, sind von der Form 'VARIABLE...' oder 'FACTOR...', wobei 8-Zeichen-lange Kennungen gezeichnet werden, wenn die Prozedur LABELS zuvor Variablen- oder Faktorkennungen gespeichert hat. Falls diese ungeeignet sind, kann der Benutzer seine eigenen Achsenbeschriftungen liefern, indem er LABX=nonblank setzt, um die X-Achse und/oder LABY=

nonblank setzt, um die Y-Achse zu benennen. Die damit verbundenen Beschriftungen werden dann in die Spalten 1-80 zusätzlicher Karten (B und C) gestanzt, die nach der SCATTER-Parameterkarte folgen sollten.

Die Größe solcher Beschriftungen wird durch den Parameter HEIGHT angegeben. Sie kann jedoch verkleinert werden, wenn nicht genügend Platz vorhanden ist, den Text innerhalb der physikalischen Plot-Abmessungen unterzubringen (beispielsweise wurde die Beschriftung der X-Achse in der Abbildung 31.5 verkleinert). Zusätzlich zu den Beschriftungen der X- und Y-Achse fügt die Prozedur 'PLOT NUMBER...' parallel zur X-Achse und den Titel der CLUSTAN-Datafile-Beschreibung parallel zur Y-Achse hinzu.

DATENZUSAMMENFASSUNG

Der Parameter IPDATA kann nonblank gesetzt werden, um eine Zusammenfassung von den X- und Y-Koordinaten und den Clustercoden aller N Fälle zu liefern. Da hierbei ein Ausdruck von N Zeilen erzeugt wird, der im Fall umfangreicher Populationen sehr groß werden kann, unterdrückt das Default von IPDATA=blank den Ausdruck.

Es folgt ein Beispiel der verkürzten Datenzusammenfassung, die für ein Streu- und Clusterdiagramm erzeugt wurde:

```
INPUT CLASSIFICATION ARRAY
DNDRIT ERROR SUM OPTIMISATION   4 CLUSTERS ERROR SUM =  1.931
  3   3   3   1   2   2    3   1   4

PLOT DIMENSION ALLOCATIONS

XLENG = 13.560 COMPUTED FROM RATIO OF STANDARD DEVIATIONS

PLOT NUMBER   1 = X-Y SCATTER DIAGRAM

PLOT NUMBER 2 = X-Y CLUSTER DIAGRAM
CLUSTER CODES TO BE PLOTTED
CLUSTER CIRCLES TO BE DRAWN

SUMMARY OF INPUT DATA

X-AXIS = FACTOR 1
Y-AXIS = FACTOR 2

                     X-AXIS      Y-AXIS

DATA MAXIMA           2.7017      2.0194
DATA MINIMA          -3.8916     -2.0648
DATA RANGE            6.5933      4.0842
DATA MEAN             0.0000      0.0000
DATA ST DEV           1.8712      1.1040
PLOT MAXIMA           3.3610      2.4279
PLOT MINIMA          -4.5510     -2.4732
PLOT RANGE            7.9120      4.9010
PLOT LENGTHS         13.5599      8.0000  INCHES
FRAME LIMITS         16.8412     10.7813  INCHES
CAMERA MAGNIFICATION      *15.00
CHARACTER HEIGHT          0.2000
CAMERA    = 35MM
```

CLUSTER DIAGRAM DATA

CLUSTER	SIZE	X-MEAN	Y-MEAN	X-ST DEV	Y-ST DEV	CIRCLE RADIUS
1	2	1.6062	1.3692	0.2540	0.6502	1.1471
2	2	-2.8600	0.5534	1.0317	0.0061	1.7681
3	4	-0.0485	-0.8313	0.3276	0.8256	1.4599
4	1	2.7017	-0.5203	0.0	0.0	0.0 (BOX DRAWN)

Das obige Beispiel entspricht den Ergebnissen, die von SCATTER bei Schritt E4(1) des Testdatenplans ausgegeben werden, wobei die Länge der Y-Achse durch das Setzen von YLENG=8 auf 8 Zoll beschränkt ist.

SCATTER-SPEZIFIKATIONEN

KARTE A PARAMETER

Spalten	Name	Format	üblicher Wert	Bedeutung
1-3	IX	I3	-1	Code der auf der X-Achse zu zeichnenden Variablen (man setze IX negativ, um die Hauptkomponente IX zu bekommen).
4-6	IY	I3	-2	Code der auf der Y-Achse zu zeichnenden Variablen (man setze IY negativ, um die Hauptkomponente IY zu bekommen).
7	ISCAT	A1	L	Wenn ISCAT=nonblank, wird ein Streudiagramm gezeichnet. Wenn ISCAT=L, werden die Punkte numeriert oder benannt.
8	ICLUS	A1	X	Wenn ICLUS=nonblank, werden Clustercode gezeichnet.
9	ICIRC	A1	blank	Wenn ICIRC=nonblank, werden Clusterkreise gezeichnet.
10	IAXES	A1	X	Wenn IAXES=nonblank, werden Koordinatenachsen gezeichnet.
11-15	XLENG	F5.3	blank	Länge der X-Achse in Zoll. Bei blank wird XLENG=16.8 Zoll gesetzt.
16-20	YLENG	F5.3	blank	Länge der Y-Achse in Zoll. Bei blank wird YLENG=10.7 Zoll gesetzt.

21-25	HEIGHT	F5.3	blank	Größe der Legenden in Zoll für die Streu- und Clusterdiagramme. Bei blank wird 0.2 Zoll benutzt (oder 0.1 Zoll für 16mm Mikrofilm).
26-30	SCALE	F5.3	blank	Vergrößerungsfaktor der COM-Apparatur (bei blank wird 15 für 35mm oder 31.25 für 16mm verwendet).
31	ICAM	A1	blank	Bei blank werden Papier-Plots oder 35mm Dias erzeugt. Wenn ICAM=F,wird 35mm Film erzeugt. Wenn ICAM=X, wird ein 16mm Film erzeugt.
32	IMST	A1	X	Wenn IMST=nonblank, wird der Minimalbaum gezeichnet. Dies ist nur möglich, wenn $N < 140$.
33	IOUT	A1	X	Wenn IOUT=nonblank, werden Cluster-Begrenzungslinien gezeichnet.
34-35	NCLA	I2	-	Nummer des Classification Array, der von CLUSDECK gelesen werden soll. Bei blank wird der Classification Array von Karten gelesen (Deck E), falls ein Clusterdiagramm gewünscht wird.
36	LABX	A1	blank	Wenn LABX=nonblank, wird die X-Achse mit der Karte B beschriftet.
37	LABY	A1	blank	Wenn LABY=nonblank, wird die Y-Achse mit der Karte C beschriftet.
38	LABC	A1	blank	Wenn LABC=nonblank, wird das Clusterdiagramm mit alphanumerischen 8-Zeichen-langen Kennungen beschriftet (Deck D).
39	IPDATA	A1	X	Wenn IPDATA=nonblank, werden die X,Y-Koordinaten ausgedruckt.
40	ITH	A1	blank	Wenn ITH=nonblank, werden signifikante Bindungen ins Clusterdiagramm gezeichnet.

41-46	THRESH	F6.2	blank	Schwellenwert unterhalb dessen Ähnlichkeiten nicht gezeichnet werden (oder oberhalb dessen Unähnlichkeiten nicht gezeichnet werden).

KARTE B (ERÜBRIGT SICH, WENN LABX=BLANK)

Spalten	Name	Format	Bedeutung
1-80	XTEXT	20A4	Beschriftung längs der X-Achse (Freier Text)

KARTE C (ERÜBRIGT SICH, WENN LABY=BLANK)

Spalten	Name	Format	Bedeutung
1-80	YTEXT	20A4	Beschriftung längs der Y-Achse (Freier Text)

KARTE D (ERÜBRIGT SICH, WENN LABC=BLANK)

Spalten	Name	Format	Bedeutung
1-8	LAB1	A8	Alphanumerische Kennung für Cluster 1 (linksbündig)
...	...	..	....
73-80	LAB8	A8	Alphanumerische Kennung für Cluster 8 (linksbündig)

Es sollte ebensoviele Clusterkennungscode geben, wie es Cluster im Classification Array gibt, der durch den Parameter NCLA oder das Deck E spezifiziert wird. Es sollten deshalb bei Bedarf auf zusätzlichen Karten weitere Clusterkennungen angegeben werden.

CLASSIFICATION ARRAY (WIRD NUR FÜR DAS CLUSTERDIAGRAMM BENÖTIGT)

DECK E - KARTE 1 (ERÜBRIGT SICH, WENN NCLA=NONBLANK)

Spalten	Name	Format	Bedeutung
1-80	TEXT	20A4	Freier Text - Titelkarte des Classification Array.

DECK E - KARTEN 2,3,...(CLUSTERCODE - ENTFALLEN, WENN NCLA=NONBLANK)

Spalten	Name	Format	Bedeutung
1-78	ICLA	26I3	Der das Clusterdiagramm spezifizierende Classification Array (ICLA(I),I=1,N).

Anmerkung: ICLA definiert die Clustercode, die im Clusterdiagramm gezeichnet werden sollen und spezifiziert die Clusterverteilungen, die

die Mittelpunkte und Radien der Clusterkreise bestimmen, die für ICIRC=nonblank gezeichnet werden. Ein beliebiger Wert ICLA(I)=L bedeutet, daß das Objekt I zum Cluster L gehört, und wenn ICLA(I)=0, dann ist das Objekt I unklassifiziert, und sein Clustercode wird nicht gezeichnet.

Der Parameter NCLA kann dazu dienen, einen bei einem früheren CLUSTAN-Prozedurschritt erzeugten Classification Array zu spezifizieren. Entscheidet man sich für diese Option, dann braucht man das Deck E nicht.

DECKAUFBAU

Die Prozedur SCATTER erwartet, daß ein gültiges CLUSTAN-Datafile erzeugt wurde, und braucht von einem vorangegangenen CLUSTAN-Schritt einen Classification Array (wenn ein Clusterdiagramm gezeichnet werden soll). Die Eingabe zu SCATTER ist wie folgt:

SCATTER
KARTE A Parameter
KARTE B (wenn eine spezielle X-Achsenbeschriftung benötig wird)
KARTE C (wenn eine spezielle Y-Achsenbeschriftung benötig wird)
KARTE D (wenn alphanumerische Clusterkennungen geliefert werden)
KARTE E (wenn ein Classification Array auf Karten geliefert wird)
Leerkarte (beendet die SCATTER-Eingabe)

Wenn mehr als ein Streu- oder Clusterdiagramm im selben CLUSTAN-Schritt gezeichnet werden soll, sollte man daran denken, daß die Eingabe wiederholt werden kann, wobei lediglich eine Leerkarte am Ende benötigt wird, um den Schritt zu beenden.

KURZLAUF

```
FILE
Titelkarte
KARTE B Parameter
KARTE C Formatangaben
Datendeck
CORREL
Leere Parameterkarte
HIERARCHY
6  2  8
SCATTER
 -1 -2XXXX                    1
Leerkarte
..  ..  ..

STOP
```

Der obige CLUSTAN-Job liest die beobachteten Daten ein, berechnet durch CORREL eine Abstandsmatrix und führt mit HIERARCHY die Ward's Methode aus. Die Prozedur SCATTER zeichnet dann sowohl die Streu- als auch die Clusterdiagramme für die Hauptkomponenten 1 gegen 2. Das Clusterdiagramm zeigt die mit der Ward's Methode erhaltene 8 Cluster-Gruppierung (Classification Array 1 auf CLUSDECK). Clusterkreise werden den Clustercoden überlagert, und außerdem werden die Achsen eingezeichnet.

KAPITEL 26
PROZEDUR SPSS

ZWECK

Diese Prozedur liest eine SPSS-Systemdatei und kopiert die Datenmatrix als normierte oder nicht-normierte kontinuierliche Variablen auf ein CLUSTAN-Datafile. Die Hauptkomponentenanalyse kann gerechnet werden.

METHODE

Der Benutzer sollte eine Systemdatei angeben, die zuvor von SPSS mit einer "SAVE FILE"-Steuerkarte gerettet wurde. Diese Prozedur liest die Datei (die auf die logische Einheit INFILE gelegt wird) und speichert oder berechnet davon folgende Einzelheiten (* sind wahlweise):

SPSS-Dateiname
Variablennamen und Kennungen
Code für fehlende Werte
Normierte oder nicht-normierte kontinuierliche Variablen
*Kreuzproduktkorrelationen
*Eigenwerte und Eigenvektoren
*Hauptkomponentenwerte

BESCHRÄNKUNGEN

Die Prozedur ist folgenden Beschränkungen unterworfen:

1. Maximale Anzahl der Fälle = 999.
2. Maximale Anzahl der Variablen = 200.
3. Variablen mit alphanumerischen Coden werden nicht angenommen.
4. Code für fehlende Werte werden nicht gesondert behandelt.
5. Maximale Anzahl der Variablen für Korrelationen oder Hauptkomponenten = 80.

Für den Fall, daß die SPSS-Datei nicht mit den obigen Erfordernissen übereinstimmt, werden von CLUSTAN folgende Aktionen eingeleitet:

1. Die ersten 999 Fälle werden eingelesen, und der CLUSTAN-Lauf wird fortgesetzt.
2. Die Prozedur wird beendet, und der CLUSTAN-Lauf wird abgebrochen.
3. Die Prozedur wird beendet, und der CLUSTAN-Lauf wird abgebrochen.
4. Eine Warnung wird ausgedruckt, und der CLUSTAN-Lauf wird fortgesetzt.
5. Die Korrelationen und die Hauptkomponenten werden nicht berechnet.

STATISTISCHE TRANSFORMATIONEN

Die Berechnung der normierten Werte, Korrelationen, Eigenwerte, Eigenvektoren und Hauptkomponentenwerte erfolgt genauso wie bei der Prozedur FILE. Die Parameter ISTAND, NPCF und JEIGV haben die gleiche Bedeutung wie bei FILE.

VARIABLEN-IDENTIFIKATION

Die Standard-SPSS-Variablen SEQNUM, SUBFILE und CASWGT werden nicht auf CLUSTAN übertragen. Die übrigen Variablen werden von 1 bis MN (maximal 200) neu numeriert, und diese CLUSTAN-Bezugszahlen werden neben den entsprechenden Variablennamen bei der SPSS-Dateibeschreibung ausgedruckt (Parameter KDES).
Variablennamen, die von der SPSS-Datei kopiert werden, können von den Prozeduren TREE und SCATTER für Kennungszwecke benutzt werden. Sie können auch durch die Prozedur LABELS geändert werden.

CODE FÜR FEHLENDE WERTE

Obwohl Code für fehlende Werte von dieser Prozedur gespeichert werden, können sie momentan bei der Berechnung der Clusteranalysen durch CLUSTAN nicht berücksichtigt werden. Code für fehlende Werte werden wie echte Daten für den Zweck der Normierung oder der Berechnung der Hauptkomponenten behandelt.

SPSS-SPEZIFIKATIONEN

Spalten	Name	Format	üblicher Wert	Bedeutung
1	KDOC	A1	P	Wenn KDOC=nonblank, wird jede beliebige SPSS-Dateidokumentation ausgegeben.
2	KDES	A1	p	Wenn KDES=nonblank, wird die SPSS-Dateibeschreibung ausgegeben.
3	KOBS	A1	*blank	Wenn KOBS=nonblank, wird die SPSS-Datenmatrix aufgelistet.*
13	ISTAND	A1	S	Wenn ISTAND=nonblank, werden kontinuierliche Daten zu normierten Werten transformiert. Wenn ISTAND=blank, werden kontinuierliche Rohdaten gespeichert.
14	JCOR	A1	C	Wenn JCOR=nonblank, werden Kreuzproduktkorrelationen berechnet und gespeichert.
15-16	NPCF	I2	10	Wenn NPCF ungleich null ist, wird die Hauptkomponentenanalyse ausgewertet und NPCF-Werte werden gespeichert.
17	JEIGV	A1	E	Wenn JEIGV=nonblank, werden die Eigenvektoren auf die Datei gebracht, die sich aus der Hauptkompenentenanalyse ergeben.

18-19	INFILE I2	blank	Logische Dateinummer für die SPSS-Systemdatei (Bereich 8-99). Bei blank wird INFILE=8 angenommen.

*Wichtig: Bei der Wahl von KOBS sei man sehr vorsichtig, da ein umfangreicher Ausdruck von N*MN/5 Zeilen erzeugt wird, wobei MN die Anzahl der Variablen in der Datenmatrix ist.

DECKAUFBAU

Die Eingabe zur Prozedur SPSS ist wie folgt:

```
SPSS
Parameterkarte
```

SPSS ist immer die erste Prozedur eines CLUSTAN-Jobs, wenn die Eingabe von einer SPSS-Systemdatei kommt.

KURZLAUF

Der Benutzer sollte zuerst alle Variablen löschen, die für die Clusteranalyse nicht benötigt werden (z.B. Variablen mit fehlenden Werten oder alphanumerischen Coden) und die resultierende SPSS-Systemdatei retten. CLUSTAN kan nun als zweiter Job-Schritt folgen, indem die SPSS-Datei von der logischen Einheit 8 mit folgender Eingabe gelesen wird:

```
SPSS
PP S
CORREL
Leere Parameterkarte
HIERARCHY
6 2 6
TREE
Leere Parameterkarte
..  ..  ...
STOP
```

Dieser Job liest die zuvor gerettete SPSS-Systemdatei, druckt die Dateibeschreibung und die Dokumentation aus und normiert die Datenmatrix. Die Abstandsmatrix wird von CORREL aus normierten Werten berechnet,die Ward's Methode wird gestartet, und das entsprechende Dendrogramm wird über TREE ausgedruckt. Classification Arrays werden für alle Gruppierungen von 6 bis hinab zu 2 Cluster auf CLUSDECK gespeichert, die nötigenfalls durch RESULT weiter analysiert werden könnten.

Ein Beispiel einer Stichprobe, bei der eine SPSS-Datei gelesen und die obige Analyse durchgeführt wird, wird der CLUSTAN 1C Version 2 und späteren mitgeliefert. Im Kapitel 33 wird dieses Beispiel auch beschrieben.

ANERKENNUNG

Der Beitrag dieser Prozedur stammt von Satoshi Yasuda von der Doshisha University, Kyoto, Japan .

LITERATUR 65

KAPITEL 27
UTILITY-PROZEDUREN

Dieses Kapitel beschreibt die CLUSTAN-Utility-Prozeduren und ihre Eingabe.

PROZEDUR RESTART

Jedesmal wenn eine CLUSTAN-Prozedur das CLUSTAN-Datafile neu erstellt oder seinen Inhalt bleibend verändert, kopiert sie das Datafile auf eine SAVE-Datei, bevor zum nächsten Schlüsselwort weitergegangen wird. Wenn der Benutzer eine Privatdatei anlegt, um die SAVE-Datei aufzunehmen, kann der CLUSTAN-Job mit Hilfe der Prozedur RESTART irgendwann fortgeführt werden. Dies kann die Rechenzeit beträchtlich verkürzen, die benötigt wird, um die beobachteten Daten neu zu laden und die Hauptkomponentenanalyse oder eine Ähnlichkeitsmatrix zu berechnen. Besonders empfehlenswert ist dieses Vorgehen bei umfangreichen Problemen. Es muß jedoch betont werden, daß nur das CLUSTAN-Datafile gerettet wird; d.h. irgendwelche Classification Arrays, die auf CLUSDECK gespeichert sind oder Dendrogrammdaten, die von den Prozeduren HIERARCHY, CENTROID oder DIVIDE gespeichert wurden, gehen verloren, wenn der CLUSTAN-Job endet. Sie können nur zu einem anderen Job übertragen werden, wenn sie auf eine permanente Datei kopiert oder auf Karten gestanzt werden.

Um die RESTART-Funktion zu benutzen, muß der Benutzer bei einem vorangegangen Job eine SAVE-Datei erzeugt haben (wegen Einzelheiten dazu siehe die JCL-Spezifikationen). Dieselbe SAVE-Datei sollte in der JCL des Benutzers für nachfolgende Jobs spezifiziert werden, und das erste Schlüsselwort sollte

RESTART

heißen, das in Spalte 1 geschrieben wird. Für die Prozedur RESTART werden keine Parameterkarten benötigt.

PROZEDUR SIZE

Einige große Probleme können fehlschlagen, weil nicht genügend Platz auf der Datei mit der logischen Einheit 2 ist, und die DEFAULT-Size für ein CLUSTAN-Datafile nur aus 5400 10-Word Records besteht. Wenn das eintritt, kann die Größe des Datafiles dadurch erweitert werden, daß SIZE als erstes Prozedur-Schlüsselwort eines CLUSTAN-Jobs steht, gefolgt von einer Parameterkarte, die den Optionscode 1, 2 oder 3 in der Spalte 1 enthält.

Die SIZE-Prozedur erzeugt drei größere Dateien, um große CLUSTAN-Datafiles zu speichern, die mit folgenden maximalen Kapazitäten aufweisen können:

Option	Maximales CLUSTAN-Datafile
1	10000 10-Word Records
2	28000 10-Word Records
3	55000 10-Word Records

BEISPIEL

SIZE
3

Diese beiden Karten erzeugen das größtmögliche CLUSTAN-Datafile, das 550000 Worte umfaßt. (Man beachte: der Umfang der Ähnlichkeitsmatrix ist ungefähr N*N/2 Worte).

TRACE-SCHLÜSSELWORT

Die Prozedur mit dem Schlüsselwort TRACE bewirkt, daß ein Trace-Ausdruck von den Platten- und den Bandeingabe/-ausgabe-Operationen erzeugt wird. Sie wird meistens zum Testen des Systems verwendet, um sicherzustellen, daß Dateien korrekt geöffnet und angesprochen werden. TRACE erwartet keine Parameterkarten.

COMMENT-SCHLÜSSELWORT

Prozedur-Schlüsselwortkarten, bei denen das Schlüsselwort COMMENT in den Spalten 1-7 steht, werden vom CLUSTAN-Driver gedruckt. Kommentarkarten können dazu benutzt werden, die CLUSTAN-Ausgabe mit Erläuterungen zu versehen (siehe Testbeispiele).

Man beachte, daß COMMENT-Karten nicht vor Prozedur-Parameterkarten stehen dürfen; sie können nur unmittelbar vor Prozedur-Schlüsselwortkarten erscheinen, wo sie vom CLUSTAN-Driver gelesen und ausgedruckt werden.

STOP-SCHLÜSSELWORT

Das STOP-Schlüsselwort beendet den laufenden CLUSTAN-Job. Es ist nicht unbedingt nötig, kann aber manchmal gebraucht werden, um irgendwelche offenen Dateien am Ende korrekt zu schließen (z.B. bei Benutzung der PLOT-Prozeduren).

KAPITEL 28
BETRACHTUNG DER ÄHNLICHKEITSKRITERIEN

Es gibt zwei Arten von Ähnlichkeitskoeffizienten:
die binären (I,J)-Maße und die Inter-Cluster (P,Q)-Maße.

Die (I,J)-Maße sind jene, die für zwei Individuen in der herkömmlichen Bezeichnungsweise einer Vierfeldertafel definiert sind, und diese Koeffizienten können sicherlich nicht so verallgemeinert werden, um die Ähnlichkeit zwischen Cluster zu messen. Solche Koeffizienten können lediglich mit CORREL für jene Prozeduren gewählt werden, die nur mit der Ähnlichkeitsmatrix arbeiten (MODE, HIERARCHY, DNDRITE und KDEND), oder sie können zu Berechnungen der nächsten Nachbarn (Prozedur RESULT) oder des Minimalbaums (Prozeduren DNDRITE und SCATTER) dienen.

Jeder Koeffizient für kontinuierliche Daten kann als ein (P,Q)-Maß für die Ähnlichkeit zweier Cluster betrachtet werden, indem einfach die Schwerpunkte der Cluster P und Q als zwei Individuen betrachtet werden, die die Cluster repräsentieren. Zusätzlich gibt es noch ausgeklügeltere Maße, wie z.B. die Error Sum of Squares oder die Information Statistic, die die Gruppenstruktur berücksichtigen. In all diesen Fällen können die Inter-Clusterkriterien als Ähnlichkeit S(P,Q) zweier Cluster P und Q definiert werden, da sogar die Gruppenstrukturmaße als Abnahme an Homogenität S(P,Q) ausgedrückt werden können, die aus der Fusion der Cluster P und Q resultiert.

DREITEILIGER CLUSTERALGORITHMUS

Bei Vorgabe dieses ziemlich allgemeinen Ansatzes zur Definition der Ähnlichkeit zweier Cluster, werden bei CLUSTAN drei komplementäre Clusteralgorithmen zur Verfügung gestellt:

(1) Hierarchische Fusion (HIERARCHY und CENTROID)
Bei jedem Fusionszyklus werden jene beiden Cluster P und Q vereinigt, für die S(P,Q) die maximale Inter-Cluster-Ähnlichkeit darstellt.

(2) Monothetische Division (DIVIDE)
Bei ausschließlich binären Daten wird jedes Merkmal T für die Teilung eines Clusters P in Untermengen +T, -T herangezogen, die sich durch das Vorhandensein/Nicht-Vorhandensein von T auszeichnen. Der Cluster P wird bezüglich desjenigen Merkmals T geteilt, für das S(+T,-T) unter allen T's die geringste Ähnlichkeit aufweist.

(3) Iterative Relokation (RELOCATE)
Für ein beliebiges Individuum I wird das Ähnlichkeitskriterium benutzt, um sowohl die Ähnlichkeit S(I,P) zwischen I und seinem zugehörigen Cluster P als auch die Ähnlichkeit S(I,Q) zwischen I und irgendeinem anderen Cluster Q zu messen. Wenn S(I,Q) größer als S(I,P) ist, dann wird das Individuum I vom Cluster P weggenommen und dem Cluster Q zugeteilt. Der Leser wird wegen der Removal-Option, bei der S(I,P) als S(I,P-I) definiert ist, auf das Kapitel über RELOCATE verwiesen. S(I,P-I) mißt die Verwandschaft zwischen einem Fall I und seinen übrigen Mitgliedern aus einem Cluster P.

WAHL DES ÄHNLICHKEITSKRITERIUMS

So gesehen, scheinen die Ergebnisse mehr von der Wahl des Ähnlichkeitskriteriums als von der Wahl der Prozedur abzuhängen. Man kann erwarten, daß die Error Sum of Squares bei allen drei Verfahren sehr ähnliche Ergebnisse erzielen wird, und daß sich diese merklich von denen unterscheiden werden, die man mit anderen Maßen, wie etwa dem Correlation-Kriterium, erhält.

Wahrscheinlich der beste Hinweis für die Güte eines Ähnlichkeitsmaßes ist die iterative Relokations-Prozedur. Wenn diese Methode unabhängig von den Anfangsbedingungen (zufällige oder suboptimale) die gleichen Ergebnisse erzielt, dann kann man sagen, daß das Kriterium gut geeignet ist. Andernfalls muß die Gültigkeit des Maßes angezweifelt werden.

Das Kapitel über 'Zu Empfehlende Analysen' gibt Beispiele zur Optimierung des Error Sum of Squares-Kriteriums und auch zur Anwendung der Size und Shape Difference-Koeffizienten, um bei der Prozedur RELOCATE orthogonale Anfangsbedingungen zu schaffen. Die Error Sum of Squares kann auch durch die Ward's Methode optimiert werden, indem der hierarchische Fusionsalgorithmus der Prozedur HIERARCHY mit einer von der Prozedur CORREL berechneten Abstandsmatrix verwendet wird.

ÄHNLICHKEITSKRITERIEN-ERZEUGENDE FUNKTION

Zwei Cluster P und Q umfassen NP bzw. NQ Individuen. Wenn es M Variablen (binäre oder kontinuierliche) gibt, dann werden die beiden Daten-Untermatrizen der Cluster P und Q M*NP bzw. M*NQ Elemente besitzen. Die Schwerpunkte (WP(J),J=1,M) und (WQ(J),J=1,M) erhält man durch Aufsummieren der Spalten der Daten-Untermatrizen von P bzw. Q und anschließendes Dividieren der resultierenden Vektoren durch NP bzw. NQ. Die Ähnlichkeit zwischen den Clustern P und Q kann dann durch 4 Parameter einer verallgemeinerten 'Ähnlichkeitskriterien-erzeugenden Funktion' ausgedrückt werden, wodurch viele geltende Clusterkriterien wie folgt herleitbar sind:

AP = Gesamtsumme der Elemente der M*NP Daten-Untermatrix von P.

GP = Gesamtsumme der quadrierten Elemente der M*NP Daten-Untermatrix von P.

BP = (Summe der quadrierten Schwerpunktselemente WP(J)) *NP**2

DPQ = (Kreuzproduktsumme der Schwerpunktselemente WP(J)*WQ(J))*NP*NQ

Die meisten Inter-Cluster-Ähnlchkeitskriterien können durch diese Bezeichnungsweise ausgedrückt werden. Beispielsweise ist das Dot Product zwischen den Clustern P und Q die Summe der WP(J)*WQ(J)-Werte dividiert durch M. Hieraus folgt:

Dot Product (P,Q) = DPQ/(M*NP*NQ)

Bei Verwendung der üblichen Vierfeldertafel erhählt man für binäre Daten die Zellenhäufigkeiten für die (I,J)-Koeffizienten wie folgt:

A = DPQ (Anzahl der gemeinsamen Merkmale)
B = AP-DPQ (Anzahl der bei Fall I vorhandenen Merkmale)
C = AQ-DPQ (Anzahl der bei Fall J vorhandenen Merkmale)
D = M+DPQ-AP-AQ (Anzahl der in beiden Fällen fehlenden Merkmale)

Diese Methode ist besonders effizient zur Berechnung von Inter-Cluster-Ähnlichkeiten wie etwa der Error Sum of Squares, da die AP-, GP- und BP-Parameter als skalare Konstanten gespeichert sind, so daß lediglich DPQ für jeden Clustervergleich berechnet werden muß. Außerdem werden diese Parameter schnell überarbeitet, um Clusterfusionen und -divisionen oder Relokationen von Fällen zu berücksichtigen, ohne auf die Orginaldatenmatrix zurückzugreifen. Der dreiteilige Clusteralgorithmus von CLUSTAN ist deshalb äußerst anpassungsfähig, was den Bereich der Ähnlichkeitskriterien angeht, der geprüft werden kann, und liefert gleichzeitig drei relativ einfache Methoden zur Optimierung, die sich für verschiedene Datentypen und Anwendungen eignen.

USER-FUNKTION

Um einen neuen Ähnlichkeitskoeffizienten bei CLUSTAN einzuführen, sollte die Formel zuerst in Form dieser vier Parameter ausgedrückt werden, und dann sollte die neue Version der Funktion übersetzt und in den CLUSTAN-Lademodul eingebunden werden. (Versuchen Sie das nicht, ohne vorher darüber mit der in Ihrem Rechnenzentrum für CLUSTAN zuständigen Person zu sprechen). Das nachfolgende Bespiel zeigt die Methode, wie eine neue Ähnlichkeitsfunktion codiert wird, die für zwei Cluster P und Q so definiert ist:

$$S(P,Q) = \frac{\text{Kreuzprodukt der Schwerpunktselemente } WP(J)*WQ(J)}{\text{Summe der Schwerpunktselemente } WP(J)+WQ(J)}$$

```
10    FUNCTION USER (AP,AQ,BP,BQ,GP,GQ,DPQ,NP,NQ,M)
20    USER=DPQ/(NP*AQ+NQ*AP)
30    RETURN
40    END
```

(Bemerkung: Die Zeilen 10-40 sollten nicht codiert werden, da sie nur als Referenz für das Nachfolgende dienen).

Man sollte sich vergewissern, daß Funktionswerte nicht infolge eines verschwindenden Nenners unbestimmt werden. Um sich dagegen zu schützen, sollte die Anweisung 20 ersetzt werden durch:

```
20    DENOM=NP*AQ+NQ*AP
21    IF (DENOM) 5,4,5
22  4 USER=999.999
23    RETURN
24  5 USER=DPQ/DENOM
```

Zu beachten ist, daß der Koeffizient als Ähnlichkeitsmaß ausgedrückt werden muß. Wenn der Koeffizient von der Logik her ein Unähnlichkeitstyp ist, müssen die Werte negativ gemacht werden, damit sie als Ähnlichkeiten gelten.

Um zu prüfen, ob die Funktion auch benutzt wird, wenn die Programme exekutiert werden, sollten folgende Anweisungen in die Quelle der USER-Function eingefügt werden, um bei der ersten Gelegenheit, bei der die USER-Function aufgerufen wird, den Namen des neuen Koeffizienten auszudrucken:

```
11      DATA IND/1/
12      GO TO (1,3),IND
13    1 WRITE (6,2)
14    2 FORMAT ('NAME OF NEW SIMILARITY MEASURE')
15      IND=2
20    3 DENOM=NP*AQ+NQ*AP
```

Das vollständige Function-Unterprogramm zur Berechnung des neuen Ähnlichkeitsmaßes, so wie es oben gezeigt wurde, würde nun wie folgt aussehen:

```
      FUNCTION USER (AP,AQ,BP,BQ,GP,GQ,DPQ,NP,NQ)
      DATA IND/1/
      GO TO (1,3),IND
    1 WRITE (6,2)
    2 FORMAT ('NAME OF NEW SIMILARITY MEASURE')
      IND=2
    3 DENOM=NP*AQ+NQ*AP
      IF (DENOM) 5,4,5
    4 USER=999.999
      RETURN
    5 USER=DPQ/DENOM
      RETURN
      END
```

Der Leser möchte vielleicht die in der Function CLUSIM aus der CLUSTAN-Quellenbibliothek angegebenen Formeln nachprüfen. Weitere Definitionen der Funktionsparameter und Einzelheiten über die Formeln der Ähnlichkeitskoeffizienten werden in einer Sonderbroschüre angegeben, die mit dem CLUSTAN-Programmpaket verteilt wird. Kopien können auf Anfrage von den am jeweiligen Rechenzentrum für CLUSTAN Verantwortlichen erhalten werden.

Kapitel 29
ÄHNLICHKEITSKOEFFIZIENTEN

Code	Typ	Daten	(P,Q)	Name oder Erfinder oder Quellenangabe
1	dis	num	yes	Squared euclidean distance
2	dis	bin	yes	Squared euclidean distance
3	sim	num	yes	Product-moment correlation
4	sim	bin		Simple matching coefficient
5	sim	bin	yes	Similarity ratio (Jaccard)
6	sim	bin		Czekanowski-Dice
7	sim	bin		Sokal-Sneath
8	sim	bin		Sokal-Sneath
9	sim	bin		Rogers-Tanimoto
10	sim	bin		Kulczynski
11	sim	bin		Sokal-Sneath
12	sim	bin		Hamann
13	sim	bin	yes	Dot product (Russell-Rao)
14	sim	bin		Kulczynski
15	sim	bin		Sokal-Sneath
16	sim	bin	yes	Cosine (Ochiai)
17	sim	bin		Sokal-Sneath
18	sim	bin	yes	Product-moment correlation
19	sim	bin		Yule
20	dis	bin	yes	Size difference
21	dis	bin		Pattern difference
22	dis	num	yes	Average distance
23	dis	bin	yes	Average distance
24	dis	num	yes	Error sum of squares
25	dis	bin	yes	Error sum of squares
26	sim	num	yes	Dot product
27	sim	num	yes	Cosine
28	sim	num	yes	Similarity ratio
29	dis	num	yes	Size difference
30	dis	num	yes	Shape difference
31	dis	bin	yes	Shape difference
32	sim	num	yes	Dispersion
33	sim	bin	yes	Dispersion
34	dis	num	yes	Variance
35	dis	bin	yes	Variance
36	dis	num	yes	Nonmetric (Bray-Curtis)
37	dis	bin	yes	Nonmetric (Bray-Curtis)
38	sim	num	yes	USER coefficient
39	sim	bin	yes	USER coefficient
40	dis	bin	yes	Information statistic

Diese Tabelle listet die 40 Ähnlichkeitskriterien auf, die als Optionen bei CLUSTAN zur Verfügung stehen. Der Koeffizientenname jeder Option wird zusammen mit ihrem Typ (sim=Ähnlichkeit oder dis=Unähnlichkeit), ihren Daten (bin=binär oder num=numerisch) und ob sie als ein (P,Q)-Maß für die Ähnlichkeit zweier Cluster (Yes in Spalte 4) benutzt werden kann, angezeigt. Jeder Koeffizient ist als ein (I,J)-Maß (ein Maß für die Ähnlichkeit zwischen zwei Fällen) verwendbar.

Der Koeffizientencode sollte für den Parameter ICOEF bei jenen Prozeduren codiert werden, bei denen das Ähnlichkeitsmaß spezifiziert werden muß. (I,J)-Maße sollten für CORREL und (P,Q)-Maße für RELOCATE und CENTROID spezifiziert werden; DIVIDE benötigt binäre (P,Q)-Maße.

ALLGEMEINE BEZEICHNUNGSWEISE

Bei den nachfolgenden Definitionen der Ähnlichkeitskoeffizienten wird folgende Bezeichnungsweise verwendet:

M bezeichnet die Anzahl der Variablen.

X_{ij} bezeichnet die i-te Beobachtung an der Variablen j; d. h. es ist der Wert der Variablen j für den Falle i. Somit sind die Koordinaten des i-ten Falles in M-dimensionalen Euklidschen Raum durch den Vektor $(X_{i1} \ldots X_{iM})$ gegeben.

n_p bezeichnet die Anzahl der Fälle, die zum Cluster p gehören.

U_{jp} bezeichnet das Mittel der Variablen j für die Fälle des Clusters p. Die Koordinaten des Mittelpunkts vom Cluster p im M-dimensionalen Euklidschen Raum sind durch den Vektor aus den Mitteln $(U_{1p} \ldots U_{Mp})$ gegeben.

Somit ist $U_{jp} = \frac{1}{n_p} \sum_{i \in p} X_{ij}$

$\overline{U}_p$ bezeichnet das Gesamtmittel der Mittelwerte für den Cluster p.

Somit ist $\overline{U}_p = \frac{1}{M} \sum_{j} U_{jp}$

Die obigen Definitionen gelten für kontinuierliche Rohdaten, normierte Werte oder binäre 1/0 Daten. Wenn von CORREL Ähnlichkeitskoeffizienten für Fallpaare berechnet werden, wird der Koordinatenvektor eines jeden Falles

$$(X_{i1} \ldots . X_{iM})$$

als Mittelpunkt eines Clusters der Größe 1 betrachtet. Die meisten Inter-Cluster-Unähnlichkeitsmaße reduzieren sich in diesem Fall auf ein konstantes Vielfaches des quadrierten Euklidschen Abstands.

BINÄRE BEZEICHNUNGSWEISE

Gewisse Ähnlichkeitskoeffizienten messen die Zusammengehörigkeit zweier Fälle i und k, für die binäre 1/0 Daten vorliegen. Sie werden in Form einer Vierfeldertafel definiert, deren Zellen A,B,C,D Häufigkeitszahlen wie folgt enthalten:

A = Anzahl der Merkmale, die in beiden Fällen i und k vorhanden sind

B = Anzahl der Merkmale, die im Fall i vorhanden und im Fall k nicht vorhanden sind

C = Anzahl der Merkmale, die im Fall k vorhanden und im Fall i nicht vorhanden sind

D = Anzahl der Merkmale, die in beiden Fällen i und k fehlen

Bemerkung: A+B+C+D=M ist die Gesamtzahl der Merkmale.

Ähnlichkeitskoeffizienten, die auf diese Weise definiert sind, können mit CORREL nur zur Berechnung einer Ähnlichkeitsmatrix aus binären Daten herangezogen werden. Häufig gibt es jedoch andere Formen des Koeffizienten, die sich für kontinuierliche Daten eignen, und diese können für andere Clusterprozeduren verwendet werden.

DISTANCE

Formel:

$$d^2_{pq} = \frac{1}{M} \sum_j (U_{jp} - U_{jq})^2 \quad \text{(kontinuierliche Daten)}$$

$$\frac{B+C}{M} \quad \text{(binäre Daten)}$$

Bereich: 0 bis (keine obere Grenze)

Typ: Dissimilarity

Bemerkung: Der Euklidsche Abstand ist das allgemeinste Unähnlichkeitsmaß zwischen Fällen oder Clustern. Wenn die Variablen normiert, unabhängig und normalverteilt sind, ist der Erwartungswert des Abstands zwischen zwei Punkten gleich 2. Dies kann eine nützliche Hilfe sein, wenn man über die Anzahl der Cluster entscheidet, da Abstände zwischen Clusterzentren, die kleiner als 2 sind, als kleiner als der Erwartungswert des Abstands aus einer Zufallsstichprobe interpretiert werden können.

Eine Abstandsmatrix, die von CORREL zwischen Fällen berechnet wurde, kann durch HIERARCHY transformiert werden, um verschiedene Euklidsche Klassifikationsmodelle (Ward's Methode, Centroid, Median) wie auch Standard-Linkage-Methoden zu erhalten.

Auswahl: ICOEF=1 (kontinuierliche Daten) CORREL, RELOCATE, CENTROID
ICOEF=2 (binäre Daten) CORREL, RELOCATE, CENTROID, DIVIDE

ERROR SUM OF SQUARES

Formel:

$$E_p = \frac{1}{M} \sum_{i \in p} \sum_j (X_{ij} - U_{jp})^2 \quad \text{Summe der Fehlerquadrate für Cluster p}$$

$$E = \sum_p E_p \quad \text{Gesamtsumme der Fehlerquadrate}$$

$I_{pq} = E_{p+q} - E_p - E_q$	Zunahme in der Summe der Fehlerquadrate bei der Fusion der Cluster p und q
$= \frac{n_p n_q}{n_p + n_q} d^2_{pq}$	(kontinuierliche Daten)
$\frac{B+C}{2M}$	(binäre Daten)

Bereich: 0 bis (keine obere Grenze)

Typ: Dissimilarity

Bemerkung: Die Summe der Fehlerquadrate wird manchmal als die "Euklidean"- oder "within-groups"-Summe der Quadrate bezeichnet. Sie ist die Summe der Abstände eines jeden Falles zum Mittelpunkt des Clusters, dem dieser Fall angehört. Somit ist sie ein Maß für die Streuung um die Clusterzentren, und die Ergebnisse sind durch dichte Punktklumpungen zu kugelförmigen Clustern ähnlicher Größe charakterisiert.

Die Minimierung von E wird nicht die Komponenten eines multivariaten Gemisches auflösen, für das eine gewisse interne Kovarianz innerhalb der Klassen erwartet werden kann. Statistische Probleme dieser Art sind bekannterweise schwer zu lösen, selbst wenn man das zugrundeliegende Modell kennt.

Die Summe der Fehlerquadrate ist geeignet, dichte Cluster zu finden, die die Eigenschaft besitzen, daß jedes Clusterzentrum die konstituierenden Fälle auf einem hohen Ähnlichkeitsniveau in Bezug auf alle zugrundeliegenden Variablen repräsentiert. Solche Aufteilungen sind oft für administrative Zwecke nützlich, z. B. wenn man eine relativ kleine Zahl "typischer" Fälle finden möchte. Sie können auch als ein erster Schritt bei der Studie eines Mischproblems geeignet sein, wo es interessant sein kann, eine Stichprobe auf eine Anzahl von klumpenförmigen Komponenten zu reduzieren, um nach Gebieten benachbarter Dichte zu suchen.

Wenn die Koeffizienten der Fehlersumme aus der Standard-IREMOV-Option von RELOCATE stammen, unterscheiden sie sich von denen, die man aus anderen Methoden erhält. Dies kommt daher, weil jeder Fall mit dem Komplement des Clusters verglichen wird, dem er angehört (anstatt mit dem ganzen Cluster), und deshalb ist die Gesamtsumme der Koeffizienten nicht gleich der wahren Summe der Fehlerquadrate.

Da jedoch die wahre Summe der Fehlerquadrate bei jeder Relokation geringer wird, muß die Prozedur immer enden, und deshalb ist die Standard-Option sehr zu empfehlen.

Auswahl: ICOEF=24 (kontinuierliche Daten) CORREL, RELOCATE, CENTROID
ICOEF=25 (binäre Daten) CORREL, RELOCATE, CENTROID, DIVIDE
Als Alternative wähle man bei CORREL ICOEF=1,2 und benutze die Ward's Methode (ITRAN=6) von HIERARCHY, um E zu minimieren.

INFORMATION GAIN STATISTIC

Formel: $2\Delta I = I_{p+q} - I_p - I_q$

wobei $I_p = Mn_p \log n_p - \sum_j (f_{jp} \log f_{jp} + (n_p - f_{jp}) \log (n_p - f_{jp}))$

$f_{jp} = \sum_{iep} X_{ij}$ (X_{ij} = 0,1 binäre Daten)

Bereich: 0 bis (keine obere Grenze)

Typ: Dissimilarity

Bemerkung: Die Gesamtinformation bei einer Klassifikation erhält man aus der Summe der Information Statistics jedes einzelnen Clusters. Wenn deshalb die Zunahme an Information, die durch die Fusion zweier Cluster p und q hervorgerufen wird, als ein Maß der Unähnlichkeit benutzt wird, dann minimiert jede Fusionsstrategie bei jedem Schritt die Gesamtinformation. Ähnlich ergeben divisive und relokative Methoden eine maximale Abnahme der Gesamtinformation bei jeder Änderung in der Klassifikation.

Logarithmen werden zur Basis e berechnet.

Wenn bei CORREL die Information Gain Statistic gewählt wird, ist der resultierende Koeffizient für die Unähnlichkeit zwischen zwei Fällen 2(B+C)log 2. Somit ist jeder Koeffizient ein konstantes Vielfaches des binären Abstands, so daß jede Klassifikation, die man durch HIERARCHY-Transformationen der Koeffizienten erhält, dasselbe ergibt wie mit Abständen. CENTROID wird jedoch die Gesamtinformation durch hierarchische Fusion minimieren, wenn dazu eine von CORREL berechnete Matrix der (I,J)-Information Gain Statistics herangezogen wird.

Es sollte darauf hingewiesen werden, daß die Prozedur RELOCATE immer endet, wenn dieses Maß verwendet wird. Das kommt daher, daß jede Relokation den Gesamtinformationsgehalt verringert, und deshalb muß der Prozeß letztlich zu Ende kommen.

Auswahl: ICOEF=40 (binäre Daten) CORREL, CENTROID, RELOCATE, DIVIDE

AVERAGE DISTANCE

Formel: $$\frac{1}{n_p n_q} \sum_{i \in p} \sum_{k \in q} d_{ik}^2$$ (kontinuierliche Daten)

$$\frac{B+C}{M}$$ (binäre Daten)

Bereich: 0 bis (keine obere Grenze)

Typ: Dissimilarity

Bemerkung: Average Distance zwischen zwei Clustern wird minimiert, wenn Average Linkage mit Abstandskoeffizienten benutzt wird (ICOEF=1,2 bei CORREL,ITRAN=3 bei HIERARCHY). Es scheint sinnvoll zu sein, die Verwendung des Maßes auch für divisive und relokative Methoden zu verallgemeinern, so daß es für RELOCATE und DIVIDE verwendet werden kann. Wenn Average Distance für CENTROID gewählt wird, ergibt sich das gleiche Ergebnis wie bei Average Linkage mit einer Abstandsmatrix.

Wenn Average Distance bei CORREL verwendet wird, werden Euklidsche Abstände berechnet. Somit werden die Ergebnisse, die man aus irgendeiner Transformation dieser Koeffizienten erhält, die gleichen sein wie mit Abstandskoeffizienten (ICOEF=1,2).

Auswahl: ICOEF=22 (kontinuierliche Daten) CORREL, RELOCATE, CENTROID
ICOEF=23 (binäre Daten) CORREL, RELOCATE, CENTROID, DIVIDE

VARIANCE

Formel: $$\frac{1}{M} S_{p+q}^2 = \frac{1}{M(n_p+n_q)} \sum_{j} \sum_{i \in p,q} (X_{ij} - U_{jp+q})^2$$ (kontinuierliche Daten)

$$\frac{B+C}{4M}$$ (binäre Daten)

Bereich: 0 bis (keine obere Grenze)

Typ: Dissimilarity

Bemerkung: Die Formel gibt die durch die Anzahl der Variablen dividierte Varianz eines Clusters an, der aus der Vereinigung zweier Cluster p und q entsteht. Wenn deshalb die Variablen normiert, unabhängig und normalverteilt sind, ist der Erwartungswert des Koeffizienten 1. Er ist der Summe der Fehlerquadrate sehr ähnlich, scheint aber nicht im gleichen Maß benutzt zu werden.

Wenn dieser Koeffizient für CORREL gewählt wird, wird jede Klassifikation, die durch Manipulation der resultierenden Matrix entsteht, derjenigen gleich sein, die durch Abstände erzeugt wird, da Varianzkoeffizienten zwischen Fällen ein konstantes Vielfaches des Euklidschen Abstands sind.

Auswahl: ICOEF=34 (kontinuierliche Daten) CORREL, RELOCATE, CENTROID
ICOEF=35 (binäre Daten) CORREL, RELOCATE, CENTROID, DIVIDE

SIZE DIFFERENCE

Formel: $$\frac{1}{M^2}\left(\sum U_{jp} - \sum U_{jq}\right)^2 = \left(\bar{U}_p - \bar{U}_q\right)^2$$ (kontinuierliche Daten)

$$\frac{(B-C)^2}{M^2}$$ (binäre Daten)

Bereich: 0 bis (keine obere Grenze)

Typ: Dissimilarity

Bemerkung: Der Mittelwert der Variablenwerte eines Falles oder eines Clusterzentrums wird mit dem Mittelwert eines anderen verglichen, und die Differenz wird quadriert. Dies wird in der Taxonomie als eine Komponente der "phenetischen Ähnlichkeit" benutzt, um die Gesamtgröße von Organismen zu messen. Obwohl es für diesen Koeffizienten nur beschränkte Anwendungsmöglichkeiten zur Trennung von Gruppen ähnlich strukturierter Fälle geben mag, spielt er doch eine nützliche Rolle bei der Erzeugung von Anfangsclustern bei der Klassifikation nach der Euklidschen Summe der Quadrate (siehe auch Shape Difference, RELOCATE).

Der binäre Koeffizient wurde in der Mikrobiologie als Maß für den Unterschied in der Stärke zweier bakterieller Stämme benutzt (siehe Sneath 40,66). Als solcher bildet er zum einen eine Komponente des taxonomischen Gesamtabstands und zum anderen den Unterschied im Muster.

Auswahl: ICOEF=29 (kontinuierliche Daten) CORREL, RELOCATE, CENTROID
ICOEF=20 (binäre Daten) CORREL, RELOCATE, CENTROID, DIVIDE

SHAPE DIFFERENCE

Formel: $$d^2_{pq} = \frac{1}{M^2} \left(\sum U_{jp} - \sum U_{jq} \right)^2 \quad \text{(kontinuierliche Daten)}$$

$$\frac{M(B+C) - (B-C)^2}{M^2} \quad \text{(binäre Daten)}$$

Bereich: Keine Beschränkungen

Typ: Dissimilarity

Bemerkung: Shape Difference ist die Varianz der M Differenzen zwischen Variablenwerten zweier Fälle oder Clusterzentren. Sie wird in der Taxonomie zur Messung der phenetischen Komponente von Formen von Organismen verwendet. Man erhält sie durch Subtraktion der Size-Komponente vom taxonomischen Gesamtabstand.

Abgesehen von ihren Anwendungen in der numerischen Taxonomie, erzeugt Shape Difference Partitionen, die orthogonal zu Size Difference sind und merklich unterschiedlich zu jenen, die man mit dem Euklidschen Abstand erhält. Man meint deshalb, daß Shape- und Size-Partitionen gut mit RELOCATE als anfängliche Startgruppen für die Error Sum of Squares-Klassifikation erhalten werden können. Dahinter steht folgende Idee: Wenn durch Relokation aus ganz verschiedenen anfänglichen Startpositionen das gleiche Ergebnis erhalten wird, dann ist dieses Ergebnis eine stabile (und wahrscheinlich optimale) Klassifikation nach der Euklidschen Summe der Quadrate.

Auswahl: ICOEF=30 (kontinuierliche Daten) CORREL, RELOCATE,CENTROID
ICOEF=31 (binäre Daten) CORREL, RELOCATE, CENTROID, DIVIDE

SIMPLE MATCHING COEFFICIENT

Formel: $$\frac{A+D}{M} \quad \text{(binäre Daten)}$$

Bereich: 0 bis 1

Typ: Similarity

Bemerkung: Der Simple Matching-Koeffizient ist eines der am häufigsten benutzten Assoziationsmaße in der numerischen Taxonomie. Er berücksichtigt sowohl positive als auch negative Übereinstimmungen. Da er gleich 1-d ist (wobei d der binäre quadratische Euklidsche Abstandskoeffizient ist), sind die Ergebnisse, die man mit den meisten Methoden erhält, die gleichen wie jene, die man mit Abständen erzeugt.

Auswahl: ICOEF=4 (binäre Daten) CORREL

HAMANN COEFFICIENT

Formel: $\frac{(A+D) - (B+C)}{M}$ (binäre Daten)

Bereich: -1 bis +1

Typ: Similarity

Bemerkung: Der Hamann-Koeffizient ist eine Abwandlung des Simple Matching-Koeffizienten, der zusätzlich die Nicht-Übereinstimmungen berücksichtigt. Da er gleich 1-2d ist (wobei d der binäre quadratische Euklidsche Abstandskoeffizient ist), sind die Ergebnisse, die man bei den meisten Methoden erhält, die gleichen wie jene, die man mit Abständen erzeugt.

Auswahl: ICOEF=12 (binäre Daten) CORREL

UNNAMED COEFFICIENT (SOKAL-SNEATH)

Formel: $\frac{2(A+D)}{2(A+D) + (B+C)}$ (binäre Daten)

Bereich: 0 bis 1

Typ: Similarity

Bemerkung: Das gleiche wie der Simple Matching-Koeffizient, mit der Ausnahme daß übereinstimmende Paare doppeltes Gewicht haben. Es ist schwer einzusehen, welche Vorteile dieses Maß gegenüber dem Simple Matching-Koeffizienten oder dem Euklidschen Abstand besitzt.

Auswahl: ICOEF=7 (binäre Daten) CORREL

ROGERS AND TANIMOTO COEFFICIENT

Formel: $\frac{(A+D)}{(A+D) + 2(B+C)}$ (binäre Daten)

Bereich: 0 bis 1

Typ: Similarity

Bemerkung: Dieses Maß ist mit dem Simple Matching-Koeffizienten monoton. Sie unterscheiden sich insofern, als daß den Nicht-Übereinstimmungen in diesem Fall doppeltes Gewicht im Nenner gegeben wird. Er scheint für nicht viel empfehlenswert zu sein.

Auswahl: ICOEF=9 (binäre Daten) CORREL

SIMILARITY RATIO (JACCARD COEFFICIENT)

Formel:

$$\frac{\sum U_{jp} U_{jq}}{\sum U_{jp}^2 - \sum U_{jp} U_{jq} + \sum U_{jp}^2} \quad \text{(kontinuierliche Daten)}$$

$$\frac{A}{A+B+C} \quad \text{(binäre Daten)}$$

Bereich: Keine Beschränkungen (0 bis 1 im binären Fall)

Typ: Similarity

Bemerkung: Das Similarity Ratio ist bei Ball (1) beschrieben; es scheint anderswo nicht benutzt worden zu sein. Es erzeugt Gruppierungen, die denen ähnlich sind, die man mit dem Abstandskoeffizienten und der Summe der Fehlerquadrate erhält.

Das binäre Gegenstück ist als der Jaccard Koeffizient bekannt. Er unterscheidet sich vom Simple Matching-Koeffizienten insofern, als daß negative Übereinstimmungen vernachläßigt werden.

Auswahl: ICOEF=28 (kontinuierliche Daten) CORREL, RELOCATE, CENTROID
ICOEF= 5 (binäre Daten) CORREL, RELOCATE, CENTROID, DIVIDE

CZEKANOWSKI-DICE COEFFICIENT

Formel:

$$\frac{2A}{2A+B+C} \quad \text{(binäre Daten)}$$

Bereich: 0 bis 1

Typ: Similarity

Bemerkung: Übereinstimmende Paare haben zweimal soviel Gewicht wie nicht-übereinstimmende Paare. Er ist monoton mit dem Jaccard-Koeffizienten und scheint wenig gebräuchlich zu sein.

Auswahl: ICOEF=6 (binäre Daten) CORREL

UNNAMED COEFFICIENT (SOKAL-SNEATH)

Formel:

$$\frac{A}{A+2(B+C)} \quad \text{(binäre Daten)}$$

Bereich: 0 bis 1

Typ: Similarity

Bemerkung: Nicht-übereinstimmende Paare haben zweimal soviel Gewicht wie übereinstimmende Paare. Dieser Koeffizient scheint nicht sehr häufig benutzt zu werden und wird nur wenig empfohlen.

Auswahl: ICOEF=8 (binäre Daten) CORREL

CORRELATION

Formel:

$$\frac{\sum (U_{jp} - \bar{U}_p)(U_{jq} - \bar{U}_q)}{\sqrt{\sum (U_{jp} - \bar{U}_p)^2 \sum (U_{jp} - \bar{U}_q)^2}} \quad \text{(kontinuierliche Daten)}$$

$$\frac{AD-BC}{((A+B)(A+C)(B+D)(C+D))^{1/2}} \quad \text{(binäre Daten)}$$

Bereich: -1 bis +1

Typ: Similarity

Bemerkung: Korrelationskoeffizienten werden in der Clusteranalyse benutzt, um die Ähnlichkeit zwischen Fallpaaren oder Clusterschwerpunkten zu messen, wobei behauptet wird, daß sie die Unterschiede in der Form mehr berücksichtigen als die der Größe. Dies ist nicht der übliche Gebrauch dieser Statistik als Maß der Assoziation zwischen Variablen. Tests mit RELOCATE haben gezeigt, daß das Maß instabil ist; aber trotzdem hat es in der numerischen Taxonomie bereits einen festen Platz.

Die binäre Formel ist gleichwertig mit dem Phi-Koeffizienten der Assoziation zweier kategorischer Variablen. Als Maß der Ähnlichkeit zwischen zwei Fällen wird über die Variablen aufsummiert, und deshalb wird der Koeffizient wiederum nicht im herkömmlichen Sinn verwendet.

Auswahl: ICOEF=3 (kontinuierliche Daten) CORREL, RELOCATE, CENTROID
ICOEF=18 (binäre Daten) CORREL, RELOCATE, CENTROID, DIVIDE

DISPERSION

Formel:

$$\frac{1}{M} \sum (U_{jp} - \bar{U}_p)(U_{jq} - \bar{U}_q) \quad \text{(kontinuierliche Daten)}$$

$$\frac{AD-BC}{M^2} \quad \text{(binäre Daten)}$$

Bereich: Keine Beschränkungen (-1 bis +1 im binären Fall)

Typ: Similarity

Bemerkung: Dieser Koeffizient ist gleichwertig mit der Kovarianz aller Variablenwerte für zwei Fälle und wurde von Orloci als Maß für die Form ähnlich wie die Korrelation und der Kosinus verwendet (Lit. 30,32). Bei unseren Versuchen mit RELOCATE zeigte er Instabilität, und da er die Kovarianz nicht im herkömmlichen Sinn der Assoziation zweier Variablen mißt, wird er nicht empfohlen.

Auswahl: ICOEF=32 (kontinuierliche Daten) CORREL, RELOCATE, CENTROID
ICOEF=33 (binäre Daten) CORREL, RELOCATE, CENTROID, DIVIDE

COSINE (OCHIAI COEFFICIENT)

Formel:

$$\frac{\sum U_{jp} U_{jq}}{\sqrt{\sum U_{jp}^2 \sum U_{jq}^2}}$$ (kontinuierliche Daten)

$$\frac{A}{\sqrt{(A+B)(A+C)}}$$ (binäre Daten)

Bereich: Keine Beschränkungen (0 bis 1 im binären Fall)

Typ: Similarity

Bemerkung: Dieser Koeffizient ist der Kosinus des Winkels, der sich im Ursprung zwischen den beiden Richtungsvektoren vom Ursprung zu zwei Punkten oder Clusterzentren hin erstreckt. Als solcher ist er ein Maß für die Form, der proportionale Unterschiede in der Größe nicht berücksichtigt. Sein Nachteil ist, daß die Ergebnisse vor der Lage des Ursprungs, einem ziemlich willkürlichen Punkt, abhängen. Ergebnisse, die man für normierte kontinuierliche Variablen erhält, unterscheiden sich total von denen, die man für Rohdaten bekommt, und aus diesem Grund wird der Cosine-Koeffizient nicht empfohlen.

Auswahl: ICOEF=27 (kontinuierliche Daten) CORREL, RELOCATE, CENTROID
ICOEF=16 (binäre Daten) CORREL, RELOCATE, CENTROID, DIVIDE

DOT PRODUCT (RUSSEL-RAO COEFFICIENT)

Formel:

$$\frac{1}{M} \sum U_{jp} U_{jq}$$ (kontinuierliche Daten)

$$\frac{A}{M}$$ (binäre Daten)

Bereich: Keine Beschränkungen (0 bis 1 im binären Fall)

Typ: Similarity

Bemerkung: Dieser Koeffizient gleicht dem Cosine, besitzt aber keinen normierenden Nenner. Er wurde nicht sehr häufig benutzt (Lit. 1,32,34) und hat den Nachteil, daß er von der Wahl des Ursprungs abhängt. Aufgrund laufender Untersuchungen wird er für RELOCATE nicht empfohlen.

Auswahl: ICOEF=26 (kontinuierliche Daten) CORREL, RELOCATE, CENTROID
ICOEF=13 (binären Daten) CORREL, RELOCATE, CENTROID, DIVIDE

UNNAMED COEFFICIENT (SOKAL-SNEATH)

Formel:

$$\frac{AD}{((A+B)(A+C)(B+C)(C+D))^{1/2}}$$ (binäre Daten)

Bereich: 0 bis 1

Typ: Similarity

Bemerkung: Dieser Koeffizient besteht aus dem Verhältnis der Übereinstimmungen zum geometrischen Mittel der Gesamtrandsummen. Er scheint nicht sehr häufig benutzt worden zu sein und wird wenig gepriesen.

Auswahl: ICOEF=17 (binäre Daten) CORREL

NON-METRIC (BRAY-CURTIS) COEFFICIENT

Formel:

$$\frac{\sum |U_{jp} - U_{jq}|}{\sum (U_{jp} + U_{jq})}$$ (kontinuierliche Daten)

$$\frac{(B+C)}{2A+(B+C)}$$ (binäre Daten)

Bereich: Keine Beschränkungen (0 bis 1 im binären Fall)

Typ: Dissimilarity

Bemerkung: Wenn die Variablen Brüche sind, deren Summe für jeden Fall 1 ergibt, reduziert sich die Formel zu:

$$1 - \sum_j \min(U_{jp}, U_{jq})$$

Das Maß wird stark von Werten großer Ausreißer oder Datenfehlern beeinflußt. Besonders bei normierten Daten kann es unbestimmt werden. Deshalb ist es nicht zu empfehlen.

Auswahl: ICOEF=36 (kontinuierliche Daten) CORREL, RELOCATE, CENTROID
ICOEF=37 (binäre Daten) CORREL, RELOCATE, CENTROID, DIVIDE

PATTERN DIFFERENCE

Formel: $$\frac{BC}{M^2}$$ (binäre Daten)

Bereich: 0 bis 1

Typ: Dissimilarity

Bemerkung: Pattern Difference wurde von Sneath (40) bei Studien über bakterielle Unterschiede als die Komponente der phenetischen Ähnlichkeit vorgeschlagen, die man erhält, wenn "vigour difference" (Unterschied in der Stärke) vom Quadrat des taxonomischen Gesamtabstands für binäre Merkmale abgezogen wird. Somit werden auch andere Unterschiede als jene berücksichtigt, die durch Wachstumsgeschwindigkeit oder Größe erklärt werden.

Auswahl: ICOEF=21 (binäre Daten) CORREL

YULE COEFFICIENT

Formel: $$\frac{AD-BC}{AD+BC}$$ (binäre Daten)

Bereich: -1 bis +1

Typ: Similarity

Bemerkung: Dieser Koeffizient scheint beschränkte Verwendung zu besitzen.

Auswahl: ICOEF=19 (binäre Daten) CORREL

KULCZYNSKI COEFFICIENT

Formel: $$\frac{A}{B+C}$$ (binäre Daten)

Bereich: 0 bis (keine obere Grenze)

Typ: Similarity

Bemerkung: Der Koeffizient ist bei völliger Nicht-Übereinstimmung zwischen den Fällen null. Zunehmende Werte sind mit zunehmenden Übereinstimmungen und/oder abnehmenden Nicht-Übereinstimmungen gekoppelt. Der Koeffizient wird unbestimmt, wenn es keine Nicht-Übereinstimmungen gibt, wobei der Wert 999.999 eingesetzt wird. Aus diesem Grund kann er nur sehr begrenzt bei arithmetischen Transformationen einer Ähnlichkeitsmatrix verwendet werden und wird deshalb nicht empfohlen.

Auswahl: ICOEF=10 (binäre Daten) CORREL

UNNAMED COEFFICIENT (SOKAL-SNEATH)

Formel: $$\frac{A+D}{B+C}$$ (binäre Daten)

Bereich: 0 bis (keine obere Grenze)

Typ: Similarity

Bemerkung: Dieser Koeffizient besteht aus dem Verhältnis der Übereinstimmungen zu den Nicht-Übereinstimmungen. Beim Vergleich identischer Fälle wird er unendlich, wofür er dann mit dem Wert 999.999 belegt wird. Deshalb scheint er bei arithmetischen Transformationen von Ähnlichkeitsmatrizen von geringer Bedeutung zu sein und wird deshalb nicht empfohlen.

Auswahl: ICOEF=11 (binäre Daten) CORREL

KULCZYNSKI COEFFICIENT

Formel: $$\frac{1}{2}\left(\frac{A}{A+B} + \frac{A}{A+C}\right)$$ (binäre Daten)

Bereich: 0 bis 1

Typ: Similarity

Bemerkung: Dieser Koeffizient repräsentiert den Mittelwert der Verhältnisse von Übereinstimmungen zu Merkmalen, die in beiden Fällen vorhanden sind. Er wird selten benutzt und nicht empfohlen.

Auswahl: ICOEF=14 (binäre Daten) CORREL

UNNAMED COEFFICIENT (SOKAL-SNEATH)

Formel: $$\frac{1}{4}\left(\frac{A}{A+B} + \frac{A}{A+C} + \frac{D}{B+D} + \frac{D}{C+D}\right)$$ (binäre Daten)

Bereich: 0 bis 1

Typ: Similarity

Bemerkung: Dieser Koeffizient repräsentiert den Mittelwert der Proportionen von Übereinstimmungen bei Merkmalen, die in beiden Fällen vorhanden bzw. nicht-vorhanden sind. Er wird selten benutzt und nicht empfohlen.

Auswahl: ICOEF=15 (binäre Daten) CORREL

KAPITEL 30
SPEZIFIKATIONEN DER JOB-STEUERSPRACHE

Die folgenden JCL-Angaben beziehen sich auf die im University College London implementierte CLUSTAN-Version. An anderen IBM 360/370 Installationen wird die JCL wahrscheinlich geringfügig abweichen. Der Benutzer sollte deshalb seinen CLUSTAN-Koordinator über Einzelheiten für die lokalen JCL-Erfordernisse befragen.

Am UCL ist für ClUSTAN folgende Basis-JCL nötig:

```
//JOBNUMBER  JOB  (200, AAAA,....
//   EXEC  CLUSTAN
//G.SYSIN    DD    *
     (CLUSTAN-Schlüsselwörter und Datenkarten)
//
```

QUELLDATEN AUF BAND ODER PLATTE

Wenn die beobachteten Daten auf Band oder Platte gespeichert sind, muß eine logische Einheit ungleich 1-8 für den FILE-Parameter JCH und in Klammern eine FORTRAN-Formatangabe angegeben werden. Eine JCL-Karte, die die Quelldaten beschreibt, muß vor der //G.SYSIN DD Karte eingefügt werden.

CLUSTAN SAVE-DATEI

Eine binäre SAVE-Datei kann auf eine Public-Platte gelegt werden, so daß CLUSTAN-Jobs im nachhinein bearbeitet werden können, ohne die beobachteten Daten erneut zu laden oder die Ähnlichkeitsmatrix erneut zu berechnen. Die SAVE-Datei kann zu Beginn erstellt werden, indem folgende Parameter auf der //EXEC-Karte eingefügt werden:

```
// EXEC CLUSTAN,DATA=SAVE,NAME=....,DISP='(NEW,KEEP)'
```

(wobei der Dateiname gleich der Job-Nummer des Benutzers sein sollte). CLUSTAN-Jobs können daraufhin erneut von dieser Datei gestartet werden, indem der DISP-Parameter weggelassen und das RESTART-Schlüsselwort verwendet wird. Man beachte, daß es günstig ist, RESTART anzuwenden, wenn der vorausgegangene CLUSTAN-Job fehlgeschlagen ist, da das CLUSTAN-Datafile nach jedem FILE-, CORREL-, und DISTIN-Schritt gerettet wird.

Benutzer werden auf eine Privatplatte oder ein Band wechseln müssen, wenn ihre Dateien zu groß sind, um auf den verfügbaren Platz der Public-Platte zu passen. Dies geschieht, indem die SAVE-Datei durch eine DD-Karte für die logische Einheit 4 spezifiziert wird, die vor der //G.SYSIN DD-Karte wie folgt eingefügt werden sollte:

```
//G.FT04F001   DD  UNIT=...,DSN=...,DISP=(NEW,KEEP),VOL=SER=.....
```

PLOTTING-JCL

Um die Plot-Prozeduren zu verwenden, muß ein 7-Spur Band zugewiesen werden. Die dazu benötigte JCL lautet:

```
/*SETUP  TAPE7,FILM  WRITE.NOLABEL
//   EXEC    CLUSTAN, PLOT=FILM
```

Fakultätsbibliothek für Naturwissenschaften SALZBURG

STANZEN VON DENDROGRAMMDECKS

Mit Hilfe der Prozedur PLINK können Dendrogramme gezeichnet werden, deren Eingabe von Karten oder von einer sequentiellen Datei kommen, ohne daß ein CLUSTAN-Datafile erzeugt oder neu gestartet werden muß. Bei einem CLUSTAN-Job, der die Prozeduren HIERARCHY, CENTROID, DIVIDE oder DENSITY aufruft, erfolgt die Ausgabe von Dendrogrammdecks über die Prozedur TREE.

STANZEN VON CLASSIFICATION ARRAYS

Wenn die Prozedur DUMP verwendet wird, um Classification Arrays auf Karten auszustanzen, dann werden diese Karten automatisch vom System-Kartenstanzer erzeugt, vorausgesetzt daß eine Kartenausgabe auf der Job-Karte angefordert wurde.

SPSS-SAVE-DATEI

Die Prozedur SPSS kann benutzt werden, um die Datenmatrix von einer SPSS-SAVE-Datei einzulesen. Dazu sollte folgende DD-Karte für die SAVE-Datei vor der //G.SYSIN DD-Karte eingefügt werden:

```
//G.FT08F001  DD UNIT=...,DSN=name,DISP=SHR,VOL=SHR=....
```

BEISPIELE

Das bei UCL zur Verfügung stehende Standardbeispiel, zeigt den Gebrauch der CLUSTAN-Prozeduren FILE, CORREL, HIERARCHY, MODE, RELOCATE und RESULT. Es wurde aus einer veröffentlichten Klassifikation von Auszügen aus Plato entnommen, wovon Kopien an alle Rechnenzentren verteilt wurden, die die CLUSTAN IC Version 1 und spätere erhalten haben (siehe nächstes Kapitel).

Bei UCL ist für das Beispiel folgende JCL nötig:

```
//JOBNMBR   JOB  (200,CLUS,1,2),'CLUSTAN sample job'
/*SETUP   DISK,UCC026
//   EXEC    CARDLIST
//SYSIN     DD   DSN=CLUSTAN.JOB,DISP=SHR
//   EXEC    CLUSTAN
//G.SYSIN    DD   DSN=CLUSTAN.JOB,DISP=SHR
//
```

Für den Plot-Beispiel-Job ist folgende JCL erforderlich:

```
//JOBNMBR   JOB  (200,CLUS,1,2),'CLUSTAN sample plot'
/*SETUP   DISK,UCC026
/*SETUP   TAPE7, FILM  WRITE,NOLABEL
//   EXEC   CLUSTAN,PLOT=FILM
//G.SYSIN   DD   DSN=CLUSTAN.PLOTJOB,DISP=SHR
//
```

KOPPELUNG VON CLUSTAN MIT BMDX72

Bei UCL ist es möglich Faktorwerte, die von BMDX72 erzeugten wurden, über eine temporäre Datei an CLUSTAN weiterzuleiten. Dadurch wird es möglich, die Ergebnisse der Faktorenanalyse auf Mikrofilm abzubilden oder sie als Grundlage für eine Clusteranalyse zu verwenden. Die dazu benötigte JCL lautet wie folgt:

```
/*SETUP  TAPE7,FILM  WRITE,NOLABEL
//  EXEC  BMDRUN,PROG=BMDX72
//G.FT14F001  DD  UNIT=2314,SPACE=(CYL,1),DSN=&SCORES,
// DCB=(RECFM=FB,LRECL=400,BLKSIZE=800),DISP=(NEW,PASS)
//G.SYSIN  DD  *
....  Eingabe für BMDX72
/*
//  EXEC  CLUSTAN,PLOT=FILM
//G.FT14F001  DD   DSN=&SCORES,DISP=(OLD,DELETE)
//G.SYSIN  DD  *
....  Eingabe für CLUSTAN
//
```

Man beachte, daß die Parameter LRECL und BLKSIZE mit der Anzahl der Zeichen konsistent sein müssen, die von BMDX72 ausgegeben werden (400 im obigen Beispiel).

ZEICHNEN KANONISCHER VARIABLEN AUS BMD07M

In der folgenden Fallstudie werden 3 a priori Cluster für die BMD07M Diskriminanzanalyse spezifiziert, und die resultierenden kanonischen Variablen werden über eine temporäre Datei an CLUSTAN weitergereicht. Die Prozedur SCATTER wird zum Zeichnen eines Clusterdiagramms benutzt, das die Klassen hoch (H), mittel (M)und niedrig (L) in der Ebene der zwei wichtigsten kanonischen Variablen zeigt.

```
/*SETUP   TAPE7,FILM  WRITE,NOLABEL
//  EXEC   BMDRUN,PROG=BMD07M
//G.FT09F001  DD  UNIT=2314,SPACE=(CYL,1),DSN=&CVARS,
// DCB=(RECFM=FB,LRECL=212,BLKSIZE=636),DISP=(NEW,PASS)
//G.SYSIN  DD  *
....  Eingabe für BMD07M
// EXEC   CLUSTAN,PLOT=FILM
//G.FT14F001  DD  DSN=&CVARS,DISP=OLD
//G.SYSIN  DD  *
....  Eingabe für CLUSTAN
//
```

BENUTZUNG EINER VON MDSCAL ERZEUGTEN KONFIGURATION

Man erhält zwei Dimensionen aus der nicht-metrischen Skalierung einer Korrelationsmatrix, die bei MDSCAL eingebeben wurde, und die entsprechenden Werte werden an CLUSTAN weitergeleitet. Die UCL-Version von MDSCAL wurde so abgeändert, daß die Ausgabe der letzten Konfiguration auf die logische Einheit 9 ausgegeben wird. Der CLUSTAN-Job zeichnet mit der Prozedur SCATTER die Daten mit speziellen Kennungen für die Punkte, die von der Prozedur LABELS stammen.

```
/*SETUP  TAPE7,FILM  WRITE,NOLABEL
//  EXEC  MDSCAL
//G.FT09F001  DD  UNIT=2314,SPACE=(CYL,1),DSN=&SCALES,
// DCB=(RECFM=FB,LRECL=80,BLKSIZE=800),DISP=(NEW,PASS)
//G.SYSIN  DD  *
....  Eingabe für MDSCAL
// EXEC  CLUSTAN,PLOT=FILM
//G.FT14001  DD  DSN=&SCALES,DISP=OLD
//G.SYSIN  DD  *
....  Eingabe für CLUSTAN
//
```

Es wird darauf hingewiesen, daß alle oben erwähnten Job-Beispiele mit der CLUSTAN 1C-Version 1 und späteren mitgeliefert werden, so daß alle Benutzer an den Rechenzentren über diese Beispiele verfügen können.

KAPITEL 31
BEISPIEL

Das CLUSTAN-Beispiel wird aus einer Veröffentlichung entnommen, bei der vermutet wird, daß der Rhythmus bei der Platonischen Prosa durch das Auftreten fünfsilbiger Folgen in allen Textstellen numerisch charakterisiert ist. Daten, die aus 33 Textstellen zusammengestellt sind, repräsentieren 10 Bücher Platos und werden vier verschiedenen multivariaten Prozeduren von CLUSTAN unterzogen. Die Ergebnisse zeigen erstens, daß die 10 Texte in vier Gruppen 'natürlich' klassifiziert werden können; zweitens, daß die Variation im Rhythmus durch einen Graphen dargestellt werden kann, der zwei orthogonale Komponenten besitzt, die interpretierbar sind und drittens, daß Platonische Chronologie aus dem Ordnen der Texte durch zwei der Methoden abgeleitet werden kann, wodurch die Ergebnisse aus früheren Analysen bestätigt werden. Eine bemerkenswerte Entdeckung ist, daß Phaedrus als ein relativ frühes Werk eingestuft wird, was im Gegensatz zur modernen Theorie steht, und es wird vermutet, daß die "Lysias Rede" keine Parodie von Plato gewesen sei.

Schritt	Prozedur	Parameter	CLUSDECK
1	FILE	N=33 MN=32 NPCF=10 FMT=(9X,16F4.2)	

Es werden 33 Stichproben von Prosarhythmus-Daten aus 10 Texten von Plato im Format (9X,16F4.2) eingelesen. Die Daten werden als prozentuale Häufigkeiten von 32 5-silbigen Gruppen dargestellt. Sie werden nicht normiert, da der Unterschied in der Variation zwischen Silbengruppen ein Rhythmusfaktor ist, den man berücksichtigen muß. Die Hauptkomonentenanalyse wird gerechnet und 10 Faktorwerte werden gespeichert.

Schritt	Prozedur	Parameter	CLUSDECK
2	CORREL	Leere Parameterkarte	

Eine Abstandsmatrix wird aus den nicht-normierten Prosarhythmuswerten berechnet. Die 9 nächsten Nachbarn werden gespeichert.

Schritt	Prozedur	Parameter	CLUSDECK
3	RELOCATE	ICOEF=24 MAXIT=10 MINC=2 NCLA=-5	1. 5 2. 4 3. 3 4. 2

Mit der K-Means Methode wird die Summe der Fehlerquadrate durch iterative Relokation optimiert. Eine zufällige Anfangsklassifation aus 5 Cluster wird mit NCLA=-5 erzeugt. Abwechslungsweise Fusion- und Relokationsphasen optimieren bei 4, 3 und 2 Cluster.

Schritt	Prozedur	Parameter	CLUSDECK
4	MODE	Leere Parameterkarte	5. 4 6. 3 7. 2

Die Mode Analysis benutzt die Abstandsmatrix, die man bei Schritt 2 erhielt, um die Klassifikationen bei 4, 3 und 2 Cluster wiederzufinden. Das 4-Cluster-Ergebnis ist beinahe identisch mit den 4 Clustern von K-Means, mit dem einen Unterschied, daß das Republic Book 2 im Cluster 1 zu finden ist.

HIERARCHY IRTAN=6 KA=2 KB=5

8.	5
9.	4
10.	3
11.	2

Die Ward's Methode benutzt die Abstandsmatrix aus Schritt 2, um die Summe der Fehlerquadrate durch hierarchische Fusion zu minimieren. Die 4-Cluster-Lösung ist die gleiche wie bei der Mode Analysis, und dieses Ergebnis wird für alle Clusterdiagramme verwendet, die durch SCATTER im Plot-Beispiel erzeugt werden.

6 TREE LAYOUT=2

Die Prozedur TREE druckt ein vertikales Dendrogramm für die Ward's Methode von Schritt 5 aus. Dies ist eine gröbere Version des Dendrogramms, das von PLINK bei Schritt 10 (unten) auf Mikrofilm oder Plotter-Papier gezeichnet wird.

7 RESULT INSCOR=3 IMKLIS=5 ICARAY=ICLIST=X

Die Prozedur RESULT druckt 3 Faktorwerte und 5 nächste Nachbarn aus. Die in den Schritten 3-5 erzeugten 11 Classification Arrays werden zusammen mit den Mitgliedern der Cluster aufgelistet.

DISKUSSION

Die chronologische Reihenfolge für die Schriften Platos, die aus der Anaylse abgeleitet wurde, ist wie folgt: Phaedrus, Republic and Symposium, Timaeus, Sophistes, Critias, Seventh Epistle and Politicus, Philebus, Laws. Die 4-Cluster-Klassifikation lautet:

Gruppe 1. Phaedrus.
Gruppe 2. Republic (ausgenommen Buch 2) und Symposium.
Gruppe 3. Timaeus, Sophistes, Critias, Politicus und Seventh Epistle.
Gruppe 4. Philebus und Laws.

Diese Anwendung von CLUSTAN wird ausführlich beschrieben in:

Wishart, D, and Leach, S V, (1970), "A multivariate analysis of platonic prose rhythm", Computer Studies in the Humanities and Verbal Behavior, Vol 3 No 2, Mouton, PO Box 482, The Hague 2076.

Die Daten für das Beispiel werden mit CLUSTAN 1C Ausgabe 1 und späteren zusammen mit einer Kopie der Veröffentlichung verteilt.

JOB FÜR PLOT-BEISPIELE

Ein Job für Plot-Beispiele wurde zusammengestellt, um die umfassenden Plot-Möglichkeiten darzustellen, die durch die CLUSTAN-Prozeduren PLINK und SCATTER bereitgestellt werden. Die zusätzlichen CLUSTAN-Schritte, die weiter unten beschrieben sind, sollten an die Schritte 1-6 des Beispiels angehängt werden (d. h. sie ersetzen den Prozedur-Schritt RESULT). Sie erzeugen insgesamt 10 Diagramme, die im Anschluß an die Diskussion dargestellt sind.

Schritt	Prozedur	Parameter	CLUSDECK
8	LABELS	LABCAS=LABSCO= *	

Die 33 Textstellen werden mit alphanumerischen Kennungen und die 10 Hauptkomponenten mit Faktorkennungen versehen.

9 SCATTER (1) IX=-1 IY=-2 ISCAT=IAXES=X

Einfaches Streudiagramm in den Komponenten 1 gegen 2. Dieses Diagramm beinhaltet 73% der Gesamtvarianz.

(2) IX=-1 IY=-2 ISCAT=L IMST=X
LABX=LABY=Z

Identifiziert die Punkte durch Fallkennungen und zeichnet den Minimalbaum. Die Achsen werden durch spezielle Legenden gekennzeichnet, die auf die Datenkarten B und C gestanzt werden.

(3) IX=-1 IY=-2 ICLUS=ICIRC=X
NCLA=9 LABX=LABY=LABC=Z
ITH=X THRESH=0.27

Stellt Clusterkreise für den 9-ten Classification Array von CLUSDECK dar (Ward's 4-Cluster-Ergebnis aus Schritt 5), wobei eine "0" über jeden Punkt gezeichnet wird. Die Punkte werden miteinander verbunden, wenn der Abstand zwischen ihnen kleiner oder gleich 0.27 ist, und die Achsen werden durch spezielle Legenden gekennzeichnet.

(4) IX=-1 IY=-2 ICLUS=ICIRC=X
IMST=X NCLA=9 LABX=LABY=Z

Clustercode und -kreise für Ward's 4-Cluster-Ergebnis werden samt Minimalbaum gezeichnet.

(5) IX=-1 IY=-2 ICLUS=X IOUT=X
NCLA=9 LABX=LABY=LABC=Z

Die Punkte werden mit speziellen alphanumerischen Coden gekennzeichnet, und konvexe Umhüllende werden um jeden Cluster gezeichnet.

(6) IX=-1 IY=-2 ICIRC=IOUT=X
NCLA=9 LABX=LABY=LABC=Z

Die letzte Klassifikation wird durch Kreise und Umhüllende dargestellt, wobei außerdem spezielle Clusterkennungen benutzt werden, um die Clustercode in die in der Veröffentlichung verwendeten Gruppencode umzuändern (siehe oben).

10 PLINK Leere Parameterkarte

Das Dendrogramm der Ward's Methode aus Schritt 5 wird gezeichnet.

11 SCATTER (1) IX=-1 IY=32 ISCAT=L HEIGHT=0.1

Die Komponente 1 wird gegen die Variable 32 mit 0.1 Zoll großen Fallkennungen gezeichnet.

(2) IX=3 IY=30 ICLUS=IAXES=X
NCLA=9 LABC=X

"O" wird als Kennung für den Cluster 1 und "+" als Kennung für die Cluster 2-4 in einer Darstellung der Variablen 3 gegen 36 verwendet, um den Cluster 1 von den übrigen hervorzuheben.

12 HIERARCHY ITRAN=1 KA=2 KB=6 12. 6
13. 5
Single Linkage wird unter Benutzung der bei Schritt 14. 4
2 berechneten Abstandsmatrix gestartet. Abgesehen 15. 3
von den Punkten 8 und 21, die Ausreißer darstellen, 16. 2
ist das 6-Cluster-Ergebnis der 4-Cluster-Lösung nach Ward ähnlich.

13 TREE Leere Parameterkarte

Das Dendrogramm für die Single Linkage-Methode aus Schritt 12 wird im horizontalen Ausgabestil gedruckt.

14 PLINK Leere Parameterkarte

Das Dendrogramm für die Single Linkage-Methode aus Schritt 12 wird vom Plotter gezeichnet.

DISKUSSION

Im University College London werden diese Diagramme auf 35mm Computer-Output-Mikrofilm gezeichnet und passen direkt in 35mm Rähmchen, die sich für Vortragszwecke eignen (siehe Bulletin 100 zwecks Einzelheiten über den Lauf dieses Jobs). Anderswo kann man eine Umstellung auf Mikrofilm, Graphen-, oder VDU-Plotter erreichen, indem man das FORTRAN-Unterprogramm PLOTTR ersetzt. Einzelheiten zu diesen Änderungen werden mit der CLUSTAN IC Version 1 und späteren zusammen mit der Eingabe zu diesem Plot-Beispiel-Job verteilt.

GRAPHEN-BEISPIELE

Die folgenden Beispiele wurden von CLUSTAN für den Plot-Beispiel-Job erzeugt.

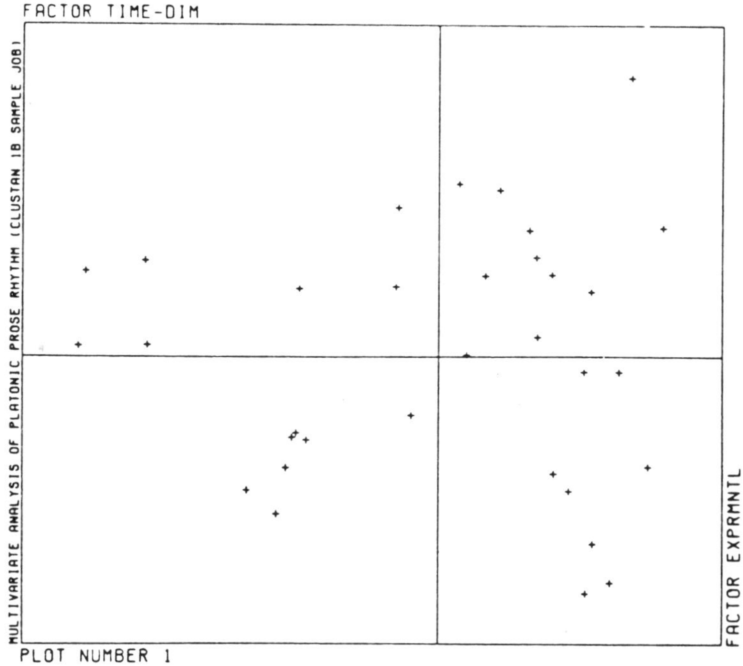

Abbildung 31.1: Von SCATTER mit folgenden Eingaben erzeugtes Streudiagramm:IX=-1 IY=-2 ISCAT=IAXES=X

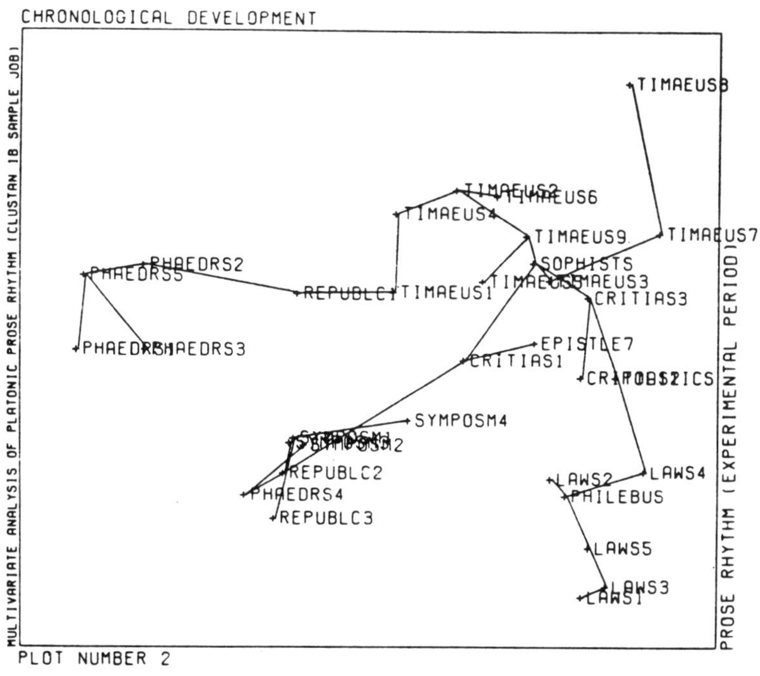

Abbildung 31.2: Von SCATTER mit folgenden Eingaben erzeugtes Streudiagramme:IX=-1 IY=-2 ISCAT=L IMST=X LABX=LABY=Z

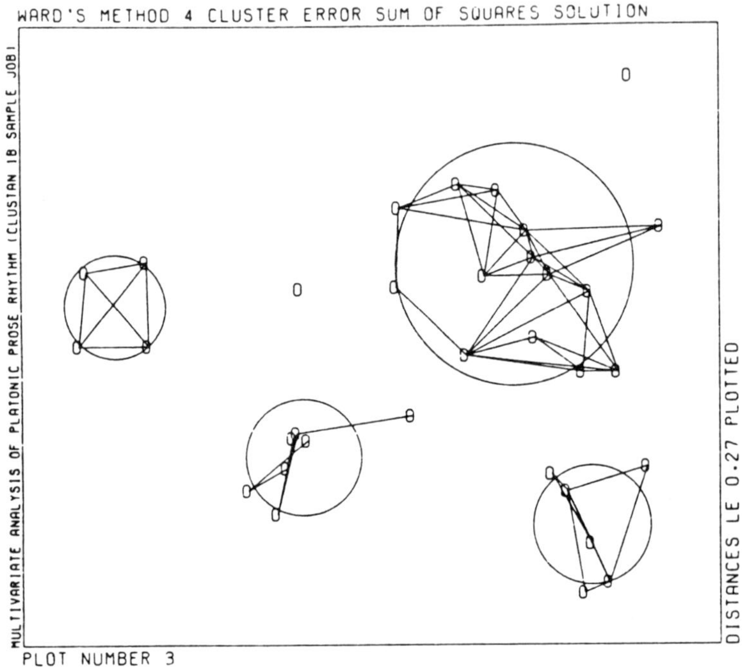

Abbildung 31.3: Von SCATTER mit folgenden Eingaben erzeugtes Clusterdiagramm:IX=-1 IY=-2 ICLUS=ICIRC=X NCLA=9 LABX=LABY=LABC=Z ITH=X THRESH=0.27

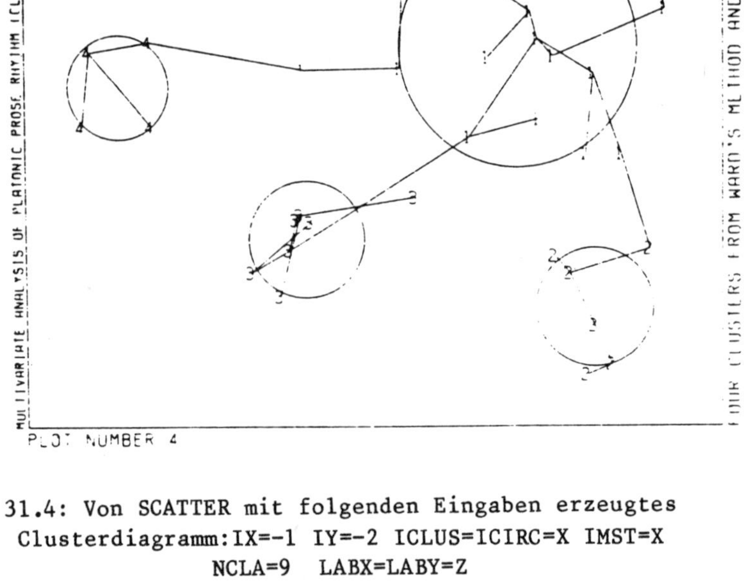

Abbildung 31.4: Von SCATTER mit folgenden Eingaben erzeugtes Clusterdiagramm:IX=-1 IY=-2 ICLUS=ICIRC=X IMST=X NCLA=9 LABX=LABY=Z

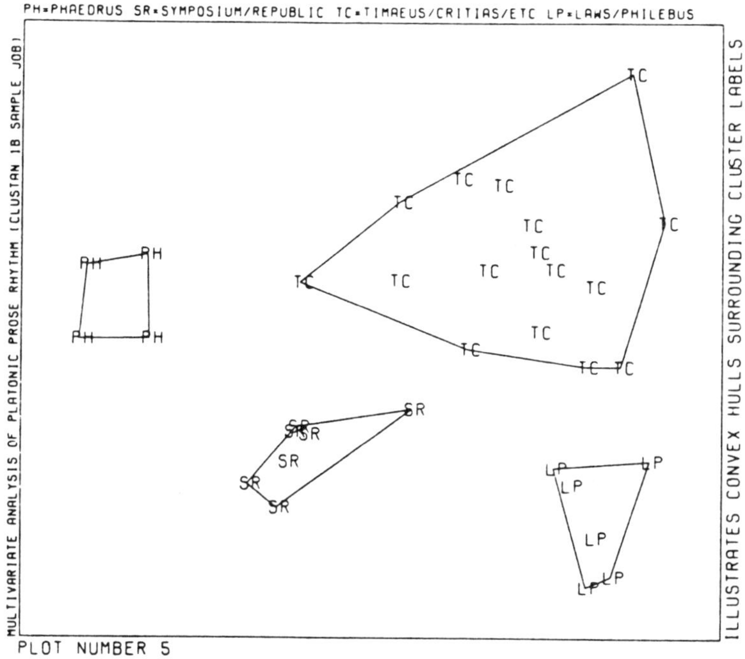

Abbildung 31.5: Von SCATTER mit folgenden Eingaben erzeugtes Clusterdiagramm:IX=-1 IY=-2 ICLUS=X IOUT=X NCLA=9 LABX=LABY=LABC=Z

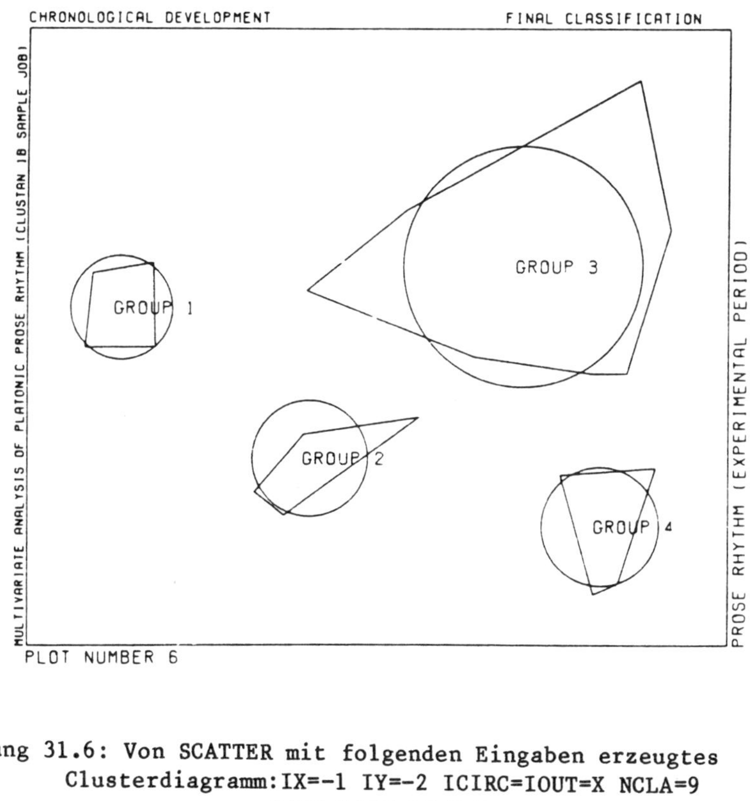

Abbildung 31.6: Von SCATTER mit folgenden Eingaben erzeugtes Clusterdiagramm:IX=-1 IY=-2 ICIRC=IOUT=X NCLA=9 LABX=LABY=LABC=Z

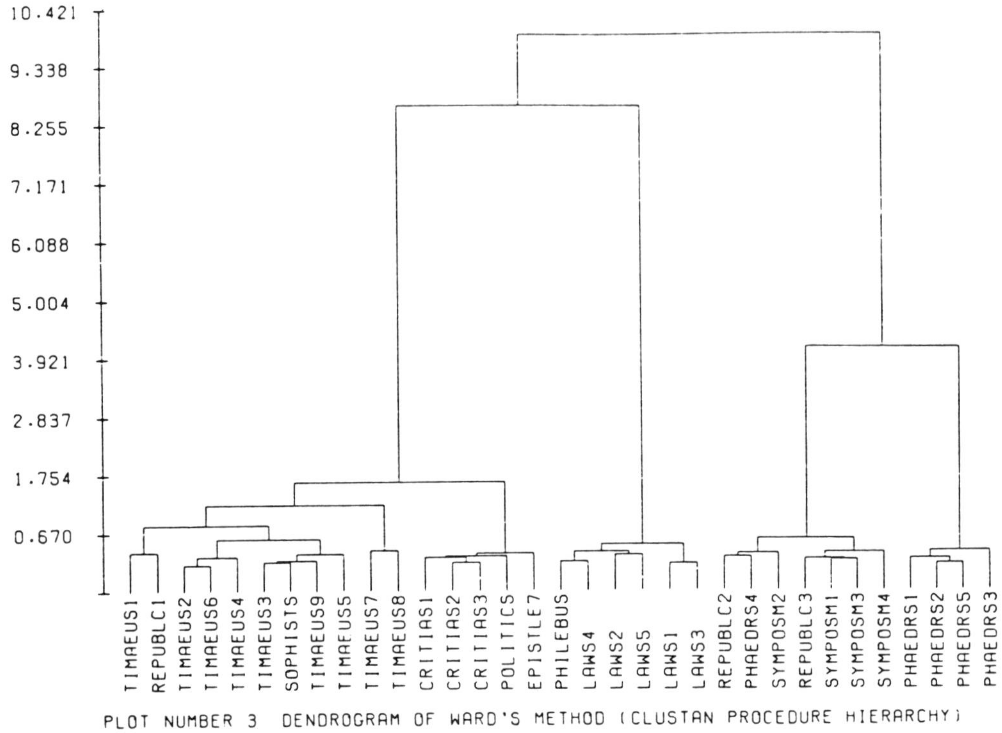

Abbildung 31.7: Von PLINK mit einer leeren Parameterkarte erzeugtes Dendrogramm

Abbildung 31.8: Von SCATTER mit folgenden Eingaben erzeugtes Streudiagramm: IX=-1 IY=32 ISCAT=L HEIGHT =0.1

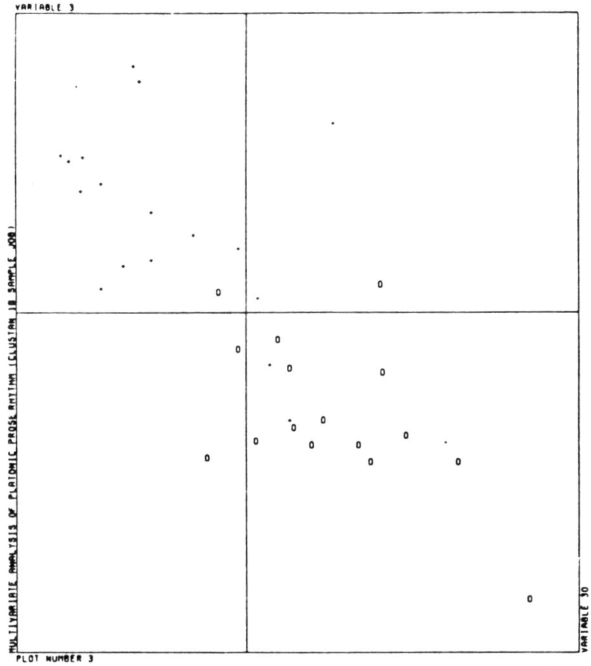

Abbildung 31.9: Von SCATTER mit folgenden Eingaben erzeugtes Clusterdiagramm: IX=3 IY=30 ICLUS=IAXES=X NCLA=9 LABC=X

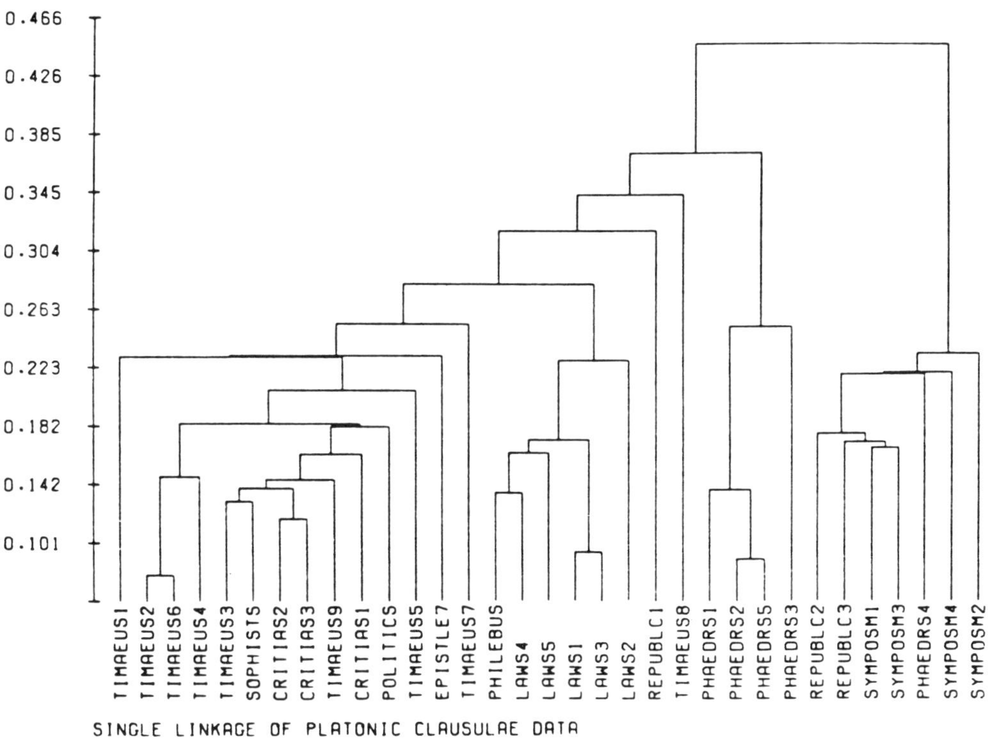

Abbildung 31.10: Von PLINK mit einer leeren Parameterkarte erzeugtes Dendrogramm

KAPITEL 32
TESTDATENPLAN

Der Testdatenplan besteht aus sechs getrennten CLUSTAN-Jobs, die mit A bis F numeriert sind. Für die ersten fünf Jobs wird ein gemischter Datensatz verwendet, der aus 9 Individuen besteht, für die 6 kontinuierliche und 9 binäre Merkmale beobachtet wurden. Da die binären und die kontinuierlichen Daten miteinander in keiner Beziehung stehen, sollten die Ergebnisse für die beiden Datenarten nicht miteinander verglichen werden.

Ganz separat davon ist der Job F, der drei Klassifikationen von 12 Berufen auf der Basis einer Unähnlichkeitsmatrix erzeugt.

Die Job-Schritte wurden so ausgewählt, daß jede Prozedur einer ziemlich vollständigen Prüfung unterzogen wird. Man versuchte sicherzustellen, daß jede Prozedur und jeder Unterprogramm-Modul wenigstens einmal durchlaufen wird. Infolge der vielen Möglichkeiten, die das Paket bietet, war es jedoch nicht möglich, einen Testlauf anzubieten, der alle Optionen erschöpfend testet.

Die Spalte, die mit "CLUSDECK" überschrieben ist, beschreibt die Anhäufung und das Löschen von Classification Arrays bei jedem Clusterschritt. Die erste Zahl gibt die Position jedes Classification Arrays auf CLUSDECK an und die zweite Zahl besagt, aus wieviel Cluster die Klassifikation besteht. Beispielsweise enthält CLUSDECK nach dem Schritt A2(3) 8 Classification Arrays, von denen der 2., 5. und 8. aus jeweils 3 Cluster besteht.

Dieser Testdatenplan wird mit CLUSTAN IC Version 2 und nachfolgenden verteilt. Die Ergebnisse dieser 6 Jobs sollten vom CLUSTAN-Koordinator an jede Benutzerstelle erhältlich sein.

JOB A

Schritt	Prozedur	Parameter	CLUSDECK
A1	FILE	N=9 MN=6 MB=9 ISTAND=S JCOR=C NPCF=6 JEIGV=E LMAX=10 FMT= (6F5.2,10I3)	
		Die beobachteten Daten werden über Karten mit der Formatangabe (6F5.2,10I3) eingelesen. Der Wert LMAX=10 besagt, daß keine binäre Merkmalslistenlänge 10 überschreitet. Die kontinuierlichen Daten werden normiert, und die Korrelationen und die Hauptkomponentenanylyse werden berechnet. Die Eigenvektoren und alle 6 Faktorwerte werden gespeichert. Das resultierende Datafile wird gerettet.	
A2	DIVIDE	MSKB=2 Partielle Maskierungskarte= 3 6	1. 2 2. 3
		Die Maskierungsangaben schließen die Merkmale 3 und 6 aus allen DIVIDE-Berechnungen aus, und folgende Analysen werden berechnet:	

(1) ICOEF=-1 KA=2 KB=4 ITRACE=X — 3. 4
4. 2

Hierarchic Division durch Association Analysis bei Verwendung von X^2. Eine Statistic Trace wird angefordert. — 5. 3

(2) ICOEF=40 KA=2 KB=4 — 6. 4
7. 2

Hierarchic Division durch Information Analysis.

(3) ICOEF=-5 NDIV=2 ITRACE=X — 8. 3

Nested Division durch Group Analysis. Eine Trace wird angefordert.

JOB B

Schritt	Prozedur	Parameter	CLUSDECK
B1	RESTART		
	Das von der Prozedur FILE bei A1 gerettete Datafile wird erneut bereitgestellt.		
B2	CORREL	MSKB=9	
	Die Abstandsmatrix wird aus den normierten kontinuierlichen Daten berechnet (die binären Daten sind maskiert). 8 K-Linkage-Listen werden gespeichert (Default KMAX=9 wird auf N-1=8 reduziert).		
B3	KDEND	KG=1 KH=3 ICREC=X	
	Die Jardine-Sibson K-Partition-Methode wird mit der Abstandsmatrix für K-Werte von 1 bis 3 benutzt. Der Algorithmus zur Clustererkennung gibt die Clustermitglieder bei allen Schwellenwerten aus.		
B4	HIERARCHY	ITRAN=1 KA=2 KB=4	1. 4 2. 3
	Single Linkage benutzt die bei Schritt B2 erhaltene Abstandsmatrix. Cluster-Gruppierungen werden ausgegeben und von 4 bis hinunter zu 2 Cluster auf CLUSDECK gespeichert.		3. 2
B5	MODE	ION=X LINK=X	
	Die orginale K-Linkage-Methode der Mode Analysis mit den Default-Parametern K=1, MINFUS=1, MINC=1 und PERC=0.8. Kerne und vollständige Klassifikationen werden angefordert.		
B6	RESULT	Leere Parameterkarte	Gelöscht
	Der Inhalt von CLUSDECK wird dabei gelöscht.		

B7 DNDRITE KA=2 KB=4 1. 2
2. 3
Da bei Schritt B2 eine Abstandsmatrix gespeichert wurde und ISEL=blank, optimiert dieser Job-Schritt die Summe der Fehlerquadrate durch die Calinski-Harabasz-Minimalbaum-Partition für 2,3 und 4 Cluster. 3. 4

B8 DUMP CODE(1)= 3

Die bei Schritt B7 auf CLUSDECK gespeicherten Classification Arrays werden aufgelistet, und die 3. Gruppierung (4 Cluster) wird auf Lochkarten ausgegeben.

B9 RESULT ICARAY=ICLIST=ICMEAN=X Gelöscht

Clusterdiagnostik wird für die bei Schritt B7 erzeugten 3 Gruppierungen ausgegeben. CLUSDECK wird erneut gelöscht bereitgestellt.

B10 HIERARCHY ITRAN=6 KA=2 KB=4 1. 4
2. 3
Ward's Methode. Cluster-Gruppierungen werden für 4,3 und 2 Cluster ausgegeben. 3. 2

B11 TREE JUNIT=7

Ein horizontales Dendrogramm wird für die Ward's Methode gedruckt.

B12 TREE LAYOUT=2

Ein vertikales Dendrogramm wird für die Ward's Methode gedruckt.

B13 HIERARCHY ITRAN=3 KA=2 KB=4 4. 4
5. 3
Average Linkage (bei Verwendung der bei Schritt B2 berechneten Abstandsmatrix) wird für eine Ausgabe von 4, 3 und 2 Cluster verlangt. 6. 2

B14 TREE Leere Parameterkarte

Ein horizontales Dendrogramm wird für die Average Linkage Klassifikation gedruckt.

B15 CORREL ICOEF=36 NPC=4

Eine Ähnlichkeitsmatrix wird für Nonmetrische Koeffizienten aus den Werten der 4 Hauptkomponenten berechnet. 8 K-Linkage-Listen werden durch Default gespeichert. Die Ergebnisse ersetzen diejenigen, die bei Schritt B2 gespeichert wurden, und das neue Datafile wird gerettet.

B16 CENTROID KA=2 KB=4 7. 4
8. 3
Hierarchische Fusion durch 'Centroid Sorting' bei Verwendung des Nonmetrischen Kriteriums von Schritt B15. 9. 2

B17 TREE Leere Parameterkarte

Das horizontale Dendrogramm für 'Centroid Sorting' bei Verwendung des Nonmetrischen Koeffizienten wird gedruckt.

B18 DUMP CODE(1)= 7

Die bei den Schritten B10, B13 und B16 erzeugten Cluster-Gruppierungen werden aufgelistet, und die 7. Gruppierung (4 Cluster bei Schritt B16) wird auf Lochkarten gestanzt.

JOB C

Schritt	Prozedur	Parameter	CLUSDECK
C1	RESTART		
	Das bei Schritt B15 gerettete Datafile wird erneut bereitgestellt.		
C2	CORREL	ICOEF=40 MSKB=2 MSKN=6 Partielle Maskierungskarte= 3 6	
	Eine Ähnlichkeitsmatrix wird für die Information Gain-Option (40) bei Verwendung von 7 binären Merkmalen (alle kontinuierlichen Daten und die binären Merkmalen 3 und 6 sind maskiert) berechnet. 8 K-Linkage-Listen werden gespeichert und das Datafile wird gerettet.		
C3	CENTROID	KA=2 KB=4	1. 4 2. 3 3. 2
	'Centroid Sorting' bei Verwendung der Information Gain Statistic. Auf CLUSDECK werden die Gruppierungen für 4, 3 und 2 Cluster gespeichert.		
C4	DUMP	CODE(1)= 1	
	Der Schritt C3 resultierende Inhalt auf CLUSDECK wird aufgelistet, und die 4-Cluster-Gruppierung wird auf Lochkarten ausgegeben.		
C5	RESULT	ICARAY=ICLIST=ICPERC=ICRAT=X	
	Binäre Clusterdiagnostik wird für die bei Schritt C3 erzeugten 3 Gruppierungen berechnet. CLUSDECK wird erneut gelöscht bereitgestellt.		

C6 MODE ION=X — 1. 2N / 2. 2C

Eine Mode Analysis wird bei Verwendung der aus Schritt C2 hervorgegangenen 'Abstands'-Matrix mit den Standard-Default-Parametern K=MINFUS=MINC=1 und PERC=0.8 erzeugt. Die neue Link-Option aus dem Mittelwert der zwei kleinsten Abstände wird als Dichtekriterium benutzt, und sowohl die Kerne als auch die vollständigen Klassifikationen werden erzeugt.

C7 DENSITY Leere Parameterkarte — 3. 2

Zum Vergleich erhält man die verbesserte Version der Mode Analysis durch die Prozedur DENSITY mit den Standard-Default-Parametern. Eine einzige Klassifikation aus zwei Cluster bestehend wird erzeugt.

C8 TREE LAYOUT=2

Ein vertikales Dendrogramm wird für die verbesserte Mode Analysis der Prozedur DENSITY von Schritt C7 gedruckt.

JOB D

Schritt	Prozedur	Parameter	CLUSDECK
D1	RESTART		

Das bei Schritt C2 gerettete Datafile wird erneut bereitgestellt.

D 2 RESULT INRAW=INSTAN=INMEAN=INCOR=INEIG=X
INEIGV=IBRAW=IBFREQ=IBPERC=IMCOEF=X
INSCOR= 4 IMKLIS = 8

Alle RESULT-Optionen, die Werte des Datafiles ausdrucken, werden ausgeführt.

D3 RELOCATE (1) ICOEF=24 MAXIT=10 MINC=2 — 1. 4
MSKB=9 IPRNT=X NCLA=-4 — 2. 3
3. 2

Für das ganze kontinuierliche Datafile wird die Summe der Fehlerquadrate (Option 24) durch iterative Relokation einer zufälligen Ausgangszuordnung auf 4 Cluster optimiert. Die Population wird auch 2 Fusionszyklen unterzogen, um die Summe der Fehlerquadrate auf den Clusterniveaus 4, 3 und 2 zu optimieren. Die N*MINC-Matrix aus Objekt* Cluster-Ähnlichkeiten wird ausgedruckt.

(2) ICOEF=40 MAXIT=10 MINC=2 — 4. 4
MSKB=2 MSKN=6 — 5. 3
Partielle Maskierungskarte=3 6 — 6. 2

Dieselbe Fusions- und Relokationsmethode wird für nur binäre Daten mit Ausnahme der Merkmale 3 und 6 angewendet. Diesesmal wird die Information Gain Statistic optimiert, und die 4 anfänglichen Cluster sind jene, die bei Schritt C3 erhalten und bei Schritt C4 auf Lochkarten ausgegeben wurden.

(3) ICOEF=36 MAXIT=10 MINC=4 7. 2
MINSIZ=2 IREMOV=ITHRSH=X
THRESH=0.0 NPC=4

Bei diesem Lauf wird unter Verwendung der ersten 4 Faktorwerte der Nonmetrische Koeffizient nur beim 4 Clusterniveau optimiert. Es wird ein Schwellenwert von 0.0 benutzt, um ein Residuum zu erzeugen, und maximal sollen 10 Iterationen ausgeführt werden. Die anfängliche 4-Cluster-Klassifikation ist jene, die bei Schritt B16 erzeugt und bei Schritt B18 auf Lochkarten ausgegeben wurde.

D4 EUCLID KA=2 KB=4 8. 2
9. 3
10. 4

Die EUCLID-Prozedur wird benutzt, um eine nichtlineare Lösung für das Minimum der Euklidschen Summe der Quadrate zu erhalten, wobei alle kontinuierlichen Variablen verwendet werden. Die Ergebnisse können mit den bei Schritt D3(1) erhaltenen verglichen werden.

JOB E

Schritt	Prozedur	Parameter	CLUSDECK
E1	RESTART		

Das bei Schritt C2 gerettete Datafile wird erneut bereitgestellt.

E2 PLINK XLENG=7.0 YLENG=8.0 IUNIT=5

Das vollständige Dendrogramm für den Schritt A2(2) wird mit einer Grundlinie von 7 Zoll und eine Höhe von 8 Zoll gezeichnet. Code für die Knoten, Koeffizientenskala und Titel werden gezeichnet.

E3 PLINK IUNIT=5

Das vollständige Dendrogramm für den Schritt B10 wird mit allen Default-Optionen gezeichnet. Die Grundlinie ist 16.8 Zoll, die Höhe 10.8 Zoll; die Code für die Knoten, die Koeffizientenskala und der Identifikationstitel werden gezeichnet.

E4 SCATTER (1) IX=-1 IY=-2 ISCAT=ICLUS=X
ICIRC=IAXES=X YLENG=8.0

Streu- und Clusterdiagramme werden in den Hauptkomponenten I gegen II gezeichnet. Die Achsen durch den Ursprung werden in beiden Diagrammen gezeichnet; die Klassifikation ist das 4-Cluster-Ergebnis aus Schritt B7. Die Länge der Y-Achse wird auf 8 Zoll beschränkt, und die Länge der X-Achse wird berechnet. Für jeden Cluster werden im Clusterdiagramm Clusterkreise gezeichnet.

```
(2) IX=3 IY=-3 ICLUS=IAXES=X
    XLENG=7.0 HEIGHT=0.1
```

Ein Clusterdiagramm mit den Achsen wird für die Variable 3 gegen die Komponente 3 gezeichnet. Die Höhe der Zeichen ist 0.1 Zoll, und die Länge der X-Achse wird auf 7 Zoll beschränkt; die Länge der Y-Achse wird deshalb berechnet. Den Anfang der Klassifikation bilden N Cluster, die aus einzelnen Elementen bestehen, so daß das Ergebnis lediglich aus der Beschriftung des Streudiagramms durch die Code der Stichprobe besteht.

```
(3) IX=2 IY=3 ISCAT=IAXES=X
    XLENG=YLENG=8.0 HEIGHT=0.1
```

Ein Streudiagramm wird mit den Achsen für die Variablen 2 gegen 3 gezeichnet. Die Abmessungen des Plots werden beide auf 8 Zoll festgelegt, und die Höhe der Zeichen ist gleich 0.1 Zoll.

```
E5      PLINK      ISCALE=X K=6 XLENG=YLENG=8.0
                   IUNIT=5
```

Das partielle Dendrogramm, das zu den letzten 5 Fusionen des Schrittes B11 gehört, wird für eine Höhe von 8 Zoll und eine Länge der Grundlinie von ebenfalls 8 Zoll gezeichnet. Es wird mit einem Identifikationstitel versehen, die Koeffizientenskala wird weggelassen, und die Knoten des Baumes werden mit 1 bis 6 numeriert.

DISKUSSION

(1) Error Sum of Squares
Man bemerke, daß die Error Sum of Squares-Ergebnisse bei den Schritten B7, D3(1) und D4 übereinstimmen, während die Ward's Methode (Schritt B10) andere Ergebnisse für die 4- und 3-Cluster-Gruppierungen erzeugt. Dies zeigt die Art der Ineffizienz, die bei den letzten Stadien der Ward's Methode infolge des Fusionszwangs auftritt.

(2) Single Linkage
Drei Prozeduren des Testdatenplans werten Single Linkage mit normierten kontinuierlichen Daten aus. Dies sind KDEND (Schritt B3 K=1), HIERARCHY (Schritt B4) und MODE (Schritt B5). Man beachte, daß die Koeffizientenwerte alle gleich sind. Die Mode Analysis findet jedoch in diesem Fall keine signifikante Gruppierung, woraus zu schließen ist, daß eine natürliche Klassifikation der Daten nicht existiert.

Die binären Daten lassen sowohl durch die Mode Analysis (Schritt C6) also auch durch DENSITY (C7) das Vorhandensein zweier Cluster erkennen.

(3) Information Statistic
Die binären Daten werden ohne die Merkmale 3 und 6 durch Monothetic Division bei Schritt A2(2), Hierarchic Fusion bei Schritt C3 und Iterative Relocation bei Schritt D3(2) klassifiziert. Während die beiden letzten Methoden identische Ergebnisse liefern, erzeugt Monothetic Division einige ungewöhnliche Gruppierungen, was auf den Zwang des Vorhandenseins/Nicht-Vorhandenseins zurückzuführen ist, der über die Cluster-Mitgliedschaft entscheidet.

Information Analysis erzeugt am Ende die gleiche 2-Cluster-Gruppierung wie die Mode Analysis. Es bleibt jedoch dem Benutzer überlassen, davon abzuleiten, daß dies stabile Klassifikationen darstellen, wohingegen bei MODE und DENSITY keine anderen Klassifikationen angezeigt sind.

(4) Mode Analysis with 'Information'
Bei Schritt C6 arbeitet die Mode Analysis mit der Matrix der Information Statistic (I,J)-Koeffizienten, die bei Schritt C2 erzeugt wurde. Da dieser Koeffizient zu einem konstanten Vielfachen des Abstands entartet, wenn er als ein (I,J)-Maß benutzt wird, und da die Mode Analysis einen Linkage-Prozeß auf die Ähnlichkeitsmatrix ausübt, ist das Ergebnis aus C6 identisch mit dem, das man bei Benutzung von Abständen erhalten hätte (ICOEF=2). Man kann deshalb nicht behaupten, daß die Mode Analysis mit Information Statistic benutzt worden wäre. Dieses Ergebnis könnte jedoch so zitiert werden, als sei es von Mode Analysis unter Benutzung von Abständen erhalten worden, wobei die zusätzliche Berechnung einer Abstandsmatrix vermieden wird.

(5) Nonmetric Coefficient
Die Schritte B16 und D3(3) zeigen, daß der Nonmetrische Koeffizient schlecht für negative Daten geeignet ist. Die iterative Relokationsphase D3(3) konvergiert nicht, und die hierarchische Fusionsmethode (B16) erzeugt keine befriedigenden Ergebnisse. Zur Verteidigung ihrer Befürworter sollte gesagt werden, daß dieser Koeffizient offensichtlich für positive oder binäre Daten vorgeschlagen wurde, wofür er zufriedenstellend funktionieren mag.

Job F

Dieser Job unterscheidet sich von den vorangegangenen Tests insofern, als eine Clusteranalyse von einer Unähnlichkeitsmatrix ausgeführt wird, die als Eingabe für DISTIN eingelesen wird. Die benutzten Daten wurden aus einem veröffentlichten Artikel entnommen, und somit handelt es sich um eine Analyse echter Daten.

Schritt	Prozedur	Parameter	CLUSDECK
F1	FILE	N=12 MN=5 JCOR=C FMT=(5F6.0)	

Eine Datenmatrix aus 5 Variablen von 12 Berufen wird im Format (5F6.0) eingelesen. Die erste Variable ist eine unabhängige Messung des beruflichen "Ansehens"; die Variablen 2 und 3 sind Werte von MDSCAL-Variablen, die externen Urspungs sind; die Variablen 4 und 5 wurden aus einer orthogonalen Transformation der Variablen 2 und 3 abgeleitet.

F2 DISTIN N=12 FMT=(11F5.0)

Eine Unähnlichkeitsmatrix wird im Format (11F5.0) eingelesen. Dies war die Eingabe zu MDSCAL, wovon die Variablen 2 und 3 abgeleitet wurden (von FILE separat eingelesen).

F3 LABELS LABNUM=X LABCAS=X

Alphanumerische Kennungen werden für die 5 Variablen und die 12 Berufe eingelesen.

F4 HIERARCHY ITRAN=6 KA=2 KB=4 1. 4

2. 3

Ward's Methode. Es werden Cluster-Gruppierungen 3. 2

für 4,3 und 2 Cluster ausgegeben.

F5 TREE Leere Parameterkarte

Ein horizontales Dendrogramm wird für die Ward's Methode ausgedruckt.

F6 HIERARCHY ITRAN=3 KA=2 KB=4 4. 4

5. 3

Klassifizieren nach dem Average Linkage-

Verfahren. Es werden Cluster-Gruppierungen 6. 2

für 4,3 und 2 Cluster ausgegeben.

F7 TREE Leere Parameterkarte

Ein horizontales Dendrogramm wird für Average Linkage gedruckt.

F8 DENSITY Leere Parameterkarte 7. 2

Die verbesserte Version der Mode Analysis erhält man mit DENSITY. Eine einfache Klassifikation aus 2 Cluster wird erzeugt.

F9 TREE LAYOUT=2

Ein vertikales Dendrogramm wird von der Mode Analysis gedruckt, das von DENSITY bei Schritt F8 erzeugt wurde.

F10 RESULT INMEAN=INCOR=X
IMCOEF=X IMKLIS=9
ICARAY=ICLIST=ICMEAN=X

Mittelwerte, Standardabweichungen und Korrelationen werden für die 5 Variablen ausgegeben, die von FILE eingelesen wurden (Schritt F1). Die Unähnlichkeitsmatrix und die 9 nächsten Nachbarn werden ausgegeben, die von DISTIN (Schritt F2) gespeichert wurden. Listen über die Cluster-Mitgliedschaft und diagnostische Statistik wird für jeden der 7 Classification Arrays berechnet, die auf CLUSDECK bei den Schritten F4, F6 und F8 gespeichert wurden.

DISKUSSION

Job F ist ganz anders als die 5 vorhergehenden Jobs des Testdatenplans. Er wurde entworfen, um die Möglichkeit zu testen, verschiedene Jobs zu einem einzigen Lauf zusammenzustellen, um eine von DISTIN eingelesene Unähnlichkeitsmatrix zu klassifizieren und um die resultierenden Cluster in Form von unabhängigen Variablen zu analysieren, die separat über FILE eingelesen wurden.

Die Daten stammen aus:

> Reeb, M.(1974), 'The perception of occupational structure - an intervening variable in vocational behavior', J. Voc. Behav., V. 4, p. 125-137.

Jede Unähnlichkeit ist das Mittel aus 106 Beurteilungen, die von 106 israelischen Schülern (auf einer Skala von 1-5) über die Ähnlichkeit zwischen allen möglichen Paaren von 12 Berufen gemacht wurden. Diese Matrix wurde von Reeb mit MDSCAL-5M analysiert, wobei 2 Dimensionen (X1,X2) mit Stress=18% (Formel 2) abgeleitet wurden. Zwei alternative Variablen (SE-Level, Dexterity) wurden von Wishart aus einer orthogonalen Transformation der Reebschen Variablen abgeleitet. Sie werden durch FILE mit einer fünften unabhängigen Variablen "Ansehen", die Reeb gemessen hat, eingelesen.

Die Unähnlichkeitsmatrix wird mit der Ward's Methode (Schritt F4), der Average Linkage-Methode (Schritt F6) und der Mode Analysis (Schritt F8) klassifiziert. Dendrogramme werden für alle 3 Klassifikationen gedruckt. Die Mode Analysis zeigt nur 2 natürliche Cluster an, die man auch in der Endklassifikation der beiden anderen Methoden wiederfindet. Da die Ward's Methode und die Average Linkage-Methode bei einer Klassifikation in 3 oder 4 Cluster keine Übereinstimmung zeigen, wird dies als Bestätigung dafür gesehen, daß sich die Unähnlichkeitsmatrix nur in 2 natürliche Gruppen zerlegen läßt. Es sind dies folgende:

GRUPPE 1: Doctor, Chemist, High school teacher, Accountant, Elementary school teacher, Engineer, Office clerk.

GRUPPE 2: Carpenter, Postman, Auto mechanic, Fitter and Turner, Radio technician.

Die von RESULT ausgegebene Clusterstatistik zeigt die folgenden Gruppenmittel und ihre Trennung für jede der 5 zugrundeliegenden Variablen:

Variable	Group 1	Group 2	Separation
Prestige	4.4	9.4	5.0
X1	-1.7	2.3	4.0
X2	1.1	-1.6	2.7
SE Level	1.8	-2.6	4.4
Dexterity	-0.8	1.1	1.9

Abgesehen von "Prestige" kommt die größte Trennung der Gruppen von den Variablen "SE Level" und "X1". Dies ist ganz klar die stärkste Komponente in der Beurteilung der Ähnlichkeit, die auch sehr stark mit dem beruflichen Ansehen zusammenhängt. Die resultierende Klassifikation kann man als eine Trennung von Schreibtischberufen und Handwerkerberufen interpretieren. Obwohl man sagen könnte, daß diese Unterscheidung augenscheinlich ist, hat die Analyse gezeigt, wo die Trennungslinie zwischen den Klassen verläuft, und könnte somit zu einer Quantifizierung ihrer entsprechenden Merkmale für die Berufsausbildung und die Berufsberatung führen. Eine größere Stichprobe von Berufen könnte noch interessantere Ergebnisse liefern.

KAPITEL 33
SPSS-BEISPIEL

In diesem Beispiel wird eine SPSS-Systemdatei gelesen, die aus 94 Beobachtungen an 14 Variablen besteht. Eine Variable (LOCVOTE) enthält alphanumerische Code, und 10 Variablen haben fehlende Werte. Das ursprüngliche SPSS-Programm erzeugt die Systemdatei, löscht 2 Fälle, die fehlende Werte besitzen und berechnet 6 abgeleitete Variablen.

Da CLUSTAN keine alphanumerischen Code behandeln kann, wird die SPSS-Variable LOCVOTE aus der Datenmatrix gelöscht, ehe die Systemdatei gerettet wird. Der CLUSTAN-Job liest die Datei, die nun 92 Beobachtungen an 19 Variablen umfaßt, wie folgt:

Schritt	Prozedur	Parameter	CLUSDECK
1	SPSS	KDOC=DKES=P ISTAND=S Liest die SPSS-Systemdatei, druckt die Dokumentation und die Dateibeschreibung und kopiert die Datenmatrix. Die 19 Variablen werden normiert. Fehlermeldungen werden für die 10 Variablen mit Coden für fehlende Werte ausgegeben.	
2	CORREL	MSKN=4 partielle Maskierungskarte = 1 12 13 15 Eine Abstandsmatrix wird aus den normierten Werten für 15 Variable berechnet.	
3	HIERARCHY	ITRAN=6 KA=2 KB=6 Die Ward's Methode wird verwendet, um Klassifikationen aus 6, 5, 4, 3 und 2 Cluster herzuleiten, die auf CLUSDECK gespeichert werden.	1. 6 2. 5 3. 4 4. 3 5. 2
4	TREE	leere Parameterkarte Druckt ein horizontales Dendrogramm für die Ward's Methode.	
5	RESULT	INRAW=INMEAN=INCOR=X ICARAY=ICLIST=ICMEAN=X Listet das Datafile auf und druckt Mittelwerte und Standardabweichungen aus. Clusterdiagnostik wird für die 5 auf CLUSDECK stehenden Klassifikationen ausgedruckt.	

DISKUSSION

Da Fälle mit fehlenden Werten aus der Datei entfernt werden, erscheinen solche Code nicht in den Variablen, die zur Berechnung der Abstandsmatrix durch CORREL verwendet werden. Deshalb sind die von HIERARCHY erzeugten Ergebnisse konsistent mit einem konventionellen Lauf der Ward's Methode, wobei die spezifizierten Daten verwendet werden. Der RESULT-Schritt bestätigt, daß die Mittelwerte, die Standardabweichungen und die Korrelationen, die von CLUSTAN berechnet wurden, den von SPSS berechneten gleich sind.

LITERATUR 64

ANHANG
CLUSTAN-FEHLERMELDUNGEN

Dieser Anhang listet die möglichen CLUSTAN-Fehlermeldungen auf, die bei CLUSTAN IC Version 2 erzeugt werden können. Um herauszufinden, was ein bestimmter Fehler bedeutet, sollte der Benutzer folgendermaßen vorgehen:

1. Man stelle die CLUSTAN-Prozedur fest, die den Fehler verursacht hat;
2. Man wende sich an den entsprechenden Abschnitt des Anhangs und suche die Meldung;
3. Sollte das nicht ausreichen, so suche man die Meldung im anschließenden Abschnitt des CLUSTAN-Drivers.

Wenn die Meldung überhaupt nicht gefunden werden kann, bezieht sie sich wahrscheinlich auf eine neue CLUSTAN-Verbesserung, die noch nicht dokumentiert wurde. In diesem Fall sollte sich der Benutzer an seinen CLUSTAN-Koordinator wenden.

CLUSTAN-Driver-Fehler

INCORRECT CLUSTAN KEYWORD: xxxxxxxxx **********

Diese Meldung erscheint entweder deshalb, weil ein Schlüsselwort falsch geschrieben wurde, oder weil eine vorangegangene Prozedur versagte, ohne daß alle Parameterkarten eingelesen wurden. Die Driver-Routine überliest alle weiteren Karten bis hin zum nächstgültigen Schlüsselwort.

UNEXPECTED END OF CLUSTAN INPUT ENCOUNTERED

In der Eingabe fehlt ein STOP-Schlüsselwort, oder es wurde an falscher Stelle eingefügt.

PROBLEM ON DATASET xx FOUND BY WISHART
STARTING RECORD=xxxx LENGTH OF TRANSFER=xxxx REAL *4 WORDS
BLOCK SIZE ON DATASET=xxxx LENGTH OF DATASET=xxxx
SIZE OF INCORE DISK SIMULATION ARRAY A=xxxx

Während des Lesens der Daten von der logischen Einheit 2 trat ein Fehler auf. Dies kann an ungenügendem Speicherplatz liegen, und deshalb versuche man zuerst die Utility-Prozedur SIZE anzuwenden. Ansonsten melde man den Fehler einem Systemprogrammierer.

FILE-Fehler

ERROR CASE xxx - LIST LENGTH xxx

Als Eingabe einer binären Liste wurde eine Liste mit negativem Vorzeichen oder eine Liste der Länge null angegeben.

ERROR CASE xxx ATTRIBUTE xxx

Ein in einer binären Eingabeliste spezifiziertes Merkmal übersteigt die Anzahl der spezifizierten binären Variablen.

FORMAT ERROR FOR CASE xxx

Beim Record-Lesen des spezifizierten Falles wurde ein Fehler entdeckt.

NOT ENOUGH DATA - END READ FOR CASE xxx

Das Ende der Eingabe wurde erreicht, noch ehe die Records von N Fällen eingelesen wurden.

WARNING *** VARIABLE xxx HAS ZERO VARIANCE
FURTHER CALCULATIONS WILL ASSUME THAT THE VARIANCE = 1.0

Die spezifizierte Variable ist eine Konstante. Dies kann durch fehlerhafte Formatangaben verursacht worden sein. Die Verarbeitung wird fortgesetzt, da von dieser Variablen für die Analyse kein zusätzlicher Beitrag kommt. (Sie wird einfach ignoriert.)

ERROR - NUMBER OF CASES MUST NOT EXCEED 999

Der Wert von N ist größer als 999.

ERROR - NUMBER OF NUMERIC VARIABLES EXCEEDS 200

Der Wert von MN ist größer als 200.

ERROR - NUMBER OF BINARY VARIABLES EXCEEDS 400

Der Wert von MB ist größer als 400.

ERROR - NUMBER OF COMPONENT SCORES CANNOT EXCEED NUMBER OF VARIABLES

Der Wert von NPCF ist größer als der Wert von MN.

ERROR - PRINCIPAL COMPONENTS SOLUTION OR CORRELATIONS ARE AVAILABLE FOR NUMERIC VARIABLES ONLY

Hauptkomponentenanalyse und/oder Korrelationen werden angefordert, aber der Wert von MN ist nicht größer als null.

ERROR - LIMIT OF NUMBER OF VARIABLES FOR PRINCIPAL COMPONENTS OR CORRELATIONS IS 80

Selbsterklärend.

ERROR - MUST DECLARE NUMBER OF VARIABLES

Sowohl MN als auch MB sind null.

STANDARD SCORES ARE ONLY OBTAINED FOR NUMERIC VARIABLES

Normierte Werte wurden durch den Parameter ISTAND angefordert, obwohl keine numerischen Variablen spezifiziert wurden.

CORREL-Fehler

DATA FILE NOT COMPLETE

Weder binäre noch numerische Daten wurden im Datafile gespeichert.

ERROR - MIXED-MODE DATA NOT PERMITTED

Das Datafile enthält sowohl binäre Merkmale als auch numerische Variablen, und der Benutzer hat keinen der beiden Datentypen gänzlich maskiert.

ERROR - ALL VARIABLES MASKED

Für die Berechnung der Ähnlichkeitskoeffizienten sind keine Daten unmaskiert geblieben.

ERROR - BINARY SAMPLE LIST LENGTHS NOT FILED

Ähnlichkeiten sollen aus binären Daten berechnet werden, aber die gespeicherte Information über die binären Merkmale ist unvollständig.

ERROR - COMPONENT SCORES NOT FILED

Ähnlichkeitskoeffizienten sollen aus Hauptkomponenten bestimmt werden, die jedoch nicht berechnet wurden.

ERROR - ONLY xxx COMPONENT SCORES FILED

Die für die Berechnung der Ähnlichkeitskoeffizienten ausgewählte Anzahl von Hauptkomponenten übersteigt die Anzahl der Komponenten, die auf der Datei gespeichert sind. CLUSTAN setzt die Anzahl der gespeicherten Komponenten ein und fährt mit der Berechnung der Ähnlichkeiten fort.

USER FUNCTION IS UNDEFINED
CONSULT MANUAL FOR PARAMETER VALUES

Im System ist eine Dummy-USER-Function enthalten, die beim Aufruf diese Meldung erzeugt. Möchte man die USER-Function benutzen, dann muß man ein neues Ähnlichkeitsmaß programmieren, so wie es im Handbuch beschrieben ist, und die Function USER im Lademodul des Systems ersetzen.

ERROR - COEFFICIENT NUMBER xxx

Ungültiger Code für den Ähnlichkeitskoeffizienten.

ERROR - NUMERIC COEFFICIENT SELECTED FOR BINARY DATA

ERROR - BINARY COEFFICIENT SELECTED FOR NUMERIC DATA

Widerspruch zwischen dem Typ des Ähnlichkeitskoeffizienten und dem Datentyp.

ERROR - MAXIMUM KMAX FOR DATA SET SIZE xxxx is xxx

Die gewünschte Anzahl von K-Linkage-Listen ist größer als das, was von der Prozedur zur Verfügung gestellt wird. CLUSTAN paßt KMAX an das maximal Zuläßige an.

ERROR - NUMBER OF CASES xxxx EXCEEDS 999

CLUSTAN läßt maximal 999 Fälle oder Beobachtungen zu.

ERROR - NUMBER OF BINARY VARIABLES xxxx EXCEEDS 400

Die maximal zuläßige Anzahl binärer Variablen ist bei CLUSTAN 400.

ERROR - NUMBER OF NUMERIC VARIABLES xxxx EXCEEDS 200

Die maximal zuläßige Anzahl numerischer Variablen ist bei CLUSTAN 200.

FILE OVERLAP LAST RECORD xxxx EXCEEDS MAXIMUM xxxxx

Die maximal zuläßige Anzahl von Records auf der internen Datei wird überschritten.

DISTIN-Fehler

ERROR IN ICOEF = xx - DISTANCE COEFFICIENT ASSUMED

Ein ungültiger Code wurde für den Ähnlichkeitskoeffizienten spezifiziert, der von CLUSTAN durch den Code eines Abstandskoeffizienten ersetzt wird.

ERROR IN IUNIT = x - DISTANCES ASSUMED ON CARDS

Es wurde für IUNIT ein Wert spezifiziert, der nicht größer als 8 ist, und deshalb nimmt das System an, daß die Abstands-/Ähnlichkeitsmatrix von Karten einzulesen sei.

HIERARCHY-Fehler

ERROR IN CLUSTER OUTPUT SELECTORS xxx xxx

Der Parameter KA darf nicht größer als KB sein. Der Parameter KB darf N-1 nicht überschreiten. Beide Parameter müssen größer als null sein.

ERROR - METHOD x NOT AVAILABLE

Der Methodencode ITRAN wurde falsch spezifiziert.

ERROR - VALUE OF BETA = xx.xx AND MUST BE LESS THAN 1 FOR LANCE/WILLIAMS FLEXIBLE FORM

Lance und Williams definieren ihrer Flexible Methode für BETA-Werte, die kleiner als 1 sind. In der Praxis empfehlen sie BETA=-0.25.

COEFFICIENTS MATRIX NOT FILED

HIERARCHY braucht eine Abstands- oder Ähnlichkeitsmatrix, die von DISTIN eingelesen oder von CORREL berechnet wird.

WARNING - METHOD x INCOMPATIBLE WITH COEFFICIENT xx

Das Handbuch gibt verschiedene Auswahlmöglichkeiten von Ähnlichkeitskoeffizienten für unterschiedliche Methoden an, von denen man weiß, daß sie zueinander passen. Diese Meldung kommt, wenn eine inakzeptable Kombination von Methode und Ähnlichkeitskoeffizient spezifiziert wurde, wenngleich die kombinatorische Transformation fortgesetzt wird.

TREE-Fehler

ERROR - K = 1

Der Teilbaum, der der Fusion der letzten K Cluster entspricht, kann für K = 1 nicht gezeichnet werden.

WARNING - PROCEDURE WILL READ DENDROGRAM DATA FOR xxx CASES
THIS DOES NOT AGREE WITH THE xxx CASES ON THE CLUSTAN DATA FILE

Diese Warnung erfolgt meistens dann, wenn Dendrogrammdaten von Karten oder einer privaten sequentiellen Datei gelesen wurden. In diesem Fall kann die Meldung ignoriert werden. Ansonsten befrage man einen Systemprogrammierer.

ERROR - VALUE OF K = xxx NOT LESS THAN N = xxx

Es ist nicht möglich, einen Teilbaum für mehr als N Fusionen zu zeichnen.

UNEXPECTED END OF DATA SET ON UNIT xx READING DENDROGRAM DATA FOR xxx CASES

Im Dendrogrammdeck gibt es nicht genügend Records. Wenn es per Hand erstellt wurde, prüfe man die Formatangaben oder suche nach fehlenden Karten.

CENTROID-Fehler

ERROR - SIMILARITY MATRIX NOT FILED

Die Prozedur CENTROID benötigt eine Ähnlichkeitsmatrix, die von DISTIN eingelesen oder von CORREL berechnet wird.

ERROR - COEFFICIENT xx INVALID FOR CENTROID

Der Code des Ähnlichkeitskoeffizienten ist für die Prozedur CENTROID inakzeptabel.

ERROR IN KA = xx OR KB = xx

Entweder KA ist größer als KB, oder KB ist nicht kleiner als die Fallzahl.

ERROR - FILE LENGTH IS INCREASED TO xxxxx RECORDS WHICH EXCEEDS MAXIMUM xxxxx

Der benötigte Arbeitsspeicher ist größer als der vom System bereitgestellte.

COEFFICIENT CODE xx IS NOT AN INTER-CLUSTER SIMILARITY MEASURE AND CANNOT BE USED

Der ausgewählte Koeffizientencode ist kein gültiges Inter-Cluster-Ähnlichkeitsmaß. Der Fehler entstand wahrscheinlich deshalb, weil ein binärer (I,J)-Ähnlichkeitskoeffizient gewählt wurde.

USER FUNCTION IS UNDEFINED
CONSULT MANUAL FOR PARAMETER VALUES

Im System ist eine Dummy-USER-Function enthalten, die beim Aufruf diese Meldung erzeugt. Möchte man die USER-Function benutzen, muß man ein neues Ähnlichkeitsmaß programmieren, so wie es im Handbuch beschrieben ist, und die Function USER im Lademodule des Systems ersetzen.

RELOCATE-Fehler

ERROR - COEFFICIENT CODE xx IS INVALID

Der Koeffizientencode ICOEF entspricht keinem gültigen Ähnlichkeitskoeffizienten.

ERROR - COEFFICIENT xx IS NOT AN INTER-CLUSTER MEASURE

Die Ähnlichkeitskoeffizienten 4, 6-12, 14, 15, 17, 19 und 21 können nicht zur Messung der Ähnlichkeit zwischen Clustern mit der Prozedur RELOCATE verwendet werden.

ERROR - DATA TYPE FOR COEFFICIENT xx DOES NOT MATCH SELECTED DATA

Kontinuierliche Variablen oder Faktorwerte wurden für ein binäres Ähnlichkeitsmaß spezifiziert, oder binäre Merkmale wurden in Verbindung mit einem kontinuierlichen Ähnlichkeitsmaß spezifiziert. Man beziehe sich auf die Tabelle für Ähnlichkeitskoeffizienten, um akzeptable Kombinationen von Koeffiziententyp und Daten zu finden.

ERROR - NO. OF INITIAL CLUSTERS = 0

Mindestens ein Cluster muß im anfänglichen Classification Array spezifiziert sein.

ERROR - DIMENSIONS RESTRICT MAXIMUM NO. OF INITIAL CLUSTERS TO xxx

Der Arbeitsspeicher wurde überschritten. Es wird empfohlen, die Anzahl der anfänglichen Cluster dem Maximum gleichzusetzen, das in der Meldung angezeigten wird.

ERROR - NO. OF VARIABLES IN PROBLEM RESTRICTS MAXIMUM NUMBER OF INITIAL CLUSTERS TO xxx

Der Arbeitsspeicher wurde überschritten. Es wird empfohlen, die maximale Anzahl der anfänglichen Cluster dem Maximum gleichzusetzen, das in der Meldung angezeigt wird, oder die Anzahl der Variablen zu reduzieren, die bei RELOCATE verwendet werden.

ERRORS DETECTED ON BINARY DATA FILE

Binäre Merkmalslisten der Länge null oder mit negativem Vorzeichen wurden gefunden, oder Merkmalscode liegen außerhalb des Bereichs.

ERROR - xxx COMPONENT SCORES SELECTED, BUT xxx COMPONENT SCORES FILED

Die Anzahl der mit dem Parameter NPC ausgewählten Hauptkomponenten darf die von der Prozedur FILE mit dem Parameter NPCF berechnete Anzahl nicht übersteigen.

ERROR - DATA NOT FILED, OR TOTAL BINARY MASK SELECTED

Aus den Spezifikationen zur Maskierung geht hervor, daß kontinuierliche Daten für die Berechnung benutzt werden sollen, obwohl MN = 0.

ERROR - ALL DATA MASKED

Aus den Spezifikationen zur Maskierung geht nicht hervor, daß irgendwelche Variablen oder Merkmale ausgewählt werden sollen.

ERROR IN PARTIAL MASK CARD - VARIABLE xxx

Eine kontinuierliche Variable oder ein binäres Merkmal, das in den partiellen Maskierungskarten spezifiziert wurde, ist größer als MN bzw. MB.

ERROR IN PARTIAL MASK CARD - VARIABLE xxx REPEATED

Die kontinuierliche Variable oder das binäre Merkmal wurde mehrmals in den partiellen Maskierungskarten spezifiziert.

MAXIMUM NUMBER OF ITERATIONS REACHED WITHOUT STABILITY

MAXIT Iterationen wurden ausgeführt, ohne daß sich eine stabile Klassifikation einstellte.

ERROR CASE xxx - LIST LENGTH xxx

In einer binären Eingabeliste wurde eine Null oder ein negativer Wert als Listenlänge spezifiziert.

ERROR CASE xxx ATTRIBUTE xxx

Ein in einer binären Eingabeliste spezifiziertes Merkmal überschreitet die spezifizierte Anzahl binärer Variablen.

ONLY xxx CLASSIFICATION ARRAYS STORED. UNABLE TO GET ARRAY NO. xxxx

Der spezifizierte Classification Array kann auf CLUSDECK nicht gefunden werden.

COEFFICIENT CODE xx IS NOT AN INTER-CLUSTER SIMILARITY MEASURE AND CANNOT BE USED

Der ausgewählte Koeffizientencode ist kein gültiges Ähnlichkeitsmaß für Cluster. Der Fehler entstand wahrscheinlich deshalb, weil ein binärer Ähnlichkeitskoeffizient gewählt wurde.

USER FUNCTION IS UNDEFINED
CONSULT MANUAL FOR PARAMETER VALUES

Im System ist eine Dummy-USER-Function enthalten, die beim Aufruf diese Meldung erzeugt. Möchte man die USER-Function benutzen, dann muß man ein neues Ähnlichkeitsmaß programmieren, so wie es im Handbuch angedeutet ist, und die Function USER im Lademodule des Systems ersetzen.

<u>MODE-Fehler</u>

ERROR - FILE INCOMPLETE

Entweder es wurde keine Ähnlichkeitsmatrix gespeichert, oder es wurden keine K-Linkage-Listen von den Prozeduren DISTIN oder CORREL berechnet.

CORREL PARAMETER KMAX = xx TOO SMALL. xxx K-LINKAGE LISTS REQUIRED FOR DENSITY K = xx. VALUE OF K ADJUSTED TO xxx.x

Der Mittelwert der 2K-1 nächstbenachbarten Abstände wurde wahrscheinlich als Dichtekriterium ausgewählt, aber eine zu geringe Anzahl von K-Linkage-Listen wurde von CORREL oder DISTIN auf die Datei gebracht. Die Prozedur korrigiert K dementsprechend und fährt mit der Verarbeitung fort. Der Benutzer kann aber den CORREL- oder DISTIN-Schritt mit einem größeren Wert für KMAX wiederholen.

<u>DENSITY-Fehler</u>

ERROR - FILE INCOMPLETE

Entweder es wurde keine Ähnlichkeits-/Unähnlichkeitsmatrix gespeichert oder die K-Linkage-Listen wurden nicht berechnet.

CORREL PARAMETER KMAX = xx TOO SMALL. xxx K-LINKAGE LISTS REQUIRED FOR DENSITY K = xx. VALUE OF K ADJUSTED TO xxx.x

Das Mittel der 2K-1 nächstbenachbarten Abstände wurde wahrscheinlich als Dichtekriterium gewählt, aber eine zu geringe Anzahl von K-Linkage-Listen wurde von CORREL oder DISTIN gespeichert. Die Prozedur korrigiert K dementsprechend und fährt mit der Vorarbeitung fort. Der Benutzer kann aber den CORREL- oder DISTIN-Schritt mit einem größeren Wert für KMAX wiederholen.

ONLY ONE MODE IDENTIFIED

Die Prozedur DENSITY konnte keine Cluster in den Daten entdecken.

DIVIDE-Fehler

ERROR - BINARY DATA NOT FILED

Für die Prozedur DIVIDE müssen binäre Daten gespeichert sein.

ERROR - NUMBER OF MASKED VARIABLES. xx IS NOT LESS THAN TOTAL NUMBER OF BINARY VARIABLES

Für die Prozedur DIVIDE müssen einige binäre Merkmale unmaskiert bleiben.

ERROR IN PARTIAL-MASK CARD - VARIABLE xx

Ein Merkmalscode ist kleiner als 1 oder übersteigt die Anzahl der gespeicherten binären Variablen.

ERROR - INSUFFICIENT SPACE ON DATA FILE. SPECIFIED BINARY DATA REQUIRES AN EXTENSION OF THE DATA FILE TO xxxxx RECORDS WHICH EXCEEDS MAXIMUM OF xxxxx RECORDS

Der für die Anwendung benötigte Arbeitsspeicher ist größer als der von CLUSTAN zur Verfügung gestellte.

ERROR IN COEFFICIENT SELECTOR ICOEF = xx

Der Koeffizientencode ist für die Prozedur DIVIDE nicht akzeptabel.

ERROR IN KA, KB. KA = xx KB = xx

Entweder KA ist nicht größer als 1, oder KB ist nicht kleiner als die Fallzahl.

ERROR IN NDIV = xx

Die Anzahl der Division-Schritte ist negativ oder null für Nested Division.

DIMENSIONS RESTRICT NUMBER OF CLUSTERS TO xxx - TO INCREASE THIS LIMIT, CHANGE THE VALUE OF MAXC

Der für die Anwendung benötigte Arbeitsspeicher ist größer als der von der Prozedur zur Verfügung gestellte.

ERROR DETECTED ON BINARY DATA FILE

Während des Ablaufs der Prozedur DIVIDE wurde ein ungültiger binärer Merkmalscode entdeckt.

NO DIVISION OCCURRED

Mangels irgendeiner Teilung kann kein Dendrogramm erstellt werden.

NUMBER OF DIVISIONS = x DENDROGRAM TABLE NOT AVAILABLE

Für die Erstellung eines Dendrogramms muß mehr als ein Division-Schritt stattfinden.

COEFFICIENT CODE xx IS NOT AN INTER-CLUSTER SIMILARITY MEASURE AND CANNOT BE USED

Der ausgewählte Koeffizientencode ist kein gültiges Ähnlichkeitsmaß für Cluster. Der Fehler entstand wahrscheinlich deshalb, weil kein binärer Ähnlichkeitskoeffizient gewählt wurde.

ERROR CASE xxx - LIST LENGTH xxx

In einer binären Eingabeliste wurde eine Null oder ein negativer Wert als Listenlänge spezifiziert.

ERROR CASE xxx ATTRIBUTE xxx

Ein in einer binären Eingabeliste spezifiziertes Merkmal überschreitet die spezifizierte Anzahl binärer Variablen.

USER FUNCTION IS UNDEFINED
CONSULT MANUAL FOR PARAMETER VALUES

Im System ist eine Dummy-USER-Function enthalten, die beim Aufruf diese Meldung erzeugt. Möchte man die USER-Function benutzen, dann muß man ein neues Ähnlichkeitsmaß programmieren, so wie es im Handbuch beschrieben ist und die Function USER im Lademodul des Systems ersetzen.

KDEND-Fehler

N EXCEEDS 60

Bei der Prozedur KDEND darf die Fallzahl 60 nicht überschreiten.

SIMILARITY MATRIX NOT FILED

Die Prozedur KDEND benötigt entweder eine von DISTIN gespeicherte oder von CORREL berechnete Ähnlichkeitsmatrix.

ERROR IN INPUT CARD

KG = xx KH = xx

KG darf nicht größer als KH sein. KH darf nicht größer als N - 1 sein. Beide müssen größer als null sein.

OVERLAP ERROR - DIMENSION OF IAD AND IBD SHOULD BE INCREASED FROM xxx

Der Arbeitsspeicherplatz wurde überschritten. Man zeige diese Meldung dem CLUSTAN-Koordinator.

ERROR - KPRINT CAN'T HANDLE CLUSTER

Der Arbeitsspeicherplatz wurde überschritten. Man zeige diese Meldung dem CLUSTAN-Koordinator.

DNDRITE-Fehler

ERROR - SIMILARITY MATRIX NOT FILED

Für die Prozedur DNDRITE ist eine Ähnlichkeitsmatrix nötig.

ERROR IN KA, KB. KA = xxx KB = xxx

Entweder KA ist nicht größer als 1, oder KB ist nicht größer als KA, oder KB ist nicht kleiner als die Fallzahl.

ERROR - POPULATION SIZE = xxxx WHICH EXCEEDS MAXIMUM POSSIBLE FOR DNDRITE OF xxxx

Die von DNDRITE verarbeitbare Fallzahl wurde überschritten.

EUCLID-Fehler

ERROR - NUMBER OF CASES EXCEEDS 95, OR NUMBER OF VARIABLES EXCEEDS 10 THESE ARE PROGRAMMING RESTRICTIONS ON THE EXPERIMENTAL VERSION OF PROCEDURE EUCLID

Selbsterklärend.

ERROR - NO CONTINUOUS DATA MATRIX AVAILABLE

Für die Prozedur EUCLID müssen entweder über FILE oder SPSS Rohdaten oder normierte kontinuierliche Daten geliefert werden.

ERROR IN KA = xx OR KB = xx

KA darf nicht größer als KB sein; KB darf nicht größer als N-1 sein; sowohl KA als auch KB müssen größer als null sein.

RESULT-Fehler

BINARY DATA NOT FILED

Irgendwelche binären Ausgaben wurde angefordet; es sind jedoch keine binären Daten gespeichert.

MATRIX OF COEFFICIENTS NOT FILED

Ein Ausdruck der Ähnlichkeitsmatrix wurde angefordet, ohne daß die Ähnlichkeitsmatrix gespeichert ist.

K-LINKAGE LISTS NOT FILED

Ein Ausdruck der K-Linkage-Listen wurde angefordert, ohne daß sie gespeichert sind.

NUMERIC DATA FILE ABSENT

Ein Ausdruck der numerichen Werte, Mittel, Korrelationen oder der Hauptkomponentenanalyse wurde angefordert, ohne daß numerische Daten gespeichert sind.

CORRELATIONS NOT FILED

Ein Ausdruck der Korrelationen von den numerischen Variablen wurde angefordert, ohne daß Korrelationen gespeichert sind.

EIGENVALUES NOT FILED

Ein Ausdruck der Eigenwerte wurde angefordert, ohne daß sie gespeichert sind.

EIGENVECTORS NOT FILED

Ein Ausdruck der Eigenvektoren wurde angefordert, ohne daß sie gespeichert sind.

COMPONENT SCORES NOT FILED

Ein Ausdruck der Komponentenwerte wurde angefordert, ohne daß sie gespeichert sind.

LABELS-Fehler

ERROR - NUMERIC VARIABLE LABELS SELECTED, BUT NO VARIABLES ON DATA FILE

Die Anzahl der numerischen Variablen MN ist nicht größer als null.

ERROR - BINARY ATTRIBUTE LABELS SELECTED, BUT NO BINARY DATA ON DATA FILE

Die Anzahl der binären Merkmale MB ist nicht größer als null.

ERROR - CASE LABELS SELECTED, BUT NO CASES ON FILE

Die Fallzahl N ist nicht größer als null.

ERROR - FACTOR SCORES LABELS SELECTED, BUT NO FACTOR SCORES ON DATA FILE.

Die Anzahl der Faktorwerte NPCF, die von der Prozedur FILE gespeichert wurden, ist nicht größer als null.

PLINK-Fehler

ERROR - K = 1

Der Teilbaum, der der Fusion der letzten K Cluster entspricht, kann für K = 1 nicht gezeichnet werden.

WARNING - PROCEDURE WILL READ DENDROGRAM DATA FOR xxx CASES
THIS DOES NOT AGREE WITH THE xxx CASES ON THE CLUSTAN DATA FILE

Diese Warnung erfolgt meistens dann, wenn Dendrogrammdaten von Karten oder einer privaten sequentiellen Datei gelesen wurden. In diesem Fall kann die Meldung ignoriert werden. Ansonsten befrage man einen Systemprogrammierer.

ERROR - VALUE OF K = xxx NOT LESS THAN N = xxx

Es ist nicht möglich, einen Teilbaum für mehr als N Fusionen zu zeichnen.

UNEXPECTED END OF DATA SET ON UNIT xx READING DENDROGRAM DATA FOR xxx CASES

Es gibt nicht genügend Records im Dendrogrammdeck. Wenn es von Hand vorbereitet wurde, so prüfe man die Formatangaben oder suche nach fehlenden Karten.

X-DIMENSION xxx.xxx EXCEEDS MAXIMUM FRAME LENGTH OF xxx.xxx AT MAGNIFICATION xx.xxx

Der Wert für XLENG ist zu groß; er wird durch den Default-Wert ersetzt.

Y-DIMENSION yyy.yyy EXCEEDS MAXIMUM FRAME LENGTH OF yyy.yyy AT MAGNIFICATION yy.yyy

Der Wert für YLENG ist zu groß; er wird durch den Default-Wert ersetzt.

WARNING - LEGEND HEIGHT xx.xx EXCEEDS RECOMMENDED LEGEND HEIGHT xx.xx

Auf diese Warnung hin wird keine Aktion unternommen; die Verarbeitung wird fortgesetzt.

SCATTER-Fehler

ERROR - NUMERIC DATA NOT FILED

Für die Prozedur SCATTER müssen kontinuierliche Variablen auf dem Datafile vorhanden sein.

ERROR IN IX, IY RELATING TO NUMERIC VARIABLES. SPECIFIED VARIABLE EXCEEDS xxx

Der Parameter IX oder IY spezifiziert ungültige kontinuierliche Variablen.

ERROR IN IX, IY RELATING TO PRINCIPAL COMPONENTS. SPECIFIED COMPONENT IS NOT FILED

Der Parameter IX oder IY überschreitet die Anzahl der gespeicherten Hauptkomponenten NPCF.

UNABLE TO COMPUTE MINIMUM SPANNING TREE SINCE SIMILARITY MATRIX NOT FILED

Wenn ein Minimalbaum mit SCATTER gezeichnet werden soll, muß eine Ähnlichkeitsmatrix von DISTIN eingelesen oder von CORREL berechnet worden sein.

UNABLE TO COMPUTE MINIMUM SPANNING TREE SINCE NO. OF CASES xxx EXCEEDS MAXIMUM OF xxx

Der Minimalbaum kann nur bis zu 140 Fällen infolge von Speicherplatzbeschränkungen berechnet werden.

CANNOT PLOT SIMILARITIES AS SIMILARITY MATRIX NOT STORED

Die Prozedur SCATTER kann keine signifikanten Bindungen zwischen den Punkten einzeichnen, wenn zuvor nicht eine Ähnlichkeitsmatrix über DISTIN eingelesen oder durch CORREL berechnet wurde.

ONLY xxx CLASSIFICATION ARRAYS STORED. UNABLE TO GET ARRAY NO. xxxx

Der spezifizierte Classification Array kann auf CLUSDECK nicht gefunden werden.

CLUSTER DIAGRAM CANCELLED

Der durch NCLA spezifizierte Classification Array kann nicht gefunden werden. Die Verarbeitung andere Anfragen wird fortgesetzt.

X-DIMENSION xxx.xxx EXCEEDS MAXIMUM FRAME LENGTH OF xxx.xxx AT MAGNIFICATION xx.xxx

Der Wert für XLENG ist zu groß. Er wird durch den Default-Wert ersetzt.

Y-DIMENSION yyy.yyy EXCEEDS MAXIMUM FRAME LENGTH OF yyy.yyy AT MAGNIFICATION yy.yyy

Der Wert von YLENG ist zu groß. Es wird durch den Default-Wert ersetzt.

WARNING - LEGEND HEIGHT xx.xx EXCEEDS RECOMMENDED LEGEND HEIGHT xx.xx

Auf diese Warnung hin wird keine Aktion unternommen; die Verarbeitung wird fortgesetzt.

ERROR - INPUT CLASSIFICATION ARRAY MUST SPECIFY CLUSTERS

Im spezifizierten Classification Array gibt es keine Cluster.

XLENG ADJUSTED FROM xxx.xxx TO xxx.xxx TO FIT PLOT CONSTRAINT AT MAGNIFICATION xxx.xxx

Der Wert von XLENG ist größer als das erlaubte Maximum und wird deshalb verkleinert.

YLENG ADJUSTED FROM yyy.yyy TO yyy.yyy TO FIT PLOT CONSTRAINT AT MAGNIFICATION yyy.yyy

Der Wert von YLENG ist größer als das erlaubte Maximum und wird deshalb verkleinert.

WARNING - BOTH PLOT DIMENSIONS HAVE BEEN FIXED SO THAT THE DIAGRAMS WILL NOT THEREFORE BE DRAWN TO SCALE

Die Prozedur SCATTER wählt Abmessungen aus, die proportional zu den Standardabweichungen in den X- und Y-Richtungen sind, so daß das Streudiagramm der Projektion der Punkte auf die X-Y Ebene entspricht. Eine Spezifizierung von XLENG und YLENG hat gewöhnlich eine Verzerrung der projizierten Streuung zur Folge.

IMPOSSIBLE PLOT DIMENSIONS -CHECK XLENG, YLENG, SCALE

Die physikalischen Abmessungen der Zeichnung werden nach dem Ersetzen der Defaults oder der Korrekturen zu nicht-positiven physikalischen Größen.

SPSS-Fehler

ERROR READING SPSS FILES - NO VARIABLES FOUND

Der Wert für die Anzahl der Variablen auf der SPSS-Datei (ausschließlich SEQNUM, SUBFILE und CASWGT) ist nicht größer als 0.

ERROR READING SPSS FILE 0 CASES READ

Auf der SPSS-Datei wurden keine Fälle gefunden.

NO. OF CASES READ FROM SPSS FILE HAS BEEN RESTRICED TO 999

Die Fallzahl auf der SPSS-Datei ist größer als die CLUSTAN-Beschränkung. Die Verarbeitung wird mit den ersten 999 Fällen fortgesetzt.

ERROR - NUMBER OF COMPONENT SCORES (xx). CANNOT EXCEED NUMBER OF VARIABLES (xxx)

Die Anzahl der Komponentenwerte, die spezifiziert wurden, um durch NPCF gespeichert zu werden, ist größer als die Anzahl der Variablen auf der SPSS-Datei. Der Wert von NPCF wird auf das maximal mögliche angepaßt, und die Verarbeitung wird forgesetzt.

ERROR - CANNOT PERFORM COMPONENT ANALYSIS WITH MORE THAN 80 VARIABLES

Die maximale Variablenanzahl, für die die Hauptkomponentenanalyse bei CLUSTAN gerechnet werden kann, ist 80. Die Hauptkomponentenanalyse und die Berechung der Korrelationen entfällt, und die Verarbeitung wird fortgesetzt.

WARNING - THE FOLLOWING CLUSTAN VARIABLES HAVE MISSING VALUE CODES WHICH CANNOT YET BE TAKEN INTO ACCOUNT WITHIN THE CLUSTAN PROCEDURES WHICH PERFORM CLUSTER ANALYSIS:
VARIABLE: NO. NAME

xx xxxxxxxx
xx xxxxxxxx

WE SUGGEST YOU ADOPT ONE OF THE FOLLOWING COURSES OF ACTION:

A. MASK OUT THE VARIABLES FROM CLUSTAN PROCEDURES.
B. DELETE THE VARIABLES FROM A TEMPORARY SPSS FILE USING DELETE VARS.
C. DELETE OBSERVATIONS WITH MISSING VALUES USING SELECT IF CODING AND IGNORE THE WARNING.

Diese Meldung wird jedesmal dann erzeugt, wenn CLUSTAN Variablen auf der SPSS-Datei entdeckt. Dies bedeutet nicht, daß fehlende Werte unbedingt in den Daten sind, wenn beispielsweise die Aktion C stattfindet. Was der Benutzer am geeignetsten tun kann, wird zum einen von der Menge der Code für fehlende Werte in den Daten abhängen und zum andern von den möglichen Auswirkungen, die sie auf die Berechnungen der Clusteranalyse haben werden.

CLUSTAN VARIABLE xxx NAME xxxxxx CONTAINS ALPHANUMERIC CODES WHICH ARE NOT PERMITTED. WE SUGGEST YOU RECODE THESE VARIABLES TO A CONSISTENT ORDINAL SCALE. ALTERNATIVELY THEY CAN BE DELETED FROM A TEMPORARY SPSS FILE USING DELETE VARS

CLUSTAN kann keine alphanumerischen Code verarbeiten, ebenso wie bei den meisten SPSS-Analysen eine Umwandlung der Code nötig ist. Die Verarbeitung wird abgebrochen.

LOGICAL UNIT xxx END OF DATA SET READ

Eine unerwartete Endemarke auf der Datei wurde während des Lesens der SPSS-Datei angetroffen. Die Verarbeitung wird abgebrochen.

LITERATURVERZEICHNIS

1 Ball, G.H. (1966), 'A comparison of some cluster seeking techniques', Stanford Res. Inst. Calif.

2 Ball, G.H., and Hall, D.J. (1966), IEEE Int. Comm. Conf. p. 116.

3 Beale, E.M.L. (1969), Proc. Int. Stat. Inst. (London), p. 99.

4 Bolshev, L.N. (1969), Proc. Int. Stat. Inst. (London), p. 33.

5 Bonner, R.E. (1964), IBM J. of Res. and Dev. v. 8, p. 22.

6 Boyce, A.J. (1969), In - 'Numerical Taxonomy', Academic Press (London), p. 1.

7 Calinski, T. (1969), Proc. Int. Stat. Inst. (London), p. 108.

8 Calinski, T., and Harabasz, J. (1970), 'A dendrite method for cluster analysis', Communications in Statistics, v. 3, p. 1.

9 Cole, A.J., and Wishart D. (1970), Comp. J. v. 13, p. 156.

10 Crawford, R.M.M., and Wishart, D. (1967), J. Ecol. v. 55, p. 505.

11 Crawford, R.M.M., and Wishart, D. (1968), J. Ecol. v. 56, p. 385.

12 Forgey, E. (1965), Biometrics v. 21, p. 768 (abs).

13 Gower, J.C. (1967), Biometrics v. 23, p. 623.

14 Hyvarinen, L. (1962), B.I.T. v. 2, p. 83.

15 Jardine, N., and Sibson, R. (1968), Comp. J. v. 11, p. 177.

16 Jancey, R.C. (1966), Aust. J. Bot. v. 14, p. 127.

17 Lambert, J.M., and Williams, W.T. (1966), J. Ecol. v. 54, p. 635.

18 Lance, G.N., and Williams, W.T. (1965), Comp. J. v. 8, p. 246.

19 Lance, G.N., and Williams, W.T. (1966), Comp. J. v. 9, p. 60.

20 Lance, G.N., and Williams, W.T. (1966), Nature v. 212, p. 218.

21 Lance, G.N., and Williams, W.T. (1966), Proc. 3rd. Aust. Comp. Conf. (Canberra), p. 12/3/1.

22 Lance, G.N., and Williams, W.T. (1967), Comp. J. v. 9, p. 373.

23 Lance, G.N., and Williams, W.T. (1967), Comp. J. v. 9, p. 381.

24 Lance, G.N., and Williams, W.T. (1967), Comp. J. v. 10, p. 271.

25 Lance, G.N., and Williams, W.T. (1968), Comp. J. v. 11, p. 195.

26 MacNaughton-Smith, P. (1965), 'Some statistical and other numerical techniques for classifying individuals', H.M.S.O. (London).

27 MacNaughton-Smith, P., et al. (1964), Nature v. 202, p. 1034.

28 MacQueen, J. (1966), 5th. Berkeley Symp. on Math. Stat. and Prob. Proc., p. 281

29 MacQuitty, L.L. (1966), Educ. and Psychol. Msrmnt. v. 26, p. 825.

30 Orloci, L. (1966), J. Ecol. v. 54, p. 193.

31 Orloci, L. (1967), J. Ecol. v. 55, p. 193.

32 Orloci, L. (1967), Syst. Zool. v. 16, p. 208.

33 Orloci, L. (1968), J. Theoret. Biol. v. 20, p. 271.

34 Orloci, L. (1968), Vegetatio v. 15, p. 281.

35 Orloci, L. (1969), In - 'Numerical Taxonomy',Academic Press (London), p. 148.

36 Proctor, J.R. (1966), Syst. Zool. v. 15, p. 131.

37 Rogers, D.J., and Tanimoto, T.T. (1960), Science v. 132, p. 1115.

38 Sneath, P.H.A. (1957), J. Gen Microbiol. v. 17, p. 201.

39 Sneath, P.H.A. (1966), Class. Soc. Bull. v. 1, p. 1.

40 Sneath, P.H.A. (1968), J. Gen. Microbiol. v. 54, p. 1.

41 Sokal, R.R., and Michener, C.D. (1958), Kans. Univ. Sci. Bull. v. 38, p. 1409.

42 Sokal, R.R., and Sneath, P.H.A. (1963), 'Principles of Numerical Taxonomy', Freeman.

43 Thorndike, R.L. (1953), Psychometrika v. 18, p. 267.

44 Ward, J.H. (1963), J. Amer. Stat. Ass. v. 58, p. 236.

45 Williams, W.T., and Lambert, J.M. (1959), J. Ecol. v. 47, p. 83.
46 Williams, W.T., and Lambert, J.M. (1960), J. Ecol. v. 48, p. 689.
47 Williams, W.T., and Lambert, J.M. (1961), J. Ecol. v. 49, p. 717.
48 Williams, W.T., Lambert, J.M. and Lance, G.N. (1966), J. Ecol. v. 54, p. 427.
49 Wishart, D. (1968), 'A FORTRAN II program for numerical classification', St. Andrews.
50 Wishart, D. (1969), Nature v. 221, p. 97.
51 Wishart, D. (1969), Biometrics v. 22, p. 165.
52 Wishart, D. (1969), 'FORTRAN II programs for 8 methods of cluster analysis', Kans. Geol. Comp. Contr. No. 38, Kansas.
53 Wishart, D. (1969), In - 'Numerical Taxonomy', Academic Press (London), p. 282.

SUPPLEMENTARY REFERENCES ADDED IN 1975 AND 1977

54 Anderberg, M.R. (1974), Cluster Analysis, Academic Press.
55 Cole, A.J. (1969), 'Numerical Taxonomy', Academic Press.
56 Cormack, R.M. (1971), J.R.S.S. (A), v. 134, p. 321.
57 Duran, B.S., and Odell, P.L. (1974), Cluster Analysis - A Survey, Springer-Verlag Lecture Notes. 100.
58 Everitt, B.S. (1974), 'Cluster analysis', Heinemann.
59 Friedman, H.P., and Rubin, J. (1967), JASA v. 62, p, 1159
60 Gordon, A.D., and Henderson, J.T. (1977), An algorithm for Euclidean Sum of Squares, Biometrics v. 33, p. 355.
61 Gower, J.C., and Ross, G.J.S. (1969), J.R.S.S. (C), v. 18, p. 54
62 Jardine, N., and Sibson, R., 'Mathematical Taxonomy', Wiley.
63 Johnson, S.C. (1967), Hierarchical clustering schemes, Psychometrika, v. 32, p. 241.
64 Kruskal, J.B. (1964), Psychometrika, v. 29, p.1.
65 Nie, N.H. (1975), Statistical Package for the Social Sciences, 2nd edition, McGraw-Hill.
66 Sneath, P.H.A., and Sokal, R.R.(1973), 'Numerical Taxonomy', Freemann.
67 Tryon, R.C. and Bailey, D.E. (1970), Cluster Analysis, McGraw-Hill.
68 Wishart, D., and Leach, S.V. (1971), Computer Studies in Humanities & Verbal Behavior, v. 3, p.90.
69 Wishart, D. (1973), An improved multivariate mode-seeking cluster method, Proc. R.S.C. Conf. Hull, England.

SACHVERZEICHNIS

DIE SEITE FÜR ANREGUNGEN

Ihre konstruktive Kritik bezüglich dieses Handbuchs oder der CLUSTAN-Prozeduren wird vom Autor sorgfältig geprüft und wird viel zur Verbesserung der zukünftigen Versionen beitragen. Bedauerlicherweise kann im allgemeinen keine ausführliche Korrespondenz, was die Vorschläge oder Probleme der Benutzer angeht, geführt werden.

Jegliche Information, die Anwendungen von CLUSTAN betreffen (erfreuliche oder nicht-erfreuliche), insbesondere Sonderdrucke oder Veröffentlichungen, bei denen mit CLUSTAN erzielte Ergebnisse zitiert werden, würden sehr begrüßt.

1. Allgemeine Kommentare

2. Korrekturen oder Klarstellungen im Handbuch

3. Verbesserungen zu CLUSTAN-Prozeduren

4. Beschreiben Sie bitte Ihre Anwendung (möglichst durch Beilage von Sonderdrucken)

5. Welche Version benutzen Sie?

6. Wo benutzen Sie CLUSTAN?

7. Ihr Name und Ihre Adresse

Vielen Dank für Ihre Mitarbeit.

Bitte adressieren Sie dieses Formular an:

CLUSTAN Project
Computer Centre
University College London
19 Gordon Street
London WC1H OAH

CLUSTAN

Benutzerhandbuch

Ergänzung zur 3. Ausgabe
Beschreibt Verbesserungen
bei CLUSTAN 2.1

Von David Wishart

VORWORT

Diese Ergänzung zum CLUSTAN-Benutzerhandbuch wurde für die CLUSTAN Version 2 geschrieben, die zuerst 1982 vertrieben wurde. Sie beschreibt fünf neue Prozeduren, Verbesserungen zu den Prozeduren FILE und HIERARCHY, einen verbesserten Testdatenplan, der die Gültigkeit einiger neuer Bestandteile nachweisen soll, ein neues Beispiel, das die klassischen Iris-Daten von Fisher behandelt, und eine neue Ausgabe des Conversational CLUSTAN.

Die Ergänzung sollte in Zusammenhang mit der Dritten Ausgabe des CLUSTAN-Benutzerhandbuchs gelesen werden, das erstmals 1978 von der Program Library Unit, Edinburgh University, veröffentlicht wurde. Kopien der Dritten Ausgabe und dieser Ergänzung können über den Buchhandel oder direkt von der Program Library Unit bestellt werden.

CLUSTAN 2.1 stellt eine größere neue Freigabe dar, in die wichtige Bestandteile eingebaut wurden, die man schon seit langem untersuchen wollte, die man aber bis heute nicht gemeinsam in einem einzigen Programmpaket studieren konnte.

Ein wichtiges Beispiel ist das NORMIX-Modell, das von John Wolfe vom US Naval Personnel Laboratory, San Diego, entwickelt wurde, das die Parameter einer Mischung von multivariaten Normalverteilungen schätzen soll. Die konventionelle Clustermethodenlehre wurde von einigen mathematischen Statistikern wegen des Fehlens eines zugrundeliegenden statistischen Modells kritisiert. Da NORMIX auf dem multivariaten Normalmodell basiert, wurde es von vielen Statistikern gepriesen, einschließlich Brian Everitt, der bei der Anwendung des Modells verschiedene detaillierte empirische Studien ausführte. Ich bin deshalb überaus erfreut, daß John Wolfe NORMIX für CLUSTAN beigesteuert hat, so daß es nun auf einem noch viel breiterem Computerspektrum verfügbar ist als zuvor.

Dank gebührt Pekka Korhonen vom Computer Centre, Helsinki University für den Beitrag seines INVARIANT-Algorithmus, der die von Friedman und Rubin vorgeschlagenen skaleninvarianten Kriterien optimiert. Diese Methode ist viel schneller als existierende Algorithmen, läßt sich gut mit der K-Means Methode vergleichen und stellt deshalb einen bedeutenden Durchbruch dar. Es sollte nun möglich sein, Wilks' Lambda auf recht große Datenmengen anzuwenden, wofür bisher die Rechenzeit ein ernsthaftes Hindernis darstellte.

Ich möchte mich auch für die Arbeit von Dick Mojena von der University of Rhode Island, USA, bedanken, der während seines Gastaufenthalts als CLUSTAN-Stipendiat an der University of St Andrews die RULES-Prozedur vollendete. Viele Benutzer haben auf das dringende Anliegen hingewiesen, eine "beste" Anzahl von Clustern bei einer hierarchischen Klassifikation zu finden, und so bleibt zu hoffen, daß die beiden Signifikanztests, die Dick Mojena entwickelte, diese Lücke schließen werden.

CLUSTAN 2.1 beinhaltet eine neue Ausgabe des Conversational CLUSTAN, dem Preprocessor, der 1980 von John Illingworth vom Department of Computer Science, York University, England, entwickelt wurde. Es hat sich gezeigt, daß diese Möglichkeit im Bereich des Lehrens äußerst populär ist, da es Neulingen hilft, mit CLUSTAN sehr schnell vertraut zu werden. Sein einzigartiger Aufbau erlaubt, daß verschiedene Sprachversionen erzeugt werden können. In der Bundesrepublik Deutschland hat Carol Cassidy eine deutschsprachige Version erzeugt. Man hofft, daß auch eine französische Version bald zur Verfügung steht.

Ein besonders Wort des Dankes gebührt John Henderson von der University of St Andrews, Computing Laboratory, für die Entwicklung der neuen DEFINE-Prozedur und für die Vorbereitung der neuen Ausgabe. DEFINE ist ein Übersetzer, der es ermöglicht, neue Ähnlichkeitskriterien zu definieren und mit CLUSTAN zu testen. John Henderson steckte viel Arbeit in das Zusammenbauen und Testen der neuen Prozeduren und in das Korrigieren verschiedener von Benutzern entdeckter operationaler Fehler. Wir hoffen, daß dadurch CLUSTAN 2.1 noch sicherer als zuvor geworden ist, und daß die Benutzer für die zahlreichen Verbesserungen, die Dr Henderson gemacht hat, dankbar sein werden.

Zuletzt möchte ich noch denen danken, die für die verschiedenen CLUSTAN-Umstellungen verantwortlich sind und auch für ihre Unterstützung, die sie den Benutzern geben:

Browyn Allen	James Cook University, Australien
Carol Cassidy	ZUMA, Universität Mannheim, BRD
Franz Maier	Universität Salzburg, Österreich
Chris Morse	Surrey University, England
David Muxworthy	Edinburgh University, Schottland
Paul Nicholson	Leeds University, England
Gunnar Petersson	Lund Universtiy, Schweden
Dan Precht	Alberta University, Kanada
Atma Trasi	Bradford University, England
Sarah Tung	Delaware University, USA

Es ist eine besondere Ehre für alle oben Genannten und ein Beitrag für die Unterstützung, die CLUSTAN von den Koordinatoren und Benutzern erhält, daß CLUSTAN von so vielen verschiedenen Wissenschaftszweigen in der ganzen Welt angenommen wurde, und daß es ganz ernsthaft in verschiedenen Diziplinen eingesetzt wird.

Ich hoffe sehr, daß diese neue Freigabe gut ankommt, und daß die Mühe, die es gekostet hat, sie zu erstellen, entsprechend gewürdigt wird.

Edinburgh
April, 1982 D Wishart

INHALTSVERZEICHNIS

Anerkennung

Der Autor wäre sehr dankbar, wenn bei Veröffentlichungen, bei denen CLUSTAN verwendet wurde, ein Hinweis auf dieses Handbuch gemacht würde. Außerdem würde sich der Autor sehr freuen, eine Kopie einer solchen Veröffentlichung zu erhalten.

KAPITEL 1
PROZEDUR NORMIX

ZWECK

Mit dieser Prozedur erhält man Maximum-Likelihood-Schätzer für die Parameter einer Mischung aus multivariaten Normalverteilungen. Sie läßt für jeden Cluster eine andere Mittelwerts- und Kovarianzstruktur zu. Wenn man gleiche Kovarianzen annimmt, wird eine Diskriminanzanalyse für die ausgegebenen Clustertypen durchgeführt.

THEORIE

NORMIX unterscheidet sich von den meisten anderen Clustermethoden insofern, als es niemals einen Fall dem einen oder dem andern Cluster zuordnet. Stattdessen schätzt es die Parameter von multivariaten Normalverteilungen, die die Cluster darstellen, und teilt jedem Punkt der Stichprobe eine Wahrscheinlichkeit der Zugehörigkeit zu jedem Cluster zu. Wenn sich also zwei Cluster überlappen, dann werden die Fälle, die in der Mitte der Wegstrecke zwischen den Clustern liegen, in beiden Clustern Zugehörigkeits-Wahrscheinlichkeiten von ungefähr 0.5 haben und gleichviel zur Parameterschätzung der betreffenden Cluster beitragen.

Die NORMIX-Prozedur löst Maximum-Likelihood-Gleichungen für die Schätzung der Mittelwerte und Kovarianzen einer Mischung aus multivariaten Normaldichten. Sie löst die Gleichungen iterativ aus vorgegebenen Anfangsschätzern. Da jedoch die Likelihood-Funktion verschiedene lokale Maxima haben kann, zu denen die Prozedur konvergieren kann, weiß man nicht sicher, ob das globale Maximum erreicht wurde. Natürlich ist es möglich, das 'beste' aus einer Anzahl verschiedener Lösungen zu bestimmen, indem man ihre Likelihoods berechnet und jenes mit dem größten Wert auswählt.

METHODE

Dem Benutzer wird empfohlen, zuerst eine hierarchische oder K-Means Clusteranalyse auszuführen, um gute Anfangsklassifikationen für NORMIX zu erhalten. Dies sollte die für die Konvergenz benötigte Rechenzeit beträchtlich reduzieren. Für kleine Stichproben kann die Prozedur HIERARCHY benutzt werden, um mit der Ward's Methode eine Anfangsklassifikation zu erzeugen; für größere Stichproben wird die K-Means Methode aus der Prozedur RELOCATE oder die Single Linkage-Methode empfohlen. Der erste Schritt besteht deshalb darin, eine Anfangsklassifikation in Form eines Classification Arrays auf Karten oder auf CLUSDECK gespeichert zu erhalten. Dies wird für NORMIX durch den Parameter NCLA angegeben; andernfalls kann eine Reihe von zufälligen Anfangsklassifikationen mit den Parametern KA und KB spezifiziert werden.

Der Benutzer muß dann entscheiden, ob eine gemeinsame Kovarianzstruktur für die Clustertypen angenommen werden kann. Wenn dem so ist, sollte der Parameter COV blank gelassen werden, wobei die Anzahl der zu schätzenden Parameter und die Rechenzeit stark reduziert werden, und außerdem wird eine Diskriminanzanalyse für die ausgegebenen Clustertypen erstellt. (Diese Option ist equivalent mit dem NORMAP-Modell von Wolfe).

NORMIX schätzt die Mittelwerte, die Kovarianzen und die Mischverhältnisse für jeden Clustertypen, wobei die anfänglichen Schätzer iterativ verbessert werden, entweder bis die Likelihood zu einem Maximum konvergiert oder bis MAXIT Iterationen ausgeführt worden sind. Bei der Konvergenz werden Einzelheiten über die geschätzten Verteilungsparameter und die Zugehörigkeits-Wahrscheinlichkeiten der Fälle zu jedem Clustertyp ausgedruckt. NORMIX weist dann jeden Fall dem Clustertyp zu, für den die Zugehörigkeits-Wahrscheinlichkeit am höchsten ist, und speichert den resultierenden Classification Array auf CLUSDECK.

SPEZIFIZIERUNG VON ANFANGSKLASSIFIKATIONEN AUS CLUSDECK

Wenn der Parameter NCLA negativ codiert wird, liest NORMIX NCLA Klassifikationen aus CLUSDECK. Die Prozedur ist pro Lauf auf maximal 20 Klassifikationen beschränkt. Die Code der NCLA Classifikation Arrays sollten im DECK A spezifiziert sein, das im Anschluß an die Parameterkarte folgt.

Weitere Einzelheiten über die Methode, die zur Numerierung der Classification Arrays auf CLUSDECK verwendet wird, erfährt der Leser im Kapitel über die Prozedur DUMP.

SPEZIFIZIERUNG VON ANFANGSKLASSIFIKATIONEN AUF KARTEN

Wenn der Parameter NCLA positiv ist, liest NORMIX NCLA Classification Arrays von DECK B, das unmittelbar nach der NORMIX-Parameterkarte folgt. Jeder der NCLA Classification Arrays sollte im Standardformat codiert sein und eine Titelkarte besitzen, so wie es im Kapitel 3 beschrieben ist. Die Prozedur ist pro Lauf auf maximal 20 Klassifikationen beschränkt.

SPEZIFIZIERUNG VON ZUFÄLLIGEN ANFANGSKLASSIFIKATIONEN

Wenn der Parameter NCLA blank oder null ist, stellt NORMIX eine Reihe von zufälligen Anfangsklassifikationen auf, wie sie durch die Parameter KA und KB spezifiziert werden. Der erste gibt die kleinste interessierende Clusteranzahl (KA) und der letzte die größte Clusteranzahl (KB) an. Jedoch werden nicht unbedingt alle diese Klassifikationsniveaus analysiert; darüber entscheidet das Ergebnis des Signifikanztests vom Likelihood-Ratio (siehe unten).

MAXIMALE ITERATIONSANZAHL

Bei jeder Iteration bekommt NORMIX neue Schätzer für die Parameter der Mischverteilung, die den Logarithmus der Likelihood-Funktion so lange erhöhen, bis sich Konvergenz an einem stabilen Maximum einstellt. Das Konvergenzkriterium ist dann erfüllt, wenn der Logarithmus der Likelihood um weniger als einen kleinen Bruchteil des Absolutwertes zunimmt. Eine typische Folge von 19 Iterationen ist folgende:

```
ITERATION 1  LOG LIKELIHOOD OF  3 TYPES IN THIS SAMPLE = 0.28417926E+03
ITERATION 1  LOG LIKELIHOOD OF  3 TYPES IN THIS SAMPLE = 0.28805307E+03
    ..          ..       ..        ..        ..       ..        ..
    ..          ..       ..        ..        ..       ..        ..
ITERATION 18 LOG LIKELIHOOD OF  3 TYPES IN THIS SAMLPE = 0.29499136E+03
```

```
ITERATION 19 LOG LIKELIHOOD OF  3 TYPES IN THIS SAMPLE = 0.29501102E+03
CONVERGENCE OBTAINED
```

Um sich für den Fall des Nicht-Konvergierens von NORMIX zu wappnen, ist es möglich, mit dem Parameter MAXIT die maximal durchzuführende Iterationsanzahl festzulegen. Bei blank führt NORMIX maximal 30 Iterationen aus.

CLUSTERTYPEN-CHARAKTERISTIKA

Wenn sich Konvergenz einstellt, gibt NORMIX die aktuellen Schätzwerte für die Parameter des Dichtegemisches aus. Die Mittelwerte, die Standardabweichungen und die Korrelationen der gesamten Stichprobe werden ausgedruckt. Bei der Annahme, daß die Kovarianzmatrizen verschieden sind, druckt die Prozedur die Mittelwerte, die Standardabweichungen und die Korrelationen für jeden Clustertyp aus. Schließlich wird die Wahrscheinlichkeit der Typenzugehörigkeit eines jeden Falls der Stichprobe zu jedem Clustertyp ausgegeben; diese Wahrscheinlichkeiten sind oft gleich oder nahezu 1. Eine typische Ausgabe für einem Clustertyp ist wie folgt:

```
     CHARACTERISTICS OF TYPE 2
THE PROPORTION OF THE POPULATION FROM THIS TYPE =0.667


                    MEANS
 1          2          3          4
6.2620     2.8720     4.9060     1.6760

                    STANDARD DEVIATIONS
 1          2          3          4
0.6595     0.3311     0.8215     0.4227

                    CORRELATIONS
 1          2          3          4
1.0000     0.7426     0.2672     0.2781
0.7426     1.0000     0.1777     0.2328
0.2672     0.1777     1.0000     0.3316
0.2781     0.2328     0.3316     1.0000
```

Wenn angenommen wird, daß die Kovarianzmatrizen gleich sind, ist die Ausgabe etwas verschieden, da es nicht sinnvoll wäre, gleiche Standardabweichungen und Korrelationen für jeden Typ zu wiederholen. Die Prozedur berechnet zusätzlich eine Diskriminanzanalyse. (Diese Option ist identisch mit der NORMAP-Prozedur von Wolfe). Es folgt ein Beispiel zur Ausgabe für 3 Clustertypen:

```
WITHIN-GROUP STANDARD DEVIATIONS AND CORRELATIONS

                    STANDARD DEVIATIONS
 1          2          3          4
 0.5138     0.3347     0.4314     0.1995

                    CORRELATIONS
 1          2          3          4
1.0000     0.5231     0.7650     0.3843
0.5231     1.0000     0.3549     0.4505
0.7650     0.3549     1.0000     0.4874
0.3843     0.4505 0.4874          1.0000
```

TYPE	LAMBDA	1	2	3	4
1	0.3333	5.0060	3.4280	1.4620	0.2460
2	0.3291	5.9419	2.7610	4.2572	1.3189
3	0.3376	6.5741	2.9803	5.5385	2.0242

DISCRIMINANT FUNCTIONS

	1	2
VARIABLE 1	0.9669	-0.1577
VARIABLE 2	1.3836	2.3072
VARIABLE 3	-2.2384	-0.8612
VARIABLE 4	-2.8990	2.8662

EIGENVALUES OF B/W= 31.5904 0.3192

Man beachte, daß "LAMBDA" der Anteil der Stichprobe in jedem Clustertyp ist. Bei der Annahme ungleicher Kovarianzen ist die Diskrimanzanalyse nicht möglich.

AUSGABE-KLASSIFIKATIONEN

Nach jeder beendeten Analyse, weist NORMIX die Stichprobenfälle dem Clustertyp zu, für den die Zugehörigkeits-Wahrscheinlichkeit am größten ist. Diese Klassifikationen werden dann als normierte Classification Arrays auf CLUSDECK geschrieben.

SIGNIFIKANZTEST

NORMIX enthält einen Signifikanztest für die beste Clusteranzahl. Die Nullhypothese, daß eine Klassifikation von r Clustertypen besser sei als irgendeine andere Klassifikation von r' Clustertypen, wird durch folgende modifizierte Likelihood-Ratio-Teststatistik ausgewertet:

$$-2/N\ (N - m - 1 - r'/2)\ \log\ [L_r/L_{r'}]$$

Zu dieser Formel kann man über eine Monte Carlo-Auswertung kommen (siehe Wolfe (1971)), wobei N die Anzahl der Beobachtungen, m die Anzahl der Variablen und L_r die Likelihood von r Typen ist. Wolfe behauptet, daß die Statistik annähernd Chi-Quadrat verteilt mit 2m(r'-r) Freiheitsgraden ist.

Die Ausgabe des Tests nimmt folgende Form an:

LOGARITHM OF LIKELIHOOD RATIO OF 3 TO 2 CLUSTERS = 4.008600E+01
CHI-SQUARE WITH 8 DEGREES OF FREEDOM = 7.696512E+1
PROBABILITY OF NULL HYPOTHESIS = 1.991364E-13

In diesem Beispiel wird die Nullhypothese für zwei Typen bei einer Wahrscheinlichkeit von $p < 10^{-12}$ zugunsten von 3 Typen entschieden verworfen.

Der Test wird bei NORMIX benutzt, um die Folge von KA bis KB Clustertypen zu bestimmen, die im Falle von NCLA=0 aus zufälligen Anfangszuweisungen geschätzt werden. Wenn die Wahrscheinlichkeit der Nullhypothese, daß die Klassifikation von r+1 Typen wahrscheinlicher als r Typen ist, den Wert des Parameters HTEST überschreitet, dann hält die Prozedur an, und die Klassifikationen mit mehr als r+1 Cluster werden nicht geprüft.

Anfangsklassifikationen, die von Karten oder CLUSDECK stammen, werden im allgemeinen nicht in irgendeiner besonderen Weise angeordnet sein. NORMIX sortiert deshalb die gewonnenen Klassifikationen in aufsteigender Reihenfolge der Typenanzahl und beseitigt alle Duplikate (wo zwei oder mehr Klassifikationen die gleichen Typenanzahlen haben, wird die mit der größten Likelihood beibehalten). Der Signifikanztest wird dann in dieser Reihenfolge auf aufeinanderfolgende Paare der ausgegebenen Klassifikationen angewendet.

Aitken et al (1981) haben auch die asymptotische Verteilung der Likelihood-Ratio-Teststatistik untersucht und berichten über Ergebnisse von einer kleinen Simulation. In der Diskussion ihrer Veröffentlichung kommentiert Everitt über die Eignung der Teststatistik und berichtet über seine eigenen Ergebnisse aus einer viel größeren Anzahl von Simulationen. Aus unseren eigenen Studien geht hervor, daß es noch Unzulänglichkeiten bei der gegenwärtigen Teststatistik gibt (siehe die Ergebnisse für die Fisher Iris-Daten); und wir hoffen, in dieser Hinsicht bis zu einer späteren Ausgabe noch Verbesserungen zu erzielen.

UNTERDRÜCKUNG DER DISKRIMINANZANALYSE

Unter der Annahme ungleicher Kovarianzmatrizen, berechnet NORMIX eine Diskriminanzanalyse für die resultierenden Typen durch die Default-Option. Da jedoch die Diskriminanzanaylse zusätzlichen Speicherplatz benötigt, beschränkt sie den Umfang der analysierbaren Datenmatrix; und deshalb kann der Parameter IDISCR zur Unterdrückung dieser Analyse benutzt werden. Die Diskriminanzanalyse kann auch ziemlich viel an Ausgabe erzeugen, und deshalb kann man dies durch Nonblank-Setzen von IDISCR unterdrücken.

	PROBABILITIES OF TYPE MEMBERSHIP				DISCRIMINANT SCORES	
	1	2	3		1	2
1	1.000	0.000	0.000		8.07	0.30
2	1.000	0.000	0.000		7.18	-0.82
	..	..		..	..	..
67	0.000	0.966	0.034		-2.83	0.13
68	0.000	0.282	0.718		-4.69	-2.21

BESCHRÄNKUNGEN DES PROBLEMUMFANGS

Die Menge an Speicherplatz, die NORMIX braucht, ist eine komplexe Funktion der Problemparameter, ob die Kovarianzen gleich oder ungleich sind und ob eine Diskriminanzanalyse benötigt wird. Zudem werden größere Probleme in den verfügbaren Speicherplatz auf Kosten längerer Laufzeit und mehr Platten I/O gekürzt. Es ist deshalb nicht einfach, genaue Richtlinien für die Beschränkungen des Problemumfangs anzugeben. Es genügt zu sagen, daß NORMIX den verfügbaren Speicherplatz (der von einer CLUSTAN-Version zur anderen unterschiedlich sein kann) und den von jedem Problem benutzten Speicherplatz ausdruckt. Benutzer können deshalb selbst beurteilen, ob für bestimmte Datenmengen die Gefahr des Überschreitens der Begrenzungen besteht.

NORMIX-SPEZIFIKATIONEN

PARAMETERKARTE

Spalten	Name	Format	üblicher Wert	Bedeutung
1	COV	A1	blank	Bei blank haben die Clustertypen gleiche Kovarianzmatrizen; bei nonblank werden ungleiche Kovarianzmatrizen angenommen.
2	IDISCR	A1	blank	Bei nonblank wird die Diskriminanzanalyse unterdrückt. Trifft nur zu, wenn COV=nonblank.
3-5	KA	I3	blank	Minimal interessierende Clusteranzahl. Bei blank ist KA=1. Trifft nur zu, wenn NCLA=0.
6-8	KB	I3	blank	Maximal interessierende Clusteranzahl. Bei blank ist KB=5. Trifft nur zu, wenn NCLA=0.
9-12	NCLA	I4	blank	Wenn NCLA=blank, werden zufällige Anfangsklassifikationen für KA bis KB Cluster erzeugt. Wenn NCLA=xx, wird NORMIX xx Klassifikationen aus CLUSDECK lesen, die durch Code in Deck A spezifiziert sind. Wenn NCLA=-xx, wird NORMIX xx Classification Arrays von Deck B lesen.
13-16	MAXIT	I4	blank	Maximal auszuführende Iterationszahl. Bei blank ist MAXIT=30.
17-22	HTEST	F6.4	blank	Wahrscheinlichkeits-Stop-Niveau. Wenn durch NCLA=0 und KB>KA eine zufällige Anfangszuordnung spezifiziert wird, dann testet NORMIX die Nullhypothese bei der Wahrscheinlichkeit HTEST. Wenn HTEST blank ist, wird HTEST=1.0 benutzt.
23	IPRINT	A1	blank	IPRINT=nonblank erzeugt einen vollständigen Ausdruck der Ergebnisse.

DECK A - KARTEN 2,3,...(EINFÜGEN, FALLS NCLA POSITIV IST)

Spalten	Name	Format	Bedeutung
1-80	CODE	20I4	Bis zu 20 Codezahl, denen Classifikation Arrays entsprechen, die von CLUSDECK zu lesen sind.

DECK B - KARTE 1 (EINFÜGEN, FALLS NCLA NEGATIV IST)

Spalten	Name	Format	Bedeutung
1-80	TEXT	20A4	Titelkarte für den Classification Array; freier Text.

DECK B - KARTE 2,3,... (EINGÜGEN, FALLS NCLA NEGATIV IST)

Spalten	Name	Format	Bedeutung
1-78	ICLA	26I3	Der Classification Array (ICLA(I),I=1,N), der die k Anfangscluster spezifiziert. Irgendein Wert ICLA(I)=L bedeutet, daß das Objekt I im Cluster L ist.

DECKAUFBAU

Die Prozedur NORMIX kann nach FILE oder an einer beliebigen anderen Stelle eines CLUSTAN-Jobs mit folgendem Deckaufbau aufgerufen werden:

NORMIX
Parameterkarte
DECK A - Code von Classification Arrays auf CLUSDECK, wenn NCLA > 0.
DECK B - Bis zu 20 Classification Arrays, wenn NCLA < 0.

KURZLAUF

Beispiel 1

```
FILE
Titelkarte
Karte B Parameter
Karte C Parameter
Datendeck
NORMIX
Leere Parameterkarte
RESULT
                                          XX
STOP
```

Der obige Job liest die beobachteten Daten, startet dann NORMIX, um die Maximum-Likelihood-Gleichungen für zufällige Anfangsklassifikationen aus 1,2,3,4, und 5 Cluster zu lösen. Der Job fährt dann mit der Analyse der resultierenden NORMIX-Cluster mittels Prozedur RESULT fort.

Beispiel 2

```
FILE
Titelkarte
Karte B Parameter
Karte C Parameter
Datendeck
CORREL
Leere Parameterkarte
HIERARCHY
6  2  5
NORMIX
           4
   1   2   3   4
STOP
```

Dieser Job liest die beobachteten Daten, berechnet durch CORREL eine Abstandsmatrix und startet mit HIERARCHY die Ward's Methode; Klassifikationen werden auf CLUSDECK für 5,4,3, und 2 Cluster ausgegeben. Die Prozedur NORMIX löst dann die Maximum-Likelihood-Gleichungen, indem als Anfangsschätzer die 5-Cluster-, 4-Cluster-, 3-Cluster- und 2-Cluster-Lösungen aus der Ward's Methode benutzt werden. Der Job könnte mit einer Analyse der resultierenden NORMIX-Cluster mittels Prozedur RESULT fortgeführt werden.

ANERKENNUNG

Die Prozedur ist eine modifizierte Version des Programms, das J.H. Wolfe, Navy Personnel Research and Development Center, San Diego, Ca 92152, USA entwickelte.

LITERATUR

Aitken, M, Anderson, D and Hinde, J (1982), Statistical modelling of data on teaching styles, J.R.S.S. (A), 144, pp 419-461.

Wolfe, J H (1965), A computer program for the maximum-likelihood analysis of types, Technical Bulletin 65-15, U.S. Naval Personnel Research Activity, San Diego, Ca 92152.

Wolfe, J H (1970), Pattern clustering by multivariate mixture analysis, Multiv. Behav. Res.,5, pp 329-350.

Wolfe, J H (1971), A Monte Carlo study of the sampling distribution of the likelihood ratio of multinormal distribution, Technical Bulletin STB 72-2, U.S. Naval Personnel and Training Research Laboratory, San Diego, Ca 92152.

KAPITEL 2
PROZEDUR INVARIANT

ZWECK

Diese Prozedur optimiert die skaleninvarianten Kriterien: Wilks' Lambda und Hotelling's Trace. Beide Statistiken sind aus der Intra-Gruppen-Streumatrix $\underline{W}$ abgeleitet.

THEORIE

Es gibt gewisse theoretische Einwände gegen das Kriterium der Summe der Fehlerquadrate, das einige Methoden der Clusteranalyse zu minimieren versuchen. Erstens neigen die erzeugten Cluster zu kugeliger Gestalt, und somit kann das Kriterium der Summe der Fehlerquadrate dort zu irreführenden Klassifikationen führen, wo 'natürliche' Cluster von länglicher Form vorliegen. Dies wäre normalerweise der Fall, wenn es innerhalb einer Klasse irgendeine innere Variation gäbe. Zum zweiten ist das Kriterium der Summe der Fehlerquadrate transformationsabhängig. Deshalb werden im allgemeinen in Abhängigkeit davon, ob Rohdaten oder normierte Daten benutzt werden, unterschiedliche Klassifikationen bei der Minimierung des Kriteriums der Summe der Fehlerquadrate erzeugt werden.

Diese Überlegungen führten Friedman und Rubin (1967) dazu, mögliche alternative Klassifikationskriterien zu untersuchen, die bei nichtsingulären linearen Datentransformationen invariant sind. Unter ihnen wurde die Determinante der zusammengefaßten Intra-Gruppen-Streumatrix $\underline{W}$ am beliebtesten; sie ist gleichbedeutend mit dem Wilks' Lambda, das als Teststatistik in der multivariaten Varianzanalyse benutzt wird. Diese Statistik ist nicht nur unabhängig von der Art der Datennormierung, die benutzt werden kann, sondern sie beschränkt die Cluster auch nicht auf eine kugelige Gestalt. Sie nimmt jedoch an, daß alle Cluster in den Daten dieselbe Gestalt besitzen, und dies kann problematisch werden, wenn die tatsächliche Struktur mit dieser Anforderung nicht übereinstimmt.

Die Intra-Gruppen-Streumatrix $\underline{W}_k$ ist für einen Cluster K wie folgt definiert:

$$\underline{W}_K = \sum (x_{ij} - \bar{x}_j)^T (x_{ij} - \bar{x}_j)$$

wobei x_{ij} die i-te Beobachtung über der j-ten Variablen im Cluster k ist, $\bar{x}_j$ das Mittel der j-ten Variablen im Cluster k ist, und die Summation wird über alle Beobachtung (i) ausgeführt, die zum Cluster k gehören.
Die zusammengefaßte Intra-Gruppen-Streumatrix $\underline{W}$ ist die Summe der $\underline{W}_K$ Streumatrizen aller Cluster, und die Inter-Gruppen-Streumatrix $\underline{B}$ ist das Komplement von $\underline{W}$ in der Gesamtstreumatrix $\underline{T}$. Das heißt:

$$\underline{T} = \underline{W} + \underline{B}$$

Wilks' Lambda ist das Verhältnis der Determinanten $|\underline{W}|/|\underline{T}|$,das von der Prozedur INVARIANT minimiert wird. Da $|\underline{T}|$ für eine gegebene Stichprobe eine Konstante ist, ist das gleichbedeutend mit der Minimierung von $|\underline{W}|$ oder der Maximierung von $|\underline{B}|$.

Ein verwandtes Kriterium, das auch von Friedman und Rubin betrachtet wurde, ist die Hotelling's Trace $tr(\underline{BW}^{-1})$, die von der Prozedur INVARIANT maximiert wird.

METHODE

Diese beiden Kriterien wurden von Korhonen (1978,1979) untersucht, der den schnellen Optimierungs-Algorithmus entwickelte und ihn in die Prozedur INVARIANT einbaute. Gewisse Matrix-Operationen werden auf eine sogenannte erweiterte Schema-Matrix angewendet, und schnelle Transformationsformeln werden zu Optimierung der Kriterien durch schrittweise Relokation der Clustermitglieder eingeführt. Der Algorithmus ist viel leistungsfähiger als früher veröffentlichte Methoden, weil die Intra-Gruppen-Streumatrix und ihre Determinante nicht nach jeder Cluster-Neuzuordnung wieder berechnet werden müssen.

Ein typisches Beispiel für eine von INVARIANT erzeugte Ausgabe, bei welcher der Wert des Wilks' Lambda von 0.92787 auf 0.02571 innerhalb von 5 Iterationen reduziert wurde, ist folgendes:

```
INITIAL VALUE OF CRITERION = 0.92787
START ITERATIONS

ITERATION NO.  1 NUMBER OF RELOCATIONS =  85 CRITERION =  0.03621

ITERATION NO   2 NUMBER OF RELOCATIONS =  11 CRITERION =  0.02922

ITERATION NO.  3 NUMBER OF RELOCATIONS  =  4 CRITERION =  0.02816

ITERATION NO.  4 NUMBER OF RELOCATIONS =   7 CRITERION =  0.02571

ITERATION NO.  5 NUMBER OF RELOCATIONS =   0 CRITERION =  0.02571
```

In diesem Beispiel wird der minimale Wert des Kriteriums nach 4 Iterationen erreicht; bei der Iteration 5 erfolgen keine weiteren Umgruppierungen, so daß keine weitere Verbesserung im Kriterium erfolgt. Die Prozedur endet, wenn MAXIT Iterationen ohne Konvergenz ausgeführt wurden, wobei MAXIT vom Benutzer gesetzt werden kann.

DATEN-SPEZIFIKATIONEN

Dr Korhonen's Algorithmus verlangt, daß die Beobachtungsmatrix aus orthogonalen Variablen besteht. Da normalerweise die Variablen der einzugebenden Roh- oder normierten Daten nicht orthogonal sein werden, ist es zuerst nötig, die Datenmatrix auf Hauptkomponentenwerte zu transformieren (siehe Prozedur FILE). Der Parameter NPC spezifiziert die einzulesende Anzahl von Hauptkomponentenwerte. Dieser Parameter sollte normalerweise gleich NPCF gesetzt werden, der Anzahl der Hauptkomponentenwerte, die von der Prozedur FILE gespeichert wurden.

Eine Alternative dazu ist, die beobachteten Daten vor dem CLUSTAN-Lauf auf orthogonale Variablen zu transformieren. Die transformierten Daten können dann von FILE gelesen werden und für INVARIANT durch Blank- oder Null-Setzen des Parameters NPC spezifiziert werden. Wenn einige der Variablen maskiert werden sollen, kann das mit Hilfe des Parameters MSKN und den partiellen Maskierungskarten gemacht werden.

Die Prozedur INVARIANT kann momentan nicht für binäre Daten verwendet werden.

ANFÄNGLICHE CLUSTER-ZUWEISUNGEN

Die Prozedur INVARIANT benötigt eine Anfangsklassifikation. Dafür gibt es drei Möglichkeiten: zufällige, sequentielle oder spezifizierte.

Wenn der Parameter NCLA positiv ist, wird der Classifikation Array mit der Nummer NCLA aus CLUSDECK gelesen und als Anfangsklassifikation zur Optimierung mit INVARIANT benutzt.

Wenn der Parameter NCAL negativ ist und NRAND blank oder null ist, wird eine sequentielle Klassifikation aus NCLA Cluster aufgestellt. Diese Option ist dieselbe, die bei der Aufstellung der Anfangsklassifikation durch die Prozedur RELOCATE verwendet wird.

Einige Benutzer bemerkten, daß sequentielle Klassifikationen nicht echt zufällig sind. Eine weitere Option für echt zufällige Zuordnung zu den Anfangsclustern wurde deshalb für INVARIANT eingeführt. Wenn der Parameter NCLA negativ ist, und ein Wert für NRAND spezifiziert wird, werden Anfangsklassifikationen aus NCLA Cluster zufällig aufgestellt und NRAND-mal wiederholt, wobei NRAND die Anzahl der Wiederholungen bedeutet. Diese Option ist die gleiche wie jene, die bei der Aufstellung der Anfangsklassifikation durch die Prozedur NORMIX verwendet wird.

Es folgt ein Beispiel eines typischen zufälligen Classification Arrays für 80 Objekte, der durch INVARIANT erzeugt wurde. Dazu gehört folgende Ausgabe:

```
  5 RANDOM CLASSIFICATONS TO BE GENERATED FOR 3 CLUSTERS

NUMBER OF CLUSTERS = 3

NORMALISED CLASSIFICATION ARRAY

RANDOMIZED ALLOCATION OF CLUSTERS BY INVARIANT
    2 3 1 2 2 1 3 2 2 1 2 1 2 1 1 3 1 1 1 2
    2 1 3 1 1 3 1 2 1 2 3 1 2 3 2 1 2 2 1 3
    1 2 3 3 1 2 2 3 1 1 2 3 2 2 1 3 1 2 3 1
```

Es sollte jedoch bemerkt werden, daß für eine gewisse Anzahl von Fällen die zufällige Clusterzuordnung von einem Lauf zum andern gleich sein wird. Man hofft, daß bei einer zukünftigen CLUSTAN-Version vorgesehen ist, daß Anfangsklassifikationen verschiedener Läufe sich unterscheiden.

ANZAHL DER WIEDERHOLUNGEN

Der Parameter NRAND wird zur Spezifizierung der Anzahl der Wiederholungen für zufällige Anfangsklassifikationen benutzt, die von INVARIANT ausgewertet werden. Die Prozedur erzeugt eine Klassifikation aus NCLA Clustern und iteriert bis zur Stabilität. Der Wert des Kriteriums wird notiert, und eine neue Anfangsklassifiaktion aus NCLA zufälligen Clustern wird erzeugt. Dieser Prozeß wird NRAND-mal wiederholt und die Klassifikation aus den NRAND Wiederholungen, die den besten Wert des Kriteriums aufweist, wird auf CLUSDECK gespeichert.

Durch diesen Ansatz wird eine Anzahl zufälliger Anfangsklassifikationen ausgewertet und die als 'beste' befundene wird für die weitere Analyse gespeichert. Die Prozedur kann mit einer anderen Clusteranzahl wiederholt werden, was durch den Parameter NCLA (wenn er negativ ist) spezifiziert wird, so daß eine Reihe von Klassifikationsniveaus getestet werden kann.

TRACE-MÖGLICHKEITEN

Die Parameter ITR und KPR liefern zwei Ebenen einer intermediären Trace in der Ausgabe. Wenn ITR nonblank ist, werden Einzelheiten über intermediäre Iterationen und Relokationen ausgegeben, und wenn KPR gleich nonblank, dann werden intermediäre Klassifikationen ausgedruckt.

INVARIANT-SPEZIFIKATIONEN

DECK A - KARTE 1: SPEZIFIKATION DER DATENMATRIX

Spalten	Name	Format	üblicher Wert	Bedeutung
1-2	NPC	I2	-- *	Anzahl der zu analysierenden Hauptkomponenten. Bei blank wird die Datenmatrix analysiert.
3-5	MSKN	I3	blank	Anzahl der zu maskierenden kontinuierlichen Variablen, falls eine partielle Maske benötig wird. Bei blank wird die ganze Datenmatrix gelesen (vorausgesetzt, daß NPC blank oder null ist).

* Normalerweise setzt man NPC = NPCF (Anzahl der gespeicherten Hauptkomponenten - siehe Prozedur FILE).

DECK A - KARTEN 2,3,...(WEGLASSEN, WENN EINE PARTIELLE MASKE NICHT BENÖTIGT WIRD)

Spalten	Name	Format	üblicher Wert	Bedeutung
* 1-80	MASKP	20I4	-	Partielle Maskierungskarten. Die Code der Variablen, die in der Datenmatrix zu maskieren sind. Es sollten MSKN Code sein, wenn MSKN größer als null ist.

KARTE B - INVARIANT-PARAMETER

Spalten	Name	Format	üblicher Wert	Bedeutung
1	JCRIT	I1	1	Code des Kriteriums. 1 = Wilks' Lambda (default). 2 = Hotelling's Trace

2-4	NCLA	I3	-5	Code des anfänglichen Classification Arrays, der von CLUSDECK zu lesen ist. Bei einem negativen Wert wird eine zufällige Zuordnung von NCLA Clustern aufgestellt.
5-7	NRAND	I3	4	Anzahl der zu erzeugenden zufälligen Klassifikationen. Bei blank wird eine anfängliche Klassifikation von NCLA sequentiellen Clustern gebildet.
8-10	MAXIT	I3	blank	Maximale Iterationsanzahl. Bei blank werden maximal 10 Iterationen durchgeführt.
11	ITR	A1	blank	Trace-Indikator. Bei nonblank werden intermediäre Iterationen und Relokationen ausgedruckt.
12	KPR	A1	blank	Trace-Indikator. Bei nonblank werden intermediäre Klassifikationen ausgedruckt.

DECKAUFBAU

Die Prozedur INVARIANT kann nach FILE oder nach irgendeinem anderen Abschnitt während eines CLUSTAN-Jobs mit folgendem Deck aufgerufen werden:

```
INVARIANT
DECK A -       Maskierungsparameter
KARTE B - Invariant-Spezifikationen
Karte B - Invariant-Spezifikationen
 ..  ..  ..
Leerkarte
```

KURZLAUF

```
FILE
Titelkarte
Karte B Parameter
Karte C Parameter
Datendeck
INVARIANT
10
1 -5  4
2 -5  4
Leere Parameterkarte
RESULT
                                XXX
STOP
```

Der obige Job liest die beobachteten Daten, berechnet die Hauptkomponenten und startet INVARIANT unter Benutzung der ersten 10 Hauptkomponentenwerte. Aufgrund der ersten Parameterkarte läuft INVARIANT viermal, um Wilks' Lambda für 5 Cluster zu optimieren. Durch die zweite Parameterkarte versucht INVARIANT viermal Hotelling's Trace-Kriterium für 5 Cluster zu optimieren. In beiden Fällen werden am Ende die 'besten', stabilen Klassifikationen auf CLUSDECK zur Analyse durch RESULT gespeichert.

ANERKENNUNG

Diese Prozedur ist eine abgeänderte Version eines Programms, das von Dr Pekka Korhonen vom Computer Centre der Helsinki Universität entwickelt wurde.

LITERATUR

Friedman, H P, and Rubin, J (1967), "On some invariant criteria for grouping data", JASA 62, pp 1159-1178.

Korhonen P(1978), "Experiments with cluster analysis based on the within-groups scatter matrix", Proceedings of COMPSTAT 1978, Physica-Verlag.

Korhonen P(1979),"A stepwise procedure for multivariate clustering", Ph.D Thesis, Tutkimuksia - Reseach Report No. 7, Helsinki University.

KAPITEL 3
PROZEDUR RULES

ZWECK

Diese Prozedur testet auf eine signifikante Clusteranzahl in einer hierarchischen Clusterfolge. Zwei statistische Stop-Regeln stehen zur Verfügung: die "Upper Tail"-Regel und die "Moving Average Quality Control"-Regel.

METHODE

Die RULES-Prozedur kann nach Beendigung jeder beliebigen hierarchischen Clusteranalyse, wie etwa nach einer der Prozeduren HIERARCHY, CENTROID, DIVIDE oder DENSITY, aufgerufen werden. Sie liest die Dendrogrammdaten, die von der zuletzt gerechneten Clusteranalyse des laufenden CLUSTAN-Jobs gespeichert wurden und druckt relevante statitische Indikatoren aus, die von der jeweils gewählten Stop-Regel abhängen.

Die meisten hierarchischen Klassifikationsmethoden erzeugen eine Folge von Kriteriumswerten, die dem Niveau des Cluster-Kriteriums bei jedem der N-1 Fusionen entsprechen. Die hier angesprochene Folge hat die Form $\underline{z} = [z_1 \; z_2 \; \ldots \; z_{N-1}]$, wobei z_j der Wert des Kriteriums in der j-ten Fusionsstufe ist.

REGEL 1: UPPER TAIL RULE

Diese Regel wählt die Teilung aus, die der ersten Stufe j in der Clusterfolge j=2 .. N-2 entspricht und folgender Ungleichung genügt:

$$z_{j+1} > \overline{z} + ks_z$$

wobei $\overline{z}$ und s_z der Mittelwert bzw. die erwartungstreue Standardabweichung der Verteilung von N-1 Werten und k der Standardwert ist.

Diese einfache Regel definiert eine Klassifikation als "signifikant", wenn der <u>folgende</u> Kriteriumswert z_{z+1} signifikant ist, d.h. z_{j+1} liegt im oberen Teil der Verteilung der Kriteriumswerte $\underline{z}$. Somit legt die Regel für das erste z_{j+1}, das ihr genügt, N-j Cluster als beste Schätzung fest. Wenn kein z_{j+1} der Regel genügt, wird ein Cluster als bestes bezeichnet: d.h. man kann daraus schließen, daß es keine signifikanten Klassifikationen in der hierarchischen Clusterfolge gibt.

In der Praxis ist es am besten, die Regel unabhängig von k zu machen, indem der realisierte Standardwert k_j in jeder Stufe berechnet wird, wobei k_j gegeben ist durch:

$$k_j = \{ z_{j+1} - \overline{z} \} / s_z$$

Die Verteilung der k_j-Werte ist in absteigender Reihenfolge geordnet, so daß die 'besten' Teilungen leichter erkennbar sind.

Ein Beispiel zur Ausgabe, die von RULES für eine hierarchische Klassifikation von 12 Fällen erzeugt wurde, wird nachfolgend angegeben. Diese Ausgabe zeigt an, daß die 2-Cluster-Partition am ehesten als eine 'natürliche' Bruchstelle in der Hierarchie zu betrachten ist. Für diesen Fall findet man, daß der Wert des Kriteriums für die letzte Fusion z_{n-1} den mittleren Kriteriumswert um mehr als das zweieinhalbfache der Standardabweichung s_z übersteigt.

```
STOPPING RULE ONE

  MEAN      =  3.698
  STD. DEV. =  1.593

REALISED      PREDICTED
DEVIATES      CLUSTERS

    2.53          2
    0.62          3
    0.62          4
    0.03          5
    0.00          6
   -0.23          7
   -0.37          8
   -0.67          9
   -0.73         10
   -0.81         11
```

Eine t-Statistik mit v=(n-2) Freiheitsgraden kann durch Multiplikation des realisierten Standardwerts k_j mit der Quadratwurzel aus (n-1), der Anzahl der Kriteriumswerte, berechnet werden. In diesem Fall würde die Teststatistik 3.32 x 2.53 = 8.39 sein, was auf dem 1% Niveau für 10 Freiheitsgrade signifikant ist.

Man sollte bemerken, daß es bei diesem Test Probleme gibt. Erstens können die (n-1) Kriteriumswerte nicht als normalverteilt betrachtet werden. Im allgemeinen sind sie an Bedingungen geknüpft (z. B. müssen sie für die Ward's Methode alle größer als null sein). Bedeutender jedoch ist die Tatsache, daß der Mittelwert $\bar{z}$ und die Standardabweichung s_z beide aus allen z_{n-1} Werten berechnet werden, einschließlich des Wertes z_{j+1}, der auf signifikante Abweichung vom gemeinsamen Mittelwert geprüft wird. Wenn jedoch der zu testende Wert von der Schätzung des Mittelwerts und der Standardabweichung ausgeschlossen werden sollte, wäre die Teststatistik unter Normalbedingungen sogar noch größer.

Regel 2: MOVING AVERAGE QUALITY CONTROL RULE

Diese Regel wählt die Teilung aus, die der ersten Stufe j in der partiellen Clusterfolge j=r, r+1, ..., N-2 entspricht und der Ungleichung genügt:

$$z_{j+1} > \bar{z}_j + L_j + b_j + ks_j$$

wobei r die Anzahl der Objekte im laufenden Mittelwert ist; $\overline{z}_j$ ist das laufende Mittel in der Stufe j; L_j ist die Korrektur für die Trendverzögerung in der Stufe j; b_j ist der laufende kleinste Quadrate-Abfall in der Stufe j; und s_j ist der laufende erwartungstreue Schätzer für die Standardabweichung der Population in der Stufe j. Wenn kein Wert für z_{j+1} dieser Regel genügt, wird ein Cluster als die beste Schätzung bezeichnet.

Die Regel 2 sieht $\underline{z}$ als eine Qualitätskontrollreihe mit linearem Trend an, wobei der obere Kontrollgrenzwert durch die rechte Seite der obigen Ungleichung gegeben ist. Man beachte, daß $\overline{z}_j+L_j$ den Erwartungswert von z_j repräsentiert, und $\overline{z}_j+L_j+b_j$ ist der Erwartungswert von z_{j+1}.
Für eine theoretische Reihe, die durch einen Anstieg mit konstanter Steigung b_j gekennzeichnet ist, kann gezeigt werden, daß der Erwartungswert der laufenden Standardabweichung konstant ist und die Trendverzögerung gegeben ist durch:

$$L_j = (r-1)b_j/2$$

Statistisch ist diese Regel der Regel 1 überlegen, da Anwärter auf Signifikanz die Stichprobenstatistik nicht beeinflussen. Der Benutzer muß jedoch den Wert für r bestimmen - die Anzahl der Kriteriumswerte, die für den laufenden Mittelwert heranzuziehen sind. Dies wird durch Spezifizierung eines Bereichs und einer Schrittweite für r als Anteil der Anzahl der Kriteriumswerte (n-1) gemacht. Der Bereich wird durch minimale und maximale Anteile PMIN bzw. PMAX und einer Schrittweite PSTEP spezifiziert.

Wenn beispielsweise im Fall einer hierarchischen Klassifikation von 12 Fällen, zu der 11 Kriteriumswerte zählen, PMIN=0.3 und PMAX=0.8 und PSTEP=0.3, wird die Regel 2 für 2, 6 und 10 Kriteriumswerte ausgewertet, die zum laufenden Mittelwert beitragen. Ein typischer Ergebnisausdruck für den zweiten Test ist folgender:

```
STOPPING RULE TWO

  MOVING AVERAGE PROPORTION    =  0.500  ( 6 ITEMS)

  MEAN FORECAST ERROR          =  0.129
  ABSOLUTE MEAN FORECAST ERROR =  0.249
  NUMBER OF FORECASTS          =  4

REALISED      PREDICTED
DEVIATES      CLUSTERS
   3.94          2
   1.12          4
   0.40          6
  -0.14          3
  -0.28          5
```

Wie bei Regel 1 sind die realisierten Standardwerte nach numerischen Werten geordnet, um Anwärter für signifikante Teilungen auswählen zu können. Das obige Beispiel zeigt, daß der Kriteriumswert für die 2-Cluster-Partition beinahe 4 Standardwerte größer ist, als der Mittelwert der vorangegangenen 6 Kriteriumswerte in der Clusterfolge.

RULES-SPEZIFIKATIONEN

Spalten	Name	Format	üblicher Wert	Bedeutung
1	RULE	I1	blank	1 = Upper Tail Rule (Default) 2 = Moving Average Quality Control Rule.
6-10	PMIN	F5.3	blank	Bezieht sich nur auf die Regel 2. Minimaler Anteil der Werte, die zur Berechnung des laufenden Mittelwerts zu benutzen sind. Bei blank ist PMIN = 0.4.
11-15	PMAX	F5.3	blank	Bezieht sich nur auf die Regel 2. Maximaler Anteil der Werte, die zur Berechnung des laufenden Mittelwerts zu benutzen sind. Bei blank ist PMAX = 0.8.
16-20	PSTEP	F5.3	blank	Bezieht sich nur auf die Regel 2. Schrittweite für den Anteil der Werte, der zur Berechung des laufenden Mittelwerts zu benutzen sind. Bei blank ist STEP=0.2.

DECKAUFBAU

Normalerweise folgt die Prozedur RULES einem CLUSTAN-Schritt, der eine hierarchische Clusteranalyse durchgeführt hat. Die Eingabe zu RULES ist wie folgt:

```
RULES
Parameterkarte
```

KURZLAUF

```
FILE
Titelkarte
Karte B Parameter
Karte C Parameter
Datendeck
CORREL
Leere Parameterkarte
HIERARCHY
6 2 8
RULES
Leere Parameterkarte
STOP
```

Der obige Job liest die beobachteten Daten ein, berechnet eine Abstandsmatrix mit CORREL, startet die Ward's Methode mit HIERARCHY und wertet mit RULES die Regel 1 aus. Der Job könnte mit weiteren Prozedurschritten fortgeführt werden, z.B. mit einem RULES-Schritt, um die Regel 2 auszuwerten, mit einem TREE-Schritt, um das Dendrogramm auszudrucken, oder mit einem RESULT-Schritt, um die resultierenden Klassifikationen zu analysieren.

ANERKENNUNG

Diese Prozedur wurde von Dr Richard Mojena von der University of Rhode Island, USA, während seines Aufenthaltes als CLUSTAN Fellow im Department of Computational Science, University of St Andrews, geschrieben.

LITERATUR

Mojena, R (1977), "Hierarchical grouping methods and stopping rules: an evaluation", The Computer Journal, 20, pp 359-363.

Mojena, R, and Wishart, D (1980), "Stopping rules for Ward's clustering method", Proceedings of COMPSTAT 1980, Physica-Verlag, pp 426-432.

KAPITEL 4
PROZEDUR COMPARE

ZWECK

Diese Prozedur kann zum Vergleichen verschiedener hierarchischer Klassifikationen benutzt werden, die von den CLUSTAN-Prozeduren HIERARCHY, CENTROID, DENSITY und DIVIDE erzeugt wurden. Sie mißt entweder den Grad der Verformung, der einer hierarchischen Klassifikation im Vergleich zur ursprünglichen Ähnlichkeitsmatrix auferlegt wurde oder den Grad der Ähnlichkeit zwischen zwei verschiedenen hierarchischen Klassifikationen.

METHODE

Die Prozedur wurde für flexibles Vergleichen geschrieben. Sie wird normalerweise dazu benutzt, die neueste hierarchische Klassifikation A des laufenden CLUSTAN-Jobs mit der aktuellen Ähnlichkeits- oder Unähnlichkeistmatrix B zu vergleichen. Dies erfolgt durch Default, also bei leerer Parameterkarte.

Der Benutzer kann auch eine frühere oder eine unabhängige Klassifikation A mit der aktuellen Ähnlichkeitsmatrix B vergleichen. Dazu muß ein "Dendrogrammdeck" entweder über Karten oder über eine Datei geliefert werden. Der Parameter LA spezifiziert die Dateinummer des Dendrogrammdecks. Wenn somit LA=5 ist, sollte das Dendrogrammdeck im CLUSTAN-Jobdeck nach der COMPARE-Parameterkarte eingefügt sein.

Zwei verschiedene Klassifikationen können miteinander verglichen werden, indem die Dendrogrammdecks sowohl durch den Parameter LA als auch durch LB spezifiziert werden. Beide Dendrogrammdecks sollten im CLUSTAN-Jobdeck eingefügt sein, wenn LA=5 und LB=5 sind. Wenn der Parameter LA blank ist, wird die im laufenden CLUSTAN-Job zuletzt erzeugte hierarchische Klassifikation mit dem Dendrogrammdeck verglichen, das durch den Parameter LB spezifiziert ist.

Dendrogrammdecks können auf eine Datei oder auf Karten über die Prozedur TREE ausgegeben werden. Einzelheiten über das Format der Dendrogrammdecks erfährt man im Kapitel über die Prozedur PLINK (Seite 89 im Benutzerhandbuch, Dritte Ausgabe).

VERGLEICH EINER ULTRAMETRISCHEN- MIT EINER ÄHNLICHKEITSMATRIX

Jardine und Sibson (S. 104) schlagen drei skalenunabhängige Verformungsmaße zwischen einer hierarchischen Klassifikation A und der eingegebenen Ähnlichkeits- oder Unähnlichkeitsmatrix B vor. Die drei Maße sind wie folgt definiert:

$$\Delta_0(A,B) = \max |A_{ij} - B_{ij}| \;/\; \max |B_{ij}| \qquad \text{(DELTA0)}$$

$$\Delta_1(A,B) = \{ \sum [A_{ij} - B_{ij}]^2 / \sum B_{ij}^2 \}^{1/2} \qquad \text{(DELTA1)}$$

$$\Delta_2(A,B) = \sum |A_{ij} - B_{ij}| \;/\; \sum |B_{ij}| \qquad \text{(DELTA2)}$$

wobei B_{ij} die Ähnlichkeits- oder Unähnlichkeitsbeziehung zwischen den Objekten i und j bezeichnet, und A_{ij} die Ultrametrik für die Objekte i und j in der hierarchischen Klassifikation ist, die durch den Parameter LA spezifiziert wird.

Diese drei Verformungsmaße entprechen den drei skalenunabhängigen Statistiken, die von Jardine und Sibson als Delta-Dach definiert wurden. Man beachte, daß $\Delta_1(A,B)$ die Wurzel aus dem mittleren quadratischen Verformungskoeffizienten ist, der auch in der Prozedur KDEND verwendet wird und unabhängig von Jardine und Sibson vorgeschlagen wurde (Literatur 15). Für den Fall der völligen Übereinstimmung der beiden Matrizen A und B sind alle drei Statistiken null.

VERGLEICH ZWEIER ULTRAMETRIKEN

Wie Jardine und Sibson zeigten (S. 106), ist es zuerst nötig, die beiden ultrametrischen Matrizen A und B zu normieren, bevor zwei hierarchische Klassifikationen verglichen werden können. Sie schlugen drei modifizierte skalenunabhängige Statistiken "Delta-Stern" vor, die folgendermaßen definiert sind:

$$\Delta_0^*(A,B) = \max |A_{ij}/S_{A0} - B_{ij}/S_{B0}| \qquad \text{(DELTA-STAR0)}$$

$$\Delta_1^*(A,B) = \{ \sum [A_{ij}/S_{A1} - B_{ij}/S_{B1}]^2 \}^{1/2} \qquad \text{(DELTA-STAR1)}$$

$$\Delta_2^*(A,B) = \sum |A_{ij}/S_{A2} - B_{ij}/S_{B2}| \qquad \text{(DELTA-STAR2)}$$

wobei $S_{A0} = \max |A_{ij}|$

$S_{A1} = \{ \sum A_{ij}^2 \}^{1/2}$

und $S_{A2} = \sum |A_{ij}|$

die zur Normierung der Ultrametrik A verwendeten Skalierungsfaktoren sind, und S_{B0}, S_{B1} und S_{B2} sind die zur Normierung der Ultrametrik B verwendeten Skalierungsfaktoren. Für den Fall völliger Übereinstimmung der beiden Matrizen A und B sind alle drei Statistiken null.

Jardine und Sibson schlugen auch vor, daß der zwischen den beiden Ultrametriken liegende Winkel in einem n(n-1)/2 dimensionalen Raum benutzt werden könnte, um sie zu vergleichen. COMPARE berechnet den Kosinus des Winkels, der wie folgt definiert ist:

$$\text{COS ANGLE}(A,B) = \{ \sum A_{ij}^2 + \sum B_{ij}^2 - \sum [A_{ij} - B_{ij}]^2 \} / 2 \{ \sum A_{ij}^2 \sum B_{ij}^2 \}^{1/2}$$

In der Ausgabe wird diese Statistik als "ALPHA ANGLE" bezeichnet (siehe unten im Beispiel). Für den Fall völliger Übereinstimmung der beiden Matrizen A und B ist der Kosinus des Winkels gleich 1.

Als drittes schlug Jardine und Sibson (S. 107) eine Hilbert-projektive Metrik zwischen den beiden ultrametrischen Matrizen vor, die folgendermaßen definiert ist:

$$Pi(A,B) = \log m_1 m_2$$

wobei $m_1 = \max A_{ij}/B_{ij}$;

und $m_2 = \max B_{ij}/A_{ij}$, für alle A_{ij}, $B_{ij} = \emptyset$.

Für den Fall völliger Übereinstimmung der beiden Matrizen A und B ist Pi=1.

KOPHENETISCHER KORRELATIONS-KOEFFIZIENT

Sokal und Rohlf (1962) schlugen vor, daß man eine einzugebende Ähnlichkeits- oder Unähnlichkeitsmatrix mit einer resultierenden Klassifikation durch den Korrelations-Koeffizienten vergleichen könne, der für alle n(n-1)/2 Paare berechnet wird. Sie nennen dies die "Kophenetische Korrelation". Mit Hilfe der Prozedur COMPARE wird sie für alle Vergleiche berechnet, d. h. zwischen einer Ähnlichkeits- oder Unähnlichkeitsmatrix und einer resultierenden Klassifikation oder zwischen zwei ultrametrischen Matrizen, die zu zwei verschiedenen Klassifikationen gehören. Die möglichen Werte liegen theoretisch im Bereich -1 bis +1, aber in den meisten Fällen wird der Koeffizient nahe bei +1 liegen, weil die Matrizen A und B üblicherweise in ziemlich guter Übereinstimmung sind.

ERGEBNISSE DES BEISPIELS

Eine typische Ausgabe der Ergebnisse von COMPARE, die man mit den Default-Parametern erhält, ist folgende:

```
READ DENDROGRAM DATA(A) FROM UNIT 1
READ SIMILARITY/DISSIMILARITY MATRIX(B)

COPHENETIC CORRELATION = 0.80399

DELTA0 =  0.9961
DELTA1 =  0.7311
DELTA2 =  0.6157
```

Auf der logischen Einheit 1 liegt die Datei, auf der normalerweise die Dendrogrammdaten aus der letzten hierarchischen Clusteranalyse gespeichert werden. Die ultrametrische Matrix A wird aus diesen Dendrogrammdaten abgeleitet, wohingegen die Matrix B aus der eingegebenen Ähnlichkeits- oder Unähnlichkeitsmatrix besteht.

Die Koeffizienten der kophenetischen Korrelation und DELTA0, DELTA1 und DELTA2 sind wie zuvor definiert.

AUSDRUCKEN DER MATRIZEN A UND B

Wenn der Parameter LPR nonblank ist, werden die Matrizen A und B ausgedruckt. Die Prozedur berechnet auch die Differenz $A_{ij} - B_{ij}$, was den Beitrag eines jeden Fallpaares zu den verschiedenen Verformungsmaßen darstellt. Eine typische Ausgabe für den Fall zweier ultrametrischer Matrizen ist folgende:

```
READ DENDROGRAM DATA(A) FROM UNIT  1
READ DENDROGRAM DATA(B) FROM UNIT 10

A:    2  3.4540
B:    2  4.6920
DIFF:   -1.2380
CASES      1

A:    3  3.1530  3.4540
B:    3  3.3270  4.6920
DIFF:   -0.1740 -1.2380
CASES      1        2

A:    4  3.4540  2.6300  3.4540
B:    4  4.6920  2.6300  4.6920
DIFF    -1.2380  0.0000 -1.2380
CASES      1        2       3        usw.

COPHENETIC CORRELATION =  0.91381

DELTA-STAR0 =   0.4825
DELTA-STAR1 =   0.0143
DELTA-STAR2 =   0.2027

ALPHA ANGLE =   0.7113

PI =   0.6919
```

Hinweis: Die Default-Option druckt die Matrizen A und B nicht aus, weil für große n eine sehr umfangreiche Ausgabe von n(n-1)/2 Werten für jede Matrix erzeugt werden würde.

COMPARE-SPEZIFIKATIONEN

Spalten	Name	Format	üblicher Wert	Bedeutung
1-2	LA	I2	blank	Bei blank wird die letzte hierarchische Clusteranalyse verglichen. Bei nonblank werden Dendrogrammdaten von der Einheit LA eingelesen.
3-4	LB	I2	blank	Bei blank wird ein Vergleich mit der aktuellen Ähnlichkeits-/Unähnlichkeitsmatrix gemacht. Bei nonblank werden die Dendrogrammdaten von der logischen Einheit LB gelesen.
5	LPR	A1	blank	Bei nonblank werden die Matrizen A und B ausgedruckt.

DECKAUFBAU

Normalerweise folgt COMPARE einem CLUSTAN-Schritt, bei dem eine hierarchische Clusteranalyse ausgeführt wurde. Die Eingabe zu COMPARE ist wie folgt:

COMPARE
Parameterkarte
Dendrogrammdaten (weglassen, wenn LA ungleich 5)
Dendrogrammdaten (weglassen, wenn LB ungleich 5)

KURZLAUF

FILE
Titelkarte
Karte B Parameter
Karte C Parameter
Datendeck
CORREL
Leere Parameterkarte
HIERARCHY
6 2 8
COMPARE
Leere Parameterkarte
.. .. ..
STOP

Der obige Job liest die beobachteten Daten ein, berechnet eine Abstandsmatrix mit CORREL und startet die Ward's Methode mit HIERARCHY. Die Prozedur COMPARE vergleicht dann die Ultrametrik, die aus der Ward's Methode stammt, mit der Euklidschen Abstandsmatrix, die durch CORREL berechnet wurde. Der Job könnte mit einem TREE-Schritt fortfahren, um das Dendrogramm zu drucken und mit einem RESULT-Schritt, um die resultierenden Klassifikationen zu analysieren.

LITERATUR

Jardine, N, and Sibson, R (1971), Mathematical Taxonomy, Wiley.

Sokal, R R, und Rohlf, F J (1962), The comparision of dendrograms by objective methods, Taxon, 11, pp 33-40.

KAPITEL 5
PROZEDUR DEFINE

ZWECK

Mit dieser Prozedur kann ein neues Ähnlichkeits-/oder Unähnlichkeitsmaß eingeführt werden, ohne eine neue Version der FUNCTION USER in den CLUSTAN-Lademodul einbauen zu müssen.

METHODE

Eine Abhandlung über die Behandlung der Ähnlichkeitskriterien bei CLUSTAN wird im Kapitel 28 des CLUSTAN-Handbuchs (Dritte Ausgabe) gegeben. Darin wird die Verwendung der Ähnlichkeitskriterien-erzeugenden Funktion und ihrer 10 Parameter bei CLUSTAN beschrieben. Ein neues Ähnlichkeitskriterium kann definiert werden, indem ein neues Funktionsunterprogramm erstellt wird, das USER heißt und diese 10 Parameter besitzt:

```
FUNCTION USER(AP,AQ,BP,BQ,GP,GQ,DPQ,NP,NQ,M)
```

Die 10 Parameter werden in Form zweier begrifflicher Cluster ausgedrückt, die mit p und q bezeichnet werden und die NP bzw. NQ Mitglieder besitzen, für die die i-te Beobachtung an der Variablen j in der Datenuntermatrix des Clusters mit p_{ij} bzw. q_{ij} bezeichnet wird, wobei es insgesamt M Variablen gibt. Die USER-Parameter für den Cluster p werden wie folgt definiert:

Die Summe der Elemente der Untermatrix für den Cluster p

$$AP = \sum_j \sum_i p_{ij}$$

Man sollte hier darauf hinweisen, daß der Mittelwert des Clusters p

$$\bar{p}_j = \sum_i p_{ij}/NP$$

ist, woraus die Summe der mittleren Koordinaten ausgedrückt werden kann als

$$\sum_j \bar{p}_j = AP/NP$$

Die Summe der quadrierten Elemente der Untermatrix für den Cluster p

$$GP = \sum_j \sum_i p_{ij}^2$$

Der verbleibende Parameter für den Cluster p ist eine Funktion der Summe der quadrierten Schwerpunktskoordinaten

$$BP = \sum_j \{ \sum_i p_{ij} \}^2 = NP^2 \sum_j \bar{p}_j^{\,2}$$

Ähnlich sind die Parameter AQ, GQ und BQ für den Cluster q definiert. Der verbleibende Parameter, der für den Vergleich der beiden Cluster p und q benötigt wird, ist das Kreuzprodukt

$$DPQ = \sum_j \{ \sum_i p_{ij} \} \{ \sum_k q_{kj} \} = NP.NQ \sum_j \bar{p}_j . \bar{q}_j$$

PARAMETER DER BINÄREN KOEFFIZIENTEN

Zusätzlich zu den zuvor beschriebenen 10 USER-Parametern erkennt DEFINE die 4 Parameter der Vierfeldertafel, die allgemein benutzt wird, um binäre Ähnlichkeitskoeffizienten zu definieren. Diese Tabelle nimmt die Form an:

		Merkmal i +	Merkmal i -
Merkmal j	+	A	B
	-	C	D

wobei die Anzahl der Fälle, für die beide Merkmale vorhanden sind, mit A bezeichnet wird, die Anzahl der Fälle, bei denen das Merkmal i fehlt und das Merkmal j vorhanden ist, mit B bezeichnet wird usw. So wird beispielsweise der 'Simple Matching'-Koeffizient als (A+D)/M definiert. Man beachte, daß in diesem Fall M die Anzahl der binären Merkmale ist, also A+B+C+D = M.

Weitere Einzelheiten über binäre Ähnlichkeits- und Unähnlichkeitskoeffizienten findet man im Kapitel 29 des CLUSTAN-Handbuchs (Dritte Ausgabe). Binäre Koeffizienten können nur mit CORREL verwendet werden, da ihrer Verwendung als Inter-Cluster-Ähnlichkeitsfunktionen bei DIVIDE, CENTROID oder RELOCATE nicht sinnvoll wäre.

Die Prozedur DEFINE kann man verwenden, um einen neuen Ähnlichkeits- oder Unähnlichkeitskoeffizienten zu spezifizieren, sofern er entweder in Form der 10 USER-Parameter oder der 4 binären Koeffizientenparameter ausdrückbar ist. Die Berechung muß in Form einiger einfacher Programmanweisungen niedergeschrieben werden, die die USER-Parameter, lokale Variablen, Konstanten oder Standard-FORTRAN-Funktionen wie etwa SQRT beinhalten.

Variablen

Namen von Variablen können bis zur 6 Zeichen und Ziffern lang sein, wobei an erster Stelle ein Zeichen stehen muß. Es sollten weder die Namen der USER-Parameter noch A, B, C und D als Variablen verwendet werden, und außerdem sollte der Name USER nicht gebraucht werden; er darf lediglich auf der linken Seite der letzten Anweisung stehen. Alle Variablen werden als reelle Zahlen betrachtet.

Konstanten

Konstanten können eine Folge von Ziffern mit einem beliebig wählbaren Dezimalpunkt sein, wobei ein Exponent der Form E, gefolgt von einem beliebigen Vorzeichen mit ein bis zwei Ziffern, angehängt werden kann. Alle Konstanten werden als reelle Zahlen betrachtet.

Programmanweisungen

Eine Programmanweisung ist von der Form:

Variable = Ausdruck

wobei der Ausdruck unär, binär oder eine Standardfunktion sein kann. Die Variable kann eine neue lokale Variable sein; oder das Ergebnis der Anweisung kann den vorhandenen Wert einer lokalen Variablen ersetzen, wobei ihr alter Wert zur Auswertung des Ausdrucks verwendet wird, wenn der Name der Variablen im Ausdruck steht.

Unäre Ausdrücke bestehen aus einem Operanden (Parameter, Variable oder Konstante), denen ein Plus- oder Minuszeichen vorangeht. Binäre Ausdrücke bestehen aus zwei Operanden, die durch einen binären Operator +(Addition), -(Substraktion), *(Multiplikation), /(Division) oder **(Exponentiation) getrennt werden.

Funktionen

Eine Standardfunktion besteht aus einem Funktionsnamen, der von einem in Klammern stehenden Operanden gefolgt wird. Die momentan verfügbaren Funktionen sind ABS(Absolutwert), ALOG(natürlicher Logarithmus), ALOG 10(Logarithmus zu Basis 10), EXP(Exponentialfunktion zu Basis e), und SQRT (Quadratwurzel).

SPEZIFIZIERUNG DES ICOEF-USER-CODES

Für die Prozeduren CORREL, DIVIDE und RELOCATE muß die Ähnlichkeitsfunktion als ein Code für den Parameter ICOEF spezifiziert sein. Die Code 38, 39, 41 oder 42 sollten für ICOEF in Abhängigkeit davon, ob erstens der Koeffizient ein Ähnlichkeits- oder Unähnlichkeitsmaß ist und ob zweitens die zu analysierenden Daten kontinuierlich oder binär sind, entsprechend spezifiziert werden. Die folgende Tabelle zeigt die den vier Kombinationsmöglichkeiten entsprechenden Code:

Koeffiziententyp	Datentyp: kontinuierlich	Datentyp: binär
Ähnlichkeit	38	39
Unähnlichkeit	41	42

ICOEF-Code

Binäre Koeffizienten, die in Form der Parameter A, B, C, D und M der Vierfeldertafel ausgedrückt sind, können nur mit den Parametern ICOEF=39 und 42 bei CORREL verwendet werden.

BEISPIEL 1

Der Leser kann nachprüfen, daß der quadrierte Euklidsche Abstand zwischen den Mittelwerten der Cluster p und q in Form der USER-Parameter wie folgt ausgedrückt werden kann:

$$d_{pq}^2 = \sum_j \{\bar{p}_j - \bar{q}_j\}^2/M$$

$$= \{NQ^2.BP - 2.NP.NQ.DPQ + NP^2.BQ\}/\{M.NP^2.NQ^2\}$$

Die benötigten Programmanweisungen zum Einbau dieser Funktion bei Verwendung von DEFINE mit 6 lokalen Variablen X,Y,Z,TOP,BOT und DSQ sind folgende:

```
X = NQ*NQ
BOT = X
X = X*BP
Y = 2*NP
Y = Y*NQ
Y = Y*DPQ
Z = NP*NP
BOT = BOT*Z
Z = Z*BQ
TOP = X-Y
TOP = TOP+Z
DSQ = TOP/BOT
DSQ = DSQ/M
USER = DSQ
```

Da es sich hier um einen Unähnlichkeitskoeffizienten handlelt, beachte man, daß man ICOEF=41 (kontinuierliche Daten) oder ICOEF=42 (binäre Daten) nehmen muß, wenn die USER-Funktion mit CORREL, DIVIDE, oder RELOCATE spezifiziert wird.

Die obige Definition kann leicht zur Berechnung des Euklidschen Abstands abgeändert werden (zum Unterschied vom quadrierten Euklidschen Abstand), indem folgende alternative Programmanweisung in der letzten Zeile für die USER-Zuweisung eingesetzt wird:

```
USER = SQRT(DSQ)
```

BEISPIEL 2

Der Simple Matching-Koeffizient (A+B)/M wird einfach wie folgt definiert:

```
TOP = A+D
USER = TOP/M
```

In diesem Beispiel ist der Koeffizient ein Ähnlichkeitsmaß für binäre Merkmale, und deshalb sollte er nur als ICOEF=39 (binäre Daten) spezifiert werden.

DEFINE-SPEZIFIKATIONEN

PROGRAMMANWEISUNGEN

Spalten	Name	Format	üblicher Wert	Bedeutung
1-80	STATEMENT	80A1	-	Anweisung, die den Regeln für DEFINE entspricht.

DECKAUFBAU

Normalerweise wird DEFINE ziemlich zu Beginn eines CLUSTAN-Jobs vor einem CORREL-, RELOCATE-, CENTROID- oder DIVIDE-Schritt angewendet. Die Eingabe für DEFINE ist wie folgt:

```
DEFINE
Programmanweisungen
```

KURZLAUF

```
FILE
Titelkarte
Karte B Parameter
Karte C Parameter
Datendeck
DEFINE
Programmanweisungen
CORREL
41
CENTROID
  2  5
TREE
Leere Parameterkarte
STOP
```

Der obige Job liest die beobachteten Daten ein, definiert einen neuen Unähnlichkeitskoeffizienten, berechnet eine Unähnlichkeitsmatrix für den neuen Koeffizienten mit CORREL, wobei ICOEF=41 gewählt wird, startet das hierarchische Centroid Sorting, um das neue Kriterium zu optimieren und gibt über TREE das resultierende Dendrogramm aus. Der Job könnte mit einem RULES-Schritt fortfahren, z. B. um zu bestimmen, ob Anzeichen für einen signifikanten Abfall im Dendrogramm vorhanden sind, oder mit einem RESULT-Schritt, um die ausgegebenen Klassifikationen zu analysieren.

ANERKENNUNG

Diese Prozedur ist der Beitrag von Dr John Henderson vom Computing Laboratory, University of St Andrews.

KAPITEL 6
PROZEDUR FILE
Formatfreie Eingabemöglichkeit

ZWECK

Dieses Kapitel beschreibt die formatfreie Eingabe-Option, die erstmals bei CLUSTAN 2.1 eingeführt wurde und die ausführlich im Kapitel 7 des CLUSTAN-Benutzerhandbuchs, Dritte Ausgabe, beschrieben ist.

FORMATFREIE EINGABE: METHODE DER SPEZIFIKATION

Bei formatfreier Eingabe ist es erlaubt, daß aufeinanderfolgende Daten durch Blanks und/oder Kommas getrennt sind. In der folgenden Beschreibung müssen die Daten auf "Records" vorliegen, was gestanzte Karten bei den CLUSTAN-Eingabedaten sein können oder Records auf einer Eingabedatei, die durch den FILE-Parameter JCH spezifiziert wird.

(1) Formatfreie Eingabe wird durch Nonblank-Setzen des FILE-Parameters IFT aufgerufen (s. CLUSTAN-Handbuch, Dritte Ausgabe, S. 18).

(2) Die maximale Länge eines Records darf 80 Zeichen nicht überschreiten. Jeder neue Fall muß auf einem neuen Record beginnen.

(3) Daten sollten durch Blanks oder Kommas oder durch beides getrennt sein. Treten zwei oder mehrere aufeinanderfolgende Trennzeichen auf, so werden sie wie eins behandelt. Eine Fall wird durch das Ende eines Records oder durch einen Fallmarkierer beendet (s. unten).

(4) Werte kontinuierlicher Variablen können ganze oder reelle Zahlen mit oder ohne Vorzeichen sein. Eine akzeptable reelle Zahl kann eine Reihe von Ziffern mit einem Dezimalpunkt vor der ersten Ziffer, nach der letzten Ziffer oder zwischen den Ziffern sein. Eine reelle Zahl kann auch einen Exponenten haben (E gefolgt von einem beliebigen Vorzeichen und einer 1- oder 2-ziffrigen ganzen Zahl). Beispiele gültiger Werte für kontinuierliche Variablen sind:

103   -50   60.   5E+4   234.22E-10   .25

(5) Werte für binäre Merkmale werden durch ganze Zahlen spezifiziert. Wenn 1/0 Strings spezifiziert sind (Parameter IBT=nonblank), werden nur die Werte 1 und 0 akzeptiert. Wenn Merkmalslisten spezifiziert sind (IBT=blank), müssen die Werte positive ganze Zahlen im Bereich 1 bis MB sein, und die Merkmalslisten müssen durch einen Fallmarkierer beendet werden (s. unten). Die früheren Beschränkungen, die formatfreies Codieren von Merkmalslisten oder gemischte binäre und kontinuierliche Daten nicht erlaubten, sind nun beseitigt worden.

(6) Wenn gemischte Daten spezifiziert sind (MN>0 und MB>0), müssen die kontinuierlichen Daten den binären Merkmalen vorangehen.

(7) Ein Fallmarkierer ist ein Zeichen, das das Ende der Daten für jeden Fall signalisiert. Das zu benutzende Zeichen sollte in Spalte 1 der FILE-Parameterkarte C stehen. Es kann ein Buchstabe oder ein Sonderzeichen sein, aber es darf nicht sein: eine Ziffer, ein Blank, ein Plus- oder Minuszeichen, ein Dezimalpunkt, ein Komma oder ein großes E. Fallmarkierer werden gebraucht, wenn binäre Merkmalslisten spezifi-

ziert sind, da die Prozedur wissen muß, wann sie das letzte Glied einer Liste variabler Länge gelesen hat. Wenn die Daten nur kontinuierlich sind oder binäre 1/0 Strings, dann steht es frei, Fallbegrenzer zu verwenden. Der Fallbegrenzer kann unmittelbar nach dem letzten Datenwert eines Falls folgen, oder er kann von ihm durch Blanks getrennt sein oder auf dem nächsten Record stehen. Alle Zeichen nach dem Fallmarkierer auf dem selben Record werden nicht beachtet und können deshalb zur Kennzeichnung oder als Kommentar benutzt werden. Wenn keine Fallmarkierer benutzt werden, muß der Rest eines jenen Records nach dem letzten Dateneintrag leer bleiben.

KAPITEL 7
PROZEDUR HIERARCHY
Neue SLINK- und CLINK-Optionen

ZWECK

HIERARCHY führt eine hierarchisch agglomerative Analyse von der Objektmenge aus. Dieses Kapitel beschreibt einige Verbesserungen, die in der CLUSTAN-Version 2.1 gemacht wurden. Weitere Einzelheiten über die Prozedur erfährt man im Kapitel 10 des CLUSTAN-Handbuchs, Dritte Ausgabe.

VERBESSERUNGEN

Single Linkage
Der "SLINK"-Algorithmus wird nun für Single Linkage verwendet. Dabei wird die Ähnlichkeits- oder Unähnlichkeitsmatrix nur noch einmal gelesen, und deshalb ist diese Methode viel effizienter als die vorherige. Code ITRAN=1.

Complete Linkage
Der "CLINK"-Algorithmus wurde als zusätzliche Option bei HIERARCHY eingeführt. Er basiert auf SLINK und berechnet eine Complete Linkage Analysis bei einmaligem Lesen der Ähnlichkeits- oder Unähnlichkeitsmatrix. Die so gebildeten Cluster sind jedoch nur suboptimal und hängen zum Teil von der Reihenfolge der Fälle in der Datenmatrix ab. Deshalb wird CLINK als zusätzliche Option geliefert, und der optimale langsamere Algorithmus für Complete Linkage wurde beibehalten. Für CLINK ist der Code ITRAN=9 vorgesehen, und für das optimale Complete Linkage Clustern gibt es den Code ITRAN=2.

HIERARCHY-SPEZIFIKATIONEN

Spalten	Name	Format	üblicher Wert	Bedeutung
1	ITRAN	I1	-	Methodencode 1-9
2-4	KA	I3	2	Minimale Anzahl der interessierenden Cluster.
5-7	KB	I3	8	Maximale Anzahl der interessierenden Cluster.

DECKAUFBAU

HIERARCHY folgt normalerweise einem CLUSTAN-Schritt, bei dem eine Ähnlichkeits- oder Unähnlichkeitsmatrix eingelesen oder berechnet wurde. Wegen weiterer Einzelheiten s. Kapitel 10 im Benutzerhandbuch, Dritte Ausgabe. Die Eingabe zu HIERARCHY ist wie folgt:

```
HIERARCHY
Parameterkarte
```

Literatur

Sibson, R (1973), SLINK: An optimally efficient algorithm for the single link cluster method, The Computer Journal, 16, pp 30-34.

Defays, D (1977), An algorithm for a complete link method, The Computer Journal, 20, pp 364-366.

Fakultätsbibliothek für Naturwissenschaften SALZBURG

KAPITEL 8
Conversational CLUSTAN

ZWECK

Conversational CLUSTAN wird in einem "Preprocessor", dem sogenannten "CLUSCOM" geliefert, mit dem der Benutzer über sein Terminal einen interaktiven Dialog führen kann.

HAUPTMERKMALE

Conversational CLUSTAN hat viele spezielle Funktionen:

- o Dialoge in verschiedenen Sprachen
- o Meldungen in kurzer oder langer Form
- o Help-Funktionen auf verschiedenen Stufen
- o Default-Optionen
- o Geringe Betriebskosten

Ein CLUSCOM-Dialog bedeutet für den Benutzer, eine Reihe von Fragen am Terminal zu beantworten. Die Fragen müssen entweder mit "yes" oder "no" oder mit CLUSTAN-Schlüsselwörtern und einzugebenden Daten beantwortet werden. CLUSCOM prüft die Antworten des Benutzers auf Inkonsistenzen, erteilt bei Anfrage Auskünfte und baut eine CLUSTAN-Steuerdatei auf.

Ein hervorstechendes Merkmal dieses System ist, daß der Dialog in jeder beliebigen Sprache geführt werden kann. Dies erreicht man, indem eine Datei aus Fragen, Meldungen und ausführbaren Antworten des Benutzers in die Benutzersprache übersetzt wird. Man hält CLUSTAN für das erste statistische Paket, das in mehreren Sprachen dialogfähig betrieben werden kann.

Conversational CLUSTAN ist besonders gut für Lehrzwecke geeignet, besonders dort wo die Studenten wenig oder keine Computervorkenntnisse besitzen. Sie können schnell über einen Computer-unterstützten Lernprozeß (CAL) selbst Klassifikationsprobleme lösen.

Kursgestalter haben die Möglichkeit, die zur Definierung der CLUSTAN-Eingaben verwendete Terminologie so zu ändern, daß dadurch der Dialog für beliebig spezielle Konventionen, die in einem bestimmten Kurs verwendet werden, konsistent wird.

METHODE

Conversational CLUSTAN hält alle Meldungen im Kernspeicher, die für den interaktiven Dialog benötigt werden. Regelmäßige Plattenzugriffe werden deshalb während der interaktiven Phase nicht benötigt, was zum einen sehr schnelle Antworten zuläßt und zum andern geringe Betriebskosten verursacht.

Wogegen bei anderen dialogfähigen Paketen meist ein großer Speicherplatz für den gesamten ausführbaren Code reserviert werden muß, oder wo ansonsten viel Gebrauch von Overlays und Plattendateien gemacht wird, ist hingegen Conversational CLUSTAN äußerst wirtschaftlich bei der Hauptspeicherbelegung während des interaktiven Betriebs und bietet sich deshalb für den Gruppenunterricht als kostengünstiger Vorschlag an.

WIE BENUTZT MAN CLUSCOM?

Der Benutzer muß zuerst den Preprocessor CLUSCOM laden, indem er die entsprechenden Systemkommandos der vorgegebenen Rechenanlage gibt. Beispielsweise macht man das bei DEC-10 Systemen, indem man eintippt:

```
.R CLUSCOM
```

CLUSCOM wird dann Fragen stellen, die Antworten des Benutzers prüfen und bestätigen und mit ihnen eine CLUSTAN-Steuerdatei aufbauen. Es gibt vier Kürzel mit folgender Bedeutung:

```
* bedeutet: ein Kommando eingeben
? bedeutet: ja oder nein antworten
= bedeutet: eine Zahl eingeben
: bedeutet: eine Liste eingeben.
```

Wenn der Benutzer als Antwort auf irgendein Kürzel ? eintippt, wird zusätzliche Information ausgegeben. Eine vollständige Liste der Kommandos erhält man, wenn man eintippt:

```
*HELP
```

Es gibt zwei Ebenen der Kurzeingabe; die Kommandos LONG (default) und SHORT können dazu benutzt werden, um von einer zur andern überzuwechseln.

Das Kommando EXIT ermöglicht es, entweder die CLUSTAN-Steuerdatei dem Stapelsystem zuzuleiten oder direkt CLUSTAN zur on-line-Auswertung zur Verfügung zu stellen. (Was tatsächlich geschieht, hängt davon ab, wie CLUSCOM installiert wurde). Gleichgültig welche Methode nun benutzt wird, so wird die CLUSTAN-Steuerdatei zum Zweck einer eventuell späteren Wiederverwendung auf einer Datei gespeichert. Eine sehr hilfreiche Technik ist es, mit CLUSCOM eine erste Steuerdatei aufzubauen und dann mit dem interaktiven Editor kleinere Änderungen anzubringen.

BEISPIEL FÜR EINEN CLUSCOM-DIALOG

Der folgende Dialog zeigt den Gebrauch von Conversational CLUSTAN. Die vom Benutzer eingetippten Kommandos oder Antworten sind unterstrichen; erläuternde Bemerkungen, die jedoch nicht am Terminal erscheinen, stehen rechts.

```
.r cluscom                     (Nur DEC-10 System)


CLUSTAN PREPROCESSOR VERSION 1.0
================================
(TYPE "HELP" FOR HELP)
*short                         Aktiviert die Kurzform
*file                          Dialog für die Prozedur File
```

TITLE: test of clustan with cluscom	
OBJECTS=9	
NUMERIC VARIABLES=6	
BINARY VARIABLES=0	
STANDARDISE ?yes	
CORRELATIONS ?yes	
PCA ?yes	Hauptkomponentenanalyse wird gewählt.
NO. TO KEEP=6	6 Komponenten sind zu speichern
EIGENVECTORS ?yes	
SEPARATE DATA FILE ?yes	Daten in FOR33.DAT (DEC-10 Anlagen)
UNIT NO. =33	
1 LINE FORMAT ?yes	Format nimmt eine Zeile ein
ENTER FORMAT:(6f8.0)	
DISPLAY ?yes	Bis hierher erzeugte Steuerdatei wird dargestellt
FILE	
TEST OF CLUSTAN WITH CLUSCOM	
9 6 OXX 6X33 0	
0(6F8.0)	
ALL OK ?yes	Möglichkeit der Wiederholung, falls inkorrekt
*correl	
QUICK RUN ?yes	Default-Option wird gewählt (um eine Abstandsmatrix zu berechnen)
OK	
*hierarchy	
QUICK RUN ?no	
METHOD=1	Single Linkage Clustering wird gewählt
MAX. CLUSTERS=5	
MIN. CLUSTERS=2	
DISPLAY ? no	
*clusdeck	Was wurde auf CLUSDECK gespeichert?
CLUSDECK CONTENTS:	
NO./CLUSTERS/SOURCE	
1 5 HIERARCH	
2 4 HIERARCH	
3 3 HIERARCH	
4 2 HIERARCH	
*plink	
QUICK RUN ?yes	Default-Option wird gewählt (um das Dendrogramm für Single Linkage zu zeichnen)
TITLE: test plot	
OK	
*reslut	Schreibfehler
EH?	
*result	
QUICK RUN ?yes	Wählt die Default-Option (um die Klassifikationen auf CLUSDECK zu analysieren)
OK	
*stop	
OK, SUMMARY ?no	
*exit	
SUBMIT ?yes	Submissions-Prozedur (DEC-10 Anlagen)

TECHNISCHE INFORMATION

CLUSCOM ist in Pascal geschrieben. Das Vertriebsband enthält den Quellencode, einen exekutierbaren Lademodul und eine Datei für die Meldungen. Die Datei für die Meldungen enthält alle Fragen, möglichen Antworten des Benutzers und System-Meldungen, und deshalb kann eine andere Sprachversion einfach dadurch erzeugt werden, daß man die Datei übersetzt, die die Meldungen enthält.

CLUSCOM müssen 4 Dateien zugeordnet sein:

1 INPUT - Eingabe vom Terminal
2 OUTPUT - Ausgabe ans Terminal
3 DSK - Ausgabe an die CLUSTAN-Kommandodatei
4 MSGFILE - Eingabe von der Datei für die Meldungen.

KAPITEL 9
BEISPIEL
Fisher Iris-Daten

In diesem Beispiel werden die wohlbekannten Iris-Daten analysiert, die von E Anderson Ende der 20-iger und Anfang der 30-iger Jahre dieses Jahrhunderts gesammelt und von R A Fisher 1936 veröffentlicht wurden. Die Daten stammen aus 4 Messungen an fünfzig Pflanzen bei jedem von drei Iris-Typen: Iris Setosa, Iris Versicolor und Iris Virginica. Die vier zu messenden Variablen sind Kelchblattlänge und -breite und Blumenblattlänge und -breite in Zentimetern.

Die 150 Pflanzen sind in drei Gruppen zu je 50 in der Reihenfolge Iris Setosa(1-50), Iris Versicolor(51-100) und Iris Virginica(101-150) passend angeordnet. Diese Daten wurden schon oft analysiert; zuerst von Fisher bei Tests zur linearen Diskriminanzanalyse und in letzter Zeit von Statistikern, die sich mit der Gültigkeit von Clusteranalyse-Techniken beschäftigen. Die an anderen Stellen in diesem Handbuch zitierten Veröffentlichungen von Wolfe, Friedman und Rubin enthalten Erläuterungen der Ergebnisse, die sie bei der Anwendung ihrer Methoden auf die "Fisher Iris-Daten" erzielten.

In diesem Beispiel wird der Leser dazu eingeladen, die bei diesen klassischen Studien erzielten Ergebnisse zu reproduzieren. Erstens wird der Benutzer feststellen, daß durch die Minimierung der Summe der Fehlerquadrate (oder Minimum Trace W Kriterium) mit RELOCATE beim 2-Clusterniveau keine Spezies ausgesondert wird. Dieses Ergebnis führte Friedman und Rubin dazu, die Summe der Fehlerquadrate abzulehnen, da "sie den Daten eine Euklidsche Metrik so auferlegte, daß drei Pflanzen bei Setosa dem Schwerpunkt des Stichprobenhaufens aus Virginica und Versicolor näher lagen als dem Schwerpunkt ihrer eigenen Gruppe".

Friedman und Rubin bevorzugten die Maximierung des $|\underline{T}|/|\underline{W}|$ Kriteriums, was gleichbedeutend ist mit der Minimierung von Wilks' Lambda $|\underline{W}|$, da T eine Konstante ist. Ihre Ergebnisse werden beinahe, wenn auch nicht exakt, im Beispiel bei Verwendung von INVARIANT mit dem Minimum-Wilks' Lambda-Kriterium repliziert.

Wenn der Test auf Eignung einer Clustermethode der ist, wie genau Andersons taxonomische Klassifikation der 150 Irispflanzen reproduziert werden kann, dann ist die NORMIX-Lösung im Beispiel die genaueste: lediglich die Pflanzen 71, 84 und 134 wurden unter der Annahme gleicher Kovarianzmatrizen falsch zugeordnet. Die Maximum-Likelihood-Schätzer der Parameter, die von NORMIX ausgegeben werden, sind die gleichen wie jene, die Wolfe (1970) fand. Die Prozedur führt auch von den drei Clustertypen eine Diskriminanzanalyse aus.

Benutzer von CLUSTAN werden es instruktiv finden, diese klassischen Ergebnisse der Irisdaten zu reproduzieren und mit anderen Clustermethoden oder Datentransformationen zu experimentieren, um zu versuchen, die bekannte taxonomische Struktur wiederzufinden.

Schritt Prozedur Parameter CLUSDECK

1 FILE N=150 MN=4 NPCF=4 FMT=(4F5.2)

Liest die Daten von 4 kontinuierlichen Variablen an 150 Pflanzen im Format (4F5.2). Die Variablen sind Kelchblattlänge und -breite und Blumenblattlänge und -breite. Die Fälle sind in 3 Gruppen zu je 50 entsprechend den 3 Iris-Spezien angeordnet. Eine Hauptkomponentenanalyse wird gerechnet, und je 4 Faktorwerte werden gespeichert.

2 RELOCATE ICOEF=24 MAXIT=10 MINC=1 NCLA=-5 1. 5
2. 4
3. 3
4. 2

Die K-Means Methode wird gestartet, um die Summe der Fehlerquadrate durch iterative Relokation zu optimieren, indem die von FILE gespeicherten und normierten Variablen verwendet werden. Eine sequentielle Anfangsklassifikation aus 5 Cluster wird mit NCLA=-5 erzeugt. Abwechselnde Fusions- und Relokationsphasen optimieren bei 5,4,3 und 2 Cluster. Der Schritt wird durch eine Leerkarte beendet.

3 INVARIANT NPC=4 JCRIT=1 NRAND=5 NCLA=-2 NCLA=-3 NCLA=-4 5. 2
6. 3
7. 4

Es werden die 4 Hauptkomponenten ausgewählt, um Wilks' Lambda zu optimieren, indem mit einer zufälligen Zuordnung auf 2 Cluster begonnen wird. Die Analyse wird fünfmal wiederholt, und die beste Lösung in Form des festgestellten Minimum-Kriteriumswertes wird auf CLUSDECK aufgezeichnet. Die Prozedur wird für 3 und für 4 Cluster wiederholt. Eine Leerkarte beendet diesen Schritt.

4 NORMIX NCLA=-3 8. 2
9. 3
10. 4

Die Prozedur NORMIX liest 3 anfängliche Classification Arrays, die auf die Parameterkarte folgen. Das anzupassende multivariate Normalmodell setzt eine gemeinsame Kovarianzstruktur voraus (d.h. Wolfe's NORMAP-Modell). Die 3 Klassifikationen bestehen aus 2, 3 und 4 Cluster, die von Wolfe durch eine vorläufige K-Means Analysis hergeleitet wurden.

5 NORMIX COV=X IPRINT=X NCLA=3 CODES=2 3 4 11. 4
12. 3
13. 2

Bei diesem Schritt wird das NORMIX-Modell mit ungleichen Kovarianzmatrizen gestartet. Die Classification Arrays 2, 3 und 4, die von RELOCATE als Ausgabe von K-Means (Schritt 2) auf CLUSDECK gespeichert wurden, liefern die entsprechenden Anfangsklassifikationen für 4, 3 und 2 Clustertypen. Durch Nonblank-Setzen von IPRINT werden die Wahrscheinlichkeiten der Clusterzugehörigkeit ausgedruckt.

6 RESULT ICLIST=X

Die Prozedur RESULT druckt die Clusterzugehörigkeit für jede der 13 Klassifikationen aus, die auf CLUSDECK gespeichert wurden.

DISKUSSION

Im Schritt FILE werden die Daten nicht normiert. Abgesehen von Schritt 2, wo die Summe der Fehlerquadrate oder die Trace W minimiert wird, sollte es theoretisch belanglos sein, ob die Daten normiert sind oder nicht. Man kann feststellen, daß RELOCATE Iris Setosa als einen ganzen Cluster abtrennt, und sich im 3-Clusterniveau den beiden anderen Spezien nähert. Es werden 14 Pflanzen von Virginica falsch bei Versicolor und 2 Pflanzen von Versicolor falsch bei Virginica eingruppiert. Im 2-Clusterniveau werden Versicolor und Virginica zu einem Cluster zusammengefaßt, und Setosa trennt sich als zweiter Cluster ab, dem fälschlicherweise die Pflanzen 58, 94 und 99 zugeordnet werden.

Im nächsten Schritt gelingt es INVARIANT im 2-Clusterniveau Setosa als einen Cluster und Virginica und Versicolor als zweiten Cluster ohne jegliche Fehlklassifikation zu trennen. Im 3-Clusterniveau trennt INVARIANT Setosa als eine distinkte Gruppe ab, mischt aber die Pflanze 71 bei Virginica und die Pflanzen 120, 130, 134 und 135 bei Versicolor hinein. Die Benutzer sollten beachten, daß wegen der zufälligen Zuordnung bei den Anfangsklassifikationen diese Ergebnisse bei einigen Tests nicht ganz genau reproduziert werden.

Bei Schritt 4 trennt NORMIX auch Setosa im 2-Clusterniveau von den beiden anderen Spezien ab. Im 3-Clusterniveau sind die Spezien bis auf 3 Fehlklassifikationen richtig zerlegt. Die Pflanzen 71 und 84 sind bei Virginica und die Pflanze 134 ist bei Versicolor hineingemischt.

Im nächsten Schritt verwendet NORMIX 3 Klassifikationen, die von RELOCATE bei Schritt 2 als erste Schätzer der Parameter auf CLUSDECK aufgezeichnet wurden, wobei ungleiche Kovarianzmatrizen angenommen werden. Im 3-Clusterniveau sind die Pflanzen 69, 71, 73, 78 und 84 falsch bei Virginica eingruppiert, während Setosa wiederum abgetrennt ist, und der dritte Cluster besteht aus den 45 verbleibenden Pflanzen von Versicolor.

Bei Wolfe's Diskussion über seine Tests mit den Fisher Iris-Daten bemerkte er zu den Signifikanztests folgendes:

> "Die Signifikanztests zeigen ganz deutlich, daß die Hypothese eines Typs zugunsten der Alternative von zwei Typen verworfen werden sollte, und daß die Hypothese von zwei Typen zugunsten der Altenative von drei Typen verworfen werden sollte. Es ist nicht ganz so eindeutig, ob die Hypothese von drei Typen zugunsten der Alternative von vier Typen verworfen werden sollte. Vielleicht werden die für vier Typen erhaltenen Werte von einer leichten Schiefe in der Komponentenverteilung verursacht, oder vielleicht ist der Stichprobenumfang so klein, daß die Verteilung des Log-Likelihood-Ratios signifikant von ihrer asymptotischen Chi-Quadrat-Verteilung abweicht. Die Ergebnisse scheinen Platz für Verbesserungen im Hypothesentestteil der Analyse zu lassen."

Tatsächlich wurde der Signifikanztest modifiziet, seit Wolfe 1970 seine Veröffentlichung schrieb, und bei Schritt 5 kann man sehen, daß die Nullhypothese von drei Cluster gegen die Alternativhypothese von vier Cluster bei einer Wahrscheinlichkeit von 0.05 oder niedriger angenommen werden würde, wohingegen die Hypothese eines Typs gegenüber der Alternative von zwei Typen verworfen werden sollte, und die Hypothese von zwei Typen gegenüber der Hypothese von drei Typen bei $p<0.01$ verworfen werden sollte. Derselbe Schluß kann jedoch nicht aus Schritt 4 gezogen werden, wo der Test anzeigt, daß die Hypothese von drei Typen zugunsten der Hypothese von vier Typen verworfen werden sollte. Sicherlich muß noch weitere Arbeit getan werden, um den Signifikanztest für NORMIX zu verbessern, möglicherweise für den Fall, wo gleiche Kovarianzmatrizen angenommen werden.

KAPITEL 10
TESTDATENPLAN

Job F

Schritt	Prozedur	Parameter	CLUSDECK
F1	FILE	N=12 MN=5 JCOR=C FMT=(5F6.0)	

Eine Datenmatrix aus 12 Berufen zu je 5 Variablen wird im Format (5F6.0) eingelesen. Die erste Variable ist ein unabhängiges Maß des "beruflichen Ansehens"; die Variablen 2 und 3 sind Werte von MDSCAL-Variablen, die externen Ursprungs sind. Die Variablen 4 und 5 wurden aus einer orthogonalen Transformation der Variablen 2 und 3 gewonnen.

F2 DISTIN N=12 FMT=(11F5.0)

Eine Unähnlichkeitsmatrix wird in Format (11F5.0) eingelesen. Dies war die Eingabe zu MDSCAL, von dem die Variablen 2 und 3 stammen (separat von FILE eingelesen).

F3 LABELS LABNUM=X LABCAS=X

Alphanumerische Kennungen werden für die 5 Variablen und die 12 Berufe eingelesen.

F4 HIERARCHY ITRAN=6 KA=2 KB=4 1. 4
2. 3
Bei diesem Schritt wird die Ward's Methode gestartet. 3. 2
Cluster-Gruppierungen werden für 4, 3 und 2 Cluster ausgegeben.

F5 RULES RULE=1

Hier wird die Upper Tail Rule für die Ward's Methode gerechnet.

F6 RULES RULE=2 PMIN=0.2 PMAX=0.8 PSTEP=0.3

Moving Average Quality Control Rule für die Ward's Methode. Die Parameter spezifizieren drei Tests mit veränderlichen Gruppenanteilen von 0.2, 0.5 bzw. 0.8.

F7 TREE JUNIT=10

Ein horizontales Dendrogramm wird für die Ward's Methode ausgedruckt. Die ausgegebenen Dendrogrammdaten werden in einer sequentiellen Datei (Einheit 10) zur Verwendung bei Schritt F11 gespeichert.

F8 COMPARE Leere Parameterkarte

Bei diesem Schritt wird die zur Ausgabe kommende Ultrametrik, die dem für die Ward's Methode erstellten Dendrogramm entspricht, mit der bei Schritt F2 eingelesenen Unähnlichkeitsmatrix verglichen.

F9 HIERARCHY ITRAN=3 KA=2 KB=4 4. 4

5. 3

Clusterbildung nach der Average Linkage-Methode, 6. 2
wobei 4, 3, und 2 Cluster ausgegeben werden.

F10 COMPARE Leere Parameterkarte

Die eingebene Unähnlichkeitsmatrix wird mit dem bei Schritt 9 ausgegebenen Dendrogramm für Average Linkage Clustering verglichen.

F11 COMPARE LB=10 LPR=X

Bei diesem Schritt werden die beiden Dendrogramme verglichen, die in den Schritten F4 (Ward's Methode) und F9 (Average Linkage) erzeugt wurden. Die Dendrogrammdaten für die Ward's Methode wurden auf der logischen Einheit 10 von der Prozedur TREE (bei Schritt F7) gespeichert und werden von LB=10 gelesen. Wenn man LPR= nonblank setzt, werden die den beiden Dendrogrammen entsprechenden Ultrametriken ausgedruckt.

F12 TREE Leere Parameterkarte

Das horizontale Dendrogramm für Average Linkage wird gedruckt.

F13 RULES RULE=1

Upper Tail Rule für Average Linkage.

F14 RULES RULE=2

Moving Average Quality Control Rule für Average Linkage. Die Default-Parameter wählen die veränderlichen Gruppenanteile von 0.4, 0.6 bzw. 0.8 aus.

F15 DENSITY Leere Parameterkarte 7. 2

Mit DENSITY erhält man die verbesserte Version der Mode Analysis. Eine einfache Klassifikation aus 2 Cluster wird erzeugt.

F16 TREE LAYOUT=2

Ein vertikales Dendrogramm wird für die Mode Analysis gedruckt, die bei Schritt F15 von DENSITY erzeugt wurde.

F17 COMPARE Leere Parameterkarte

Die eingegebene Unähnlichkeitsmatrix wird mit dem bei Schritt F15 von DENSITY erzeugten Dendrogramm verglichen.

F18 RESULT INMEAN=INCOR=IMCOEF=X IMKLIS=9 ICARAY=ICLIST=ICMEAN=X

Mittelwerte, Standardabweichungen und Korrelationen werden für die von FILE (Schritt F1) eingelesenen 5 Variablen ausgedruckt. Die Unähnlichkeitsmatrix und die von DISTIN (Schritt F2) gespeicherten 9 nächsten Nachbarn werden ausgegeben. Listen über Cluster-Zugehörigkeit und diagnostische Statistiken werden für jeden der 7 Classification Arrays berechnet, die bei den Schritten F4, F9 und F15 auf CLUSDECK gespeichert wurden.

DISKUSSION

Die im CLUSTAN-Handbuch der Dritten Ausgabe beschriebene Version des Jobs F wurde für CLUSTAN 2.1 abgeändert, um sowohl die Anwendung von RULES bei den Schritten F5, F6, F13 und F14 als auch die Anwendung von COMPARE bei den Schritten F8, F10, F11 und F17 darzustellen.

Bei Schritt F5 zeigt die Prozedur RULES an, daß die 2-Cluster-Gruppierung signifikant ist, weil der Koeffizient der letzten Fusion, bei der die letzten zwei Cluster zusammengefaßt werden, 2.5 Standardwerte größer ist, als das Mittel aus der Folge der Summe der Fehlerquadrate-Koeffizienten bei der Ward's Methode.

Ein ähnliches Ergebnis wird bei Schritt F6 gefunden, wo die 2-Cluster-Gruppierung bei allen 3 Niveaus gewählt wird, d.h. wenn die Parameter der Moving Average Quality Control Rule aus den ersten 2, 6 und 10 Werten aus der Folge für die Summe der Fehlerquadrate-Koeffizienten der Ward's Methode bestimmt werden. Die Regel 2 zeigt allerdings auch an, daß die 4-Cluster-Gruppierung weiter untersucht werden könnte.

Während bei Schritt F13 die Average Linkage-Methode die gleiche 2-Cluster-Gruppierung wie die Ward's Methode findet, obgleich die Clustersequenz verschieden ist, so ist die Prozedur RULES über die Signifikanz dieser Gruppierung weniger sicher. Schritt F14 zeigt nach der Moving Average Quality Control Rule keine Cluster-Partition an, die signifikant wäre.

Bei Schritt F8 wird die eingegebene Unähnlichkeitsmatrix mit dem Ergebnis aus der Ward's Methode verglichen; bei Schritt F10 wird sie mit dem Ergebnis der Average Linkage-Methode verglichen, und bei Schritt F17 wird sie mit dem Ergebnis der Mode Analysis aus DENSTIY verglichen. Die Vergleiche ergeben folgendes:

	DELTA0	DELTA1	DELTA2	COPH. CORR
Ward's Method	1.00	.73	.62	.80
Average Linkage	.20	.08	.06	.88
Mode Analysis	.30	.20	.16	.17

Da die Erwartungswerte für die DELTA-Koeffizienten null und für die kophenetische Korrelation 1.0 sind, scheinen diese Ergebnisse anzuzeigen, daß die geringste Verformung der eingegebenen Unähnlichkeitsmatrix von der Average Linkage-Methode gefolgt von der Mode Analysis herrührt.

Bei Schritt F11 werden die von der Ward's Methode und von der Average Linkage-Methode erzeugten Dendrogramme ausgedruckt und verglichen. Die hohe kophenetische Korrelation von .91 und der niedrige Wert für DELTA-STAR1 von 0.01 zeigen eine ziemlich gute Übereinstimmung zwischen den beiden Analysen an.

Job G

Dieser Testjob zeigt, wie neue USER-Funktionen für binäre und für kontinuierliche Ähnlichkeitskoeffizienten als auch für Inter-Cluster-Ähnlichkeitsmaße definiert werden können und validiert die Ergebnisse gegenüber den herkömmlichen Koeffizienten.

Schritt	Prozedur	Parameter	CLUSDECK
G1	FILE	N=9 MN=6 MB=9 ISTAND=S JCOR=C NPCF=6 JEIGV=E IFT=X Case marker=%	

Bei diesem Schritt wird der Schritt A1 des Testjobs im wesentlichen dupliziert mit der Ausnahme, daß die Daten formatfrei eingelesen werden und aufeinanderfolgende Werte durch ein oder mehrere Blanks getrennt sind. Das Zeichen "%" begrenzt das Datenende eines jeden Falles. Daran schließt sich eine Fallkennung an.

G2 DEFINE

Die nachfolgenden Anweisungen definieren das Similarity Ratio-Kriterium als eine neue USER-Funktion. Man beachte, daß das Similarity Ratio ein Ähnlichkeitskoeffizient ist.

```
TOP=NP*NQ
TOP=DPQ*TOP
X=NP*NP
X=BQ*X
Y=NQ*NQ
Y=BP*y
X=X+Y
X=X-TOP
USER=TOP/X
```

G3 DIVIDE MSKB=2 Partielle Maskierungskarte 3 6

Die Maskierungsspezifikationen entfernen die Merkmale 3 und 6 aus allen DIVIDE-Berechnungen. Es werden folgende Analysen durchgeführt.

(1) ICOEF=39 KA=2 KB=4 — 1. 2
2. 3
3. 4

Bei diesem Schritt wird der USER-Ähnlichkeitskoeffizient (Code 39) durch monothetisch divisive Klassifikation optimiert, wobei die hierarchisch divisive Methode verwendet wird. Der Koeffizient wurde im Schritt G2 definiert und ist gleichwertig mit dem Similarity Ratio. Klassifikationen aus 2, 3 und 4 Cluster werden auf CLUSDECK gespeichert.

(2) ICOEF=5 KA=2 KB=4 — 4. 2
5. 3
6. 4

Bei diesem Schritt wird auch das Similarity Ratio-Kriterium durch dieselbe monothetisch divisive Methode optimiert, wobei nur der Standardkoeffizient (Code 5) verwendet wird. Der Benutzer kann sich vergewissern, daß die Ergebnisse die gleichen sind wie jene, die man mit der bei Schritt G2 definierten USER-Funktion erhielt.

Klassifikationen aus 2, 3 und 4 Cluster werden auf CLUSDECK gespeichert.

(3) Leere Parameterkarte um DIVIDE zu beenden.

G4 DEFINE

Die nachfolgenden Anweisungen definieren einen vereinfachten quadratischen Euklidschen Koeffizienten für den Vergleich zweier Fälle. Man beachte, daß dieser Koeffizient ein Unähnlichkeitsmaß ist.

```
X=BP+BQ
Y=2*DPQ
TOP=X-Y
DSQ=TOP/M
USER=DSQ
```

G5 CORREL ICOEF=41 MSKB=9

Bei diesem Schritt wird im wesentlichen der Schritt B2 wiederholt, indem eine Abstandsmatrix aus den normierten kontinuierlichen Daten unter Benutzung des bei Schritt G4 definierten USER-Koeffizienten berechnet wird.

G6 HIERARCHY ITRAN=6 KA=2 KB=4

7. 4
8. 3
9. 2

Die Ward's Methode wird unter Benutzung der Abstandsmatrix gestartet, die bei Schritt G5 von der USER-Funktion berechnet wurde (die Fehlermeldung muß nicht beachtet werden). Die Ergebnisse sind die gleichen wie im Testjob B bei Schritt B10.

G7 DEFINE

Die nachfolgenden Anweisungen definieren den quadratischen Euklidschen Abstandskoeffizienten für binäre Daten. Der Koeffizient ist ein Unähnlichkeitsmaß und wird unter Benutzung der Notation der Vierfeldertafel definiert (s. Kapitel 29).

```
TOP=B+C
USER=TOP/M
```

G8 CORREL ICOEF=42 MSKN=6

Bei diesem Schritt wird eine binäre Abstandsmatrix für den bei Schritt G7 definierten Koeffizienten für alle 9 binären Merkmale berechnet.

G9 HIERARCHY ITRAN=4 KA=2 KB=4

10. 4
11. 3
12. 2

Für die bei Schritt G8 berechnete binäre Abstandsmatrix wird ein Centroid Sorting gerechnet. Klassifikationen aus 4, 3 und 2 Cluster werden auf CLUSDECK gespeichert.

G10 CORREL ICOEF=2 MSKN=6

Eine binäre Abstandsmatrix wird mit dem Standardkoeffizienten ICOEF=2 berechnet, der gleichwertig mit der bei Schritt G7 definierten USER-Funktion ist.

G11 CENTROID KA=2 KB=4 13. 4
14. 3
15. 2

Bei diesem Schritt wird Centroid Sorting gerechnet, wobei alle binären Daten und die bei Schritt G10 berechnete Abtandsmatrix verwendet werden. Die Klassifikationen aus 4, 3 und 2 Cluster werden auf CLUSDECK gespeichert. Die Ergebnisse sind gleichwertig mit denen, die man bei Schritt G9 mit der speziellen USER-Funktion erhielt.

G12 DEFINE

Die nachfolgenden Anweisungen definieren einen Euklidschen Abstandskoeffizienten (nicht quadratisch), der als ein Inter-Clustermaß für binäre oder kontinuierliche Daten verwendet werden kann. Mehr Information über diesen Koeffizienten erfährt man im Kapitel DEFINE.

```
X=NQ*NQ
BOT=X
X=X*BP
Y=2*NP
Y=Y*NQ
Y=Y*DPQ
Z=NP*NP
BOT=BOT*Z
Z=Z*BQ
TOP=X-Y
TOP=TOP+Z
DSQ=TOP/BOT
DSQ=DSQ/M
USER=SQRT(DSQ)
```

G13 RELOCATE (1) ICOEF=41 MAXIT=10 MINC=2 16. 4
MSKB=9 NCLA=-4 17. 3
18. 2

Die iterative Relokationsmethode wird zur Optimierung des Euklidschen Abstandes (nicht quadratisch) aus einer sequentiellen Anfangsklassifikation von 4 Clustern benutzt, indem die bei Schritt G12 definierte USER-Funktion verwendet wird. Alle binären Daten werden maskiert, so daß die Berechnung auf den kontinuierlichen Variablen basiert. Es werden 2 Fusionszyklen ausgeführt, und Klassifikation aus 4, 3 und 2 Cluster werden auf CLUSDECK gespeichert.

(2) ICOEF=1 MAXIT=10 MINC=2 19. 4
MSKB=9 NCLA=-4 20. 3
21. 2

In diesem Fall wird der quadratische Euklidsche Abstand unter Benutzung des Standardkoeffizientencodes (ICOEF=1) optimiert. Die Ergebnisse sind die gleichen wie jene, die man beim vorigen RELOCATE-Schritt erhielt.

(3) Leere Parameterkarte zur Beendigung von RELOCATE

DISKUSSION

Schritt G1 testet die formatfreie Eingabe sowohl für die kontinuierlichen als auch für die binären Daten mit Fallmarkierern zur Begrenzung der Datensätze und Fallkennungen (die ignoriert werden). Der Schritt A1 des Testjobs A wird reproduziert, der die Datenmatrix unter Formatkontrolle einliest.

Schritt G2 definiert das Similarity Ratio-Kriterium als eine USER-Funktion.

Schritt G3 bildet Cluster durch hierarchische Division von den binären Daten, wobei die Merkmale 3 und 6 von der Berechnung ausgeschlossen werden. In dieser Hinsicht sind die ausgewählten Daten die gleichen wie bei Schritt A2 des Testjobs A. DIVIDE optimiert zuerst das Similarity Ratio-Kriterium, so wie es bei Schritt G2 definiert wurde und wiederholt dann die Analyse mit dem Standard Similarity Ratio-Kriterium (ICOEF=5). Der Leser kann sich davon vergewissern, daß für beide Analysen die gleichen Ergebnisse erhalten werden. Eine leere Parameterkarte beendet DIVIDE.

Schritt G4 definiert einen vereinfachten Euklidschen Abstand zwischen Fällen. Dieses Maß kann nur mit CORREL zur Berechnung einer Abstandsmatrix verwendet werden, da für den Abstand zwischen den Schwerpunkten zweier Cluster eine viel kompliziertere Formel nötig ist (s. zum Vergleich Schritt G12).

Schritt G5 berechnet die Abstandsmatrix aus den normierten Werten mit Hilfe der bei Schritt G4 definierten USER-Funktion.

Schritt G6 startet die Ward's Methode für die bei Schritt G5 berechnete Abstandsmatrix. HIERARCHY druckt eine Warnung aus, die man nicht berücksichtigen muß. Die mit der Ward's Methode erhaltenen Ergebnisse reproduzieren die Ergebnisse, die man bei Schritt B10 des Testjobs B erhielt.

Schritt G7 definiert das binäre Abstandsmaß (B+C)/M als eine neue USER-Funktion. Es ist zu beachten, daß die reservierten Namen B und C der Vierfeldertafel direkt angeführt werden.

Schritt G8 berechnet eine Abstandsmatrix aus allen binären Daten unter Benutzung der bei Schritt G7 definierten USER-Funktion.

Schritt G9 startet Centroid Sorting für die bei Schritt G8 berechnete Abstandsmatrix mit HIERARCHY.

Schritt G10 berechnet die übliche binäre Abstandsmatrix (ICOEF=2), die mit der bei Schritt G7 definierten Funktion vergleichbar ist. Schritt G11 reproduziert mit CENTROID die Ergebnisse von G9. Der Benutzer kann sich davon vergewissern, daß die Ergebnisse der Schritte G9 und G11 identisch sind.

Bei Schritt G12 wird der quadratische Euklidsche Inter-Cluster-Abstandskoeffizient als neue USER-Funktion definiert.

Schritt G13 optimiert zuerst den quadratischen Euklidschen Abstand mit der bei Schritt G12 definierten USER-Funktion und anschließend mit dem Standardkoeffizienten (ICOEF=1). Der Benutzer kann bestätigen, daß die Ergebnisse identisch sind.

KAPITEL 11
CLUSTAN-FEHLERMELDUNGEN

Dieser Anhang listet die möglichen CLUSTAN-Fehlermeldungen auf, die von den neuen und von den verbesserten Prozeduren von CLUSTAN 2 Ausgabe 1 erzeugt werden können. Die Liste sollte in Zusammenhang mit dem Anhang im CLUSTAN-Benutzerhandbuch über Fehlermeldungen gelesen werden, die für die vorangegangene Version, CLUSTAN 1C, erzeugt wurde.

NORMIX-Fehler

TYPE xx WITH xx POINTS APPROACHING SINGULARITY
LIKELIHOOD REINITIALIZED TO xxx.xxxxxxx

Diese Meldung kommt, wenn die Maximum Likelihood-Suche nicht konvergiert.

ERROR - CANNOT GENERATE xxx RANDOM CLUSTERS

Die zufällige Zuordnung der Objekte zu Clustern ergab, daß ein oder mehrere Cluster leer blieben. Man prüfe nach, ob die Anzahl der gewünschten Cluster im Verhältnis zur Objektzahl vernünftig ist.

ERROR - NUMBER OF CLUSTERS =0

Für NORMIX muß mindestens ein Anfangscluster spezifiziert sein.

MEMORY AVAILABLE IS xxxxx WORDS - MEMORY NEEDED IS xxxx WORDS
ERROR - INSUFFICIENT MEMORY FOR THIS CALCULATION

Selbsterklärend. Man reduziere entweder die Datenmenge oder die Anzahl der anfänglichen Clustertypen.

ERROR - NO CONTINUOUS DATA MATRIX AVAILABLE

NORMIX konnte die kontinuierliche Datenmatrix nicht finden. Man überprüfe die FILE-Spezifikationen.

ERROR - NUMBER OF INITIAL CLASSIFICATIONS EXCEEDS 20

Die interne Speicherkapazität wurde überschritten. Die Anzahl der anfänglichen Clustertypen darf 20 nicht übersteigen.

WARNING - ONE OR MORE OF THE PARAMETERS KA KB AND HTEST HAS BEEN SPECIFIED

Man prüfe den Parameter NCLA, der null sein sollte, damit die Parameter KA, KB und HTEST wirksam werden können.

ERROR - INVALID OR INCONSISTENT VALUES FOR KA AND KB

Der Parameter KB sollte wenigstens so groß sein wie KA und nicht größer als 20.

ERROR - HTEST MUST BE IN RANGE 0-1

Selbsterklärend. HTEST ist eine Wahrscheinlichkeitsschwelle.

ERROR - xxx CLASSIFICATION NUMBERS LESS THAN 1

Man überprüfe die Spezifikationen bei Deck A oder den Parameter NCLA.

ERROR - xxx CLASSIFIKATION NUMBERS DUPLICATED

Man überprüfe die Spezifikationen bei Deck A wegen doppelt auftretender Code.

ERROR - MAXIT MUST BE IN THE RANGE 1 - 200
Selbsterklärend.

ERROR - UNABLE TO READ CLASSIFICATION xxx FROM CLUSDECK
Der spezifizierte Classification Array konnte auf CLUSDECK nicht gefunden werden. Man überprüfe entweder Deck A, oder ob die vorangegangen CLUSTAN-Prozeduren korrekt abliefen.

WARNING - ONE OR MORE CASES WITH THE SAME NUMBER OF CLUSTERS
.... TAKE CASE WITH MAXIMUM LIKELIHOOD
Wenn Klassifikationen von Karten oder CLUSDECK gelesen werden, ist es möglich, daß zwei oder mehrere Klassifikationen sich auf dieselbe Zahl von Clustertypen beziehen. Wenn dies zutrifft, benutzt NORMIX das Ergebnis mit der größten Likelihood für den Likelihood Ratio-Test.

ERROR - UNEXPECTED END OF INPUT
NORMIX konnte die Parameterkarten nicht lesen. Man überprüfe die Code der Parameter, insbesondere den von NCLA.

ERROR - FORMAT ERROR IN FIRST PARAMETER CARD
Man überprüfe die Parameterkarte auf alphanumerische Code in I- oder F-Typ-Feldern.

ERROR - FORMAT ERROR IN SECOND PARAMETER CARD
Ein Fehler trat bei den Coden der Classification Arrays im Deck A auf.

ERROR - FORMAT ERROR IN CLASSIFICATION ARRAY xx READ FROM CARDS
Man überprüfe die Spezifikation von Deck B einschließlich der Titelkarte und des erforderlichen Formats für ICLA - 26I3.

MAXIMUM NUMBER OF ITERATIONS REACHED - UNCONVERGED
NORMIX konvergierte nicht innerhalb der spezifizierten Anzahl von Iterationen. Man überprüfe die Kriteriumswerte oder vergrößere MAXIT.

SEARCH TERMINATED - ITERATIONS ARE NOT CONVERGING
NORMIX konvergierte nicht. Man überprüfe die Kriteriumswerte.

INVARIANT-Fehler

ERROR - THE NUMBER OF ITERATIONS EXCEEDS xxx
- THE OPTIMAL GROUPING HAS NOT BEEN ACHIEVED
Die Prozedur konnte innerhalb der spezifizierten Anzahl von Iterationen nicht konvergieren. Man überprüfe die Kriteriumswerte oder ändere den Parameter MAXIT.

ERROR - VARIABLES ARE NON-ORTHOGONAL OR UNSTANDARDISED
Die Eingabevariablen sollten Hauptkomponentenwerte sein, die durch den Parameter NPC spezifiziert werden. Wenn der Benutzer versucht hat, die kontinuierliche Datenmatrix zu lesen (durch Blank- oder Null-Setzen von NPC), sollten die Daten in orthogonale Variablen transformiert worden sein, noch ehe CLUSTAN gestartet wird und sollten nicht von der Prozedur FILE normiert werden. Als mögliche Abhilfe wird empfohlen, die Hauptkomponentenwerte zu nehmen.

ERROR - INSUFFICIENT SPACE. DATA MATRIX OF SIZE xxx
EXCEEDS STORAGE AVAILABLE OF xxx

Selbsterklärend. Die Dimensionen könnten durch Verwendung von weniger Hauptkomponenten reduziert werden.

ERROR - NUMBER OF CLUSTERS CANNOT EXCEED xxxx

Es wurden zu viele Cluster spezifiziert und der verfügbare Speicherplatz wurde überschritten.

ERROR - CANNOT GENERATE xxx FOR xxx CASES

Die zufällige Zuordnung der Objekte zu Clustern ergab, daß ein oder mehere Cluster leer blieben. Man prüfe nach, ob die Anzahl der gewünschten Cluster im Verhältnis zur Objektzahl vernünftig ist.

ERROR - NUMBER OF CLUSTERS = 0

Es müssen 2 oder mehrere Anfangscluster spezifiziert werden.

ERROR - INVALID CRITERION CODE xx

Selbsterklärend. Man überprüfe den Parameter JCRIT.

ERROR ENCOUNTERED IN SSWEEP

Ein interner Fehler, der wahrscheinlich wegen Verwendung nichtorthogonaler Eingabevariablen verursacht wird. Man prüfe nach, ob Hauptkomponenten durch den Parameter NPC spezifiziert waren.

ROUNDING ERRORS DOMINATE IN SSWEEP

Interner Fehler - man prüfe nach, ob Hauptkomponenten spezifiziert waren.

RULES-Fehler

INVALID RULE NUMBER. DEFAULT = 1.

Ein ungültiger Code wurde für den Parameter RULE angegeben. Die Prozedur nimmt die Regel 1 an und fährt fort.

THE PROPORTION .xxx IS UNNECESSARILY LOW.

Der spezifizierte Anteil ergibt für die Berechnung des laufenden Mittelwerts nach der Regel 2 zu wenig Werte, weil meistens N zu klein ist. Man berichtige PMIN.

THE PROPORTION .xxx IS UNNECESSARILY HIGH.

Der spezifizierte Anteil ergibt zu wenig Werte in der partiellen Clusterfolge, die nach einem signifikanten Wert abzusuchen ist, weil meistens N zu klein ist. Man berichtige PMAX.

COMPARE-Fehler

ERROR - ULTRAMETRIC MATRIX NOT COMPLETE

Interner Fehler, der wahrscheinlich von falschen Dendrogrammdaten verursacht wird. Die Prozedur konnte aus den spezifizierten Dendrogrammdaten die Ultrametrik nicht bilden und wird abgebrochen.

ERROR IN DENDROGRAM DATA, NUMBER OF CASES = xxx xxx DO NOT MATCH

Selbsterklärend. Wahrscheinlich durch ein inkonsistentes Dendrogrammdeck für das derzeit gültige Datafile verursacht. Man prüfe nach, ob N für die Dendrogrammdaten korrekt ist.

DEFINE-Fehler

WARNING - BLANK ASSIGNMENT CARD
Die Prozedur DEFINE erwartete eine Anweisung und fand nur eine Leerkarte. Man überprüfe, ob die Eingabekarten in korrekter Reihenfolge sind. Wenn zufällig eine Leerkarte eingefügt wurde, wird DEFINE normal fortfahren.

ERROR xxxxxxxxx NO EQUALS SIGN
Eine Anweisung muß ein "=" enthalten.

ERROR xxxxxxxxx NO VARIABLE NAME GIVEN ON LEFT OF EQUALS SIGN
Eine Anweisung muß auf der linken Seite des Gleichheitszeichens einen Variablennamen besitzen.

ERROR xxxxxxxx NO RIGHT HAND SIDE EXPRESSION
Eine Anweisung muß nach dem Gleichheitszeichen eine Variable oder einen Ausdruck enthalten.

ERROR xxxxxxxxx UNMATCHED BRACKET
Man überprüfe, ob linke und rechte Klammern richtig gesetzt sind.

ERROR xxxxxxxx STANDARD FUNCTION EXPECTED - NOT FOUND
Ein Funktionsname wurde erwartet aber nicht gefunden. Man prüfe nach, ob der Name falsch geschrieben wurde, oder ob ein Variablenname ohne einen nachfolgenden Operator benutzt wurde.

ERROR xxxxxxxxx ILLEGAL FUNCTION NAME
Der spezifizierte Funktionsname wurde falsch geschrieben oder ist nicht vorhanden.

ERROR xxxxxxxx OPERAND EXPECTED STARTING IN POSITION xx NONE GIVEN
Eine Anweisung wurde falsch formuliert.

OVERLENGTH VARIABLE NAME xxxxxx
Variablennamen dürfen nicht länge als 6 Zeichen sein.

VARIABLE NAME MUST START WITH A LETTER- xxxxxx
Man prüfe nach, ob die Anweisung richtig formuliert wurde.

INVALID CHARACTERS IN VARIABLE xxxxxxx
Man prüfe nach, ob die Anweisung richtig formuliert wurde.

CANNOT CHANGE THE VALUE OF xxxxxxx
Tritt auf, wenn ein reservierter Parametername links vom Gleichheitszeichen bei einer Anweisung erscheint. Man berichtige die Anweisungen, indem man "lokale" Variablennamen für USER-Parameterwerte verwendet.

VARIABLE USED WITHOUT FIRST GIVING IT A VALUExxxxxx
Die Variable ist vorher noch nicht auf der linken Seite einer Anweisung erschienen. Man berichtige die Anweisungen entsprechend.

MORE THAN 50 VARIABLES USED - NEW VARIABLE xxxxxxx
Zu viele Variablen wurden codiert. Die spezifizierte neue Variable kann nicht benutzt werden.

CANNOT ASSIGN TO xxxxxxxxx
Die linke Seite einer Anweisung ist weder ein gültiger Variablenname, noch heißt sie USER.

SIGN NOT PERMITTED ON CONSTANT xxxxxxxxx

Man prüfe nach, ob die Anweisung korrekt formuliert wurde.

INVALID CONSTANT xxxxxxxxxx

Man prüfe nach, ob die Anweisung korrekt formuliert wurde.

TOO MANY ASSIGNMENTS - NEW ASSIGNMENT IS xxxxxxxxxxx

Die maximale Anzahl der Anweisungen wurde überschritten. Dies kann auftreten, wenn der für DEFINE vorgesehene Speicherplatz gänzlich belegt worden ist.

ERRORS IN DEFINE - COEFFICIENT NOT DEFINED

Der spezifizierte USER-Koeffizient ist infolge von Fehlern nicht verfügbar.

UNEXPECTED END OF INPUT TO DEFINE

Die letzte Anweisung sollte mit "USER=" beginnen, um die Definition des Koeffizienten zu beenden.

USER COEFFICIENT UNDEFINED
JOB ENDS

Diese Meldung wird gedruckt, wenn die Prozedur korrekt endet, aber der USER-Koeffizient infolge von Fehlern in den Anweisungen nicht definiert wurde. Dies sollte jedoch keine der nachfolgenden CLUSTAN-Prozeduren beeinflussen, die nicht von der richtigen Definition des USER-Koeffizienten durch DEFINE abhängen.

<u>FILE-Fehler</u> <u>(Option für formatfreie Eingabe)</u>

INVALID CASE MARKER SPECIFIED (x)

Das Zeichen für die Fallmarkierung, das in Spalte 5 der FILE-Parameterkarte C codiert wird, kann ein Buchstabe oder ein Sonderzeichen sein. Es darf keine Ziffer, Blank, Plus- oder Minuszeichen, Dezimalpunkt, Komma oder großes E sein.

BINARY ATTRIBUTE LISTS USED - CASE MARKER NEEDED

Fallmarkierer sind nötig, wenn binäre Merkmalslisten in formatfreien Eingabe spezifiziert wurden. Der Grund dafür ist, daß die Listen von variabler Länge sind und CLUSTAN wissen muß, wo jede Liste endet.

NO DATA ON CHANNEL xx

Die Daten konnten nicht auf der verwiesenen Datei gefunden werden; man überprüfe den Wert des Parameters JCH in der Parameterkarte B.

CASE xxx CARD xxx - NON-BLANK CHARACTERS FOLLOW LAST ITEM xxxxxxxxx

Dieser Fehler tritt auf, wenn nach dem Einlesen der letzten Datengröße eines Records, weitere Daten gefunden werden. Wenn keine Fallmarkierer benutzt werden, muß der Rest eines jeden Records nach der letzen Datengröße leer bleiben. Man prüfe nach, ob die Daten richtig eingelesen werden und ob die Fallmarkierer korrekt spezifiziert wurden.

CASE xxx NOT TERMINATED BY MARKER x

Es fehlt ein Fallmarkierer. Wenn Fallmarkierer spezifiziert wurden, müssen sie zur Beendigung aller N Records benutzt werden.

END OF RAW DATA WHEN LOOKING FOR MARKER FOR CASE xxx

Das Dateiende wurde unerwarteterweise erreicht. Man überprüfe die Fallmarkierer und/oder die korrekte Anzahl der eingegebenen Records.

INVALID BINARY VALUE ON CARD xxx

Dies kann auftreten, wenn ein in einer binären Eingabeliste spezifiziertes Merkmal die Anzahl der binären Merkmale übersteigt, oder wenn ein Wert in einer binären 1/0 Liste weder 1 noch 0 ist.

INVALID NUMERIC VALUE ON CARD xxx

Man prüfe nach, ob die numerischen Werte auf der Karte mit den Regeln für formatfreie reelle Zahlen übereinstimmen. Sind die Daten in richtigen Abständen gesetzt?

CASE xxx - INSUFFICIENT DATA FOR THIS CASE

Es wurden mehr Daten erwartet als vorhanden sind. Man überprüfe den betreffenden Record oder die Spezifikationen für die Anzahl der Variablen pro Fall.

CASE xxx - BINARY VARIABLE xxx HAS ILLEGAL VALUE OF xxxx

Es werden nur die Wert 1 und 0 bei binären 1/0 Ketten akzeptiert. Man prüfe nach, ob die binären Daten in korrekter Reihenfolge sind.

CASE xxx - BINARY ATTRIBUTE LIST EMPTY

Zur Zeit muß jeder Fall das Vorhandensein zumindest eines binären Merkmals aufweisen. Wenn eine leere Binärliste beabsichtigt ist, kann diese Beschränkung umgangen werden, indem ein zusätzliches binäres Dummy-Merkmal eingeführt wird, welches für jeden Fall als vorhanden codiert werden sollte.

CASE xxx - ATTRIBUTE xxx DUPLICATED

Ein binärer Merkmalscode erscheint öfters als einmal in der spezifizierten Liste.

CASE xxx - END OF DATA REACHED WHILE READING VALUES

Ein unerwartetes Ende auf der Eingabedatei wurde erreicht.

xxx ERRORS IN THE DATA

Hier wird die Anzahl der einzelnen von FILE gefundenen Fehler aufgeführt.

MORE THAN 100 ERRORS IN THE DATA

Der FILE-Schritt wird abgebrochen, wenn mehr als 100 Fehler gefunden werden. Gewöhnlich bedeutet das, daß ein konsistenter allgemeiner Fehler vorliegt, der in den Datenkarten berichtigt werden sollte, oder der von fehlerhafter Spezifikation der Parameterkarten herrührt.

EUCLID-Fehler

ERROR - NO CONTINUOUS DATA MATRIX AVAILABLE

Rohe oder normierte kontinuierliche Daten müssen für EUCLID bereitgestellt werden, entweder indem FILE oder SPSS gestartet wird.

ERROR IN KA= xx OR KB= xx

Der Parameter KA darf nicht größer sein als KB; KB darf nicht größer sein als N-1; sowohl KA und KB müssen größer als null sein.

MAXIMUM NUMBER OF GROUPS THAT CAN BE HANDLED IS xxx
MAXIMUM GROUPS REQUESTED WAS xxx

Die Speicherzuweisung wurde überschritten. Man modifiziere die Anzahl der Cluster, die durch die Parameter KA und KB spezifiziert wurden.

MINMUM NUMBER OF GROUPS CANNOT BE HANDLED xxx

Man überprüfe die Spezifikation für den Parameter KA.

FAILED TO REDUCE S IN SEARCH

Der Such-Algorithmus versagte, das objektive Kriterium zu reduzieren. Man überprüfe die Spezifikation des Parameters SCALE, oder man sehe im Handbuch nach.

xxxx ITERATIONS COMPLETED WITHOUT CONVERGENCE

Der Such-Algorithmus konvergierte nicht innerhalb der spezifizierten Anzahl von Iterationen. Man überprüfe die Kriteriumswerte zum Nachweis der Konvergenz oder den Parameter MAXIT wegen der maximal auszuführenden Anzahl von Iterationen.

SACHVERZEICHNIS